普通高等教育经管类专业系列教材

# 现代管理信息系统

## (第 5 版)

郭东强　主　编

傅冬绵　副主编

清华大学出版社

北　京

## 内 容 简 介

本书以管理信息系统开发过程为主线，将管理信息系统的概念(技术+组织+管理)贯穿全书，内容包括管理信息系统的概述、管理信息系统的技术基础、管理信息系统的开发方法与开发方式、管理信息系统规划、管理信息系统的系统分析、管理信息系统的系统设计、管理信息系统的实施、管理信息系统的评价与维护，以及一个完整的企业销售管理信息系统开发实例，引导学生深入企事业单位进行管理信息系统建设的规划、分析、设计、实施与评价工作，培养学生实践动手能力。同时，本书采用多媒体教学和案例教学双结合的教学方法，并配有丰富的教学资源，供教师和学生使用。

本书在编写过程中充分考虑了本科生的认知特点和经济管理类学生的知识结构，紧跟"管理信息系统"课程内容和科学研究的发展趋势，适合经济、管理类的学生使用。

图书在版编目(CIP)数据

现代管理信息系统 / 郭东强主编. —5 版. —北京：清华大学出版社，2021.8 (2025.1重印)
普通高等教育经管类专业系列教材
ISBN 978-7-302-58421-6

Ⅰ．①现… Ⅱ．①郭… Ⅲ．①管理信息系统－高等学校－教材 Ⅳ．①C931.6

中国版本图书馆 CIP 数据核字(2021)第 115639 号

责任编辑：高　姗　高晓晴
封面设计：周晓亮
版式设计：思创景点
责任校对：成凤进
责任印制：宋　林

出版发行：清华大学出版社
　　　　　网　　址：https://www.tup.com.cn，https://www.wqxuetang.com
　　　　　地　　址：北京清华大学学研大厦 A 座　　　　　邮　　编：100084
　　　　　社 总 机：010-83470000　　　　　邮　　购：010-62786544
　　　　　投稿与读者服务：010-62776969，c-service@tup.tsinghua.edu.cn
　　　　　质 量 反 馈：010-62772015，zhiliang@tup.tsinghua.edu.cn
印 装 者：三河市科茂嘉荣印务有限公司
经　　销：全国新华书店
开　　本：185mm×260mm　　　印　　张：18.75　　　字　　数：430 千字
版　　次：2006 年 1 月第 1 版　　2021 年 8 月第 5 版　　　印　　次：2025 年 1 月第 6 次印刷
定　　价：58.00 元

产品编号：093304-01

# 第5版前言

《现代管理信息系统》是福建省首届精品课程建设项目的研究成果，曾获福建省社会科学成果二等奖。教材出版至今经历 4 次改版，始终紧密结合新时代中国特色社会主义的发展要求，立足于经济、管理两大专业学生的信息素养培育和能力要求，以信息资源的管理和应用为目标，以信息系统建设为主线，用"管理"思想贯穿系统建设的全过程。本书注重管理信息系统的基本概念和关键技术的解析、应用，不断融入新观念和新技术，特别是将大数据、人工智能、数据挖掘等新技术应用于案例中，具有明显的管理类专业特色，有利于系统性思维的培养和专业素养的形成。

本书自出版以来，不断地完善和修改，时至今日，逐步得到同行的认可，被许多高校选为教材。此次我们针对读者所提意见及编者使用该教材的体会，在全面建设社会主义现代化国家的新征程上，对书中内容再次进行修订。在保持前 4 版简明扼要、条理清晰和案例贯通等特点的基础上，我们优化了教材的篇幅和内容体系，将党的二十大精神融入管理信息系统的教学，培养具有新时代中国特色社会主义核心价值观的信息管理人才，增加了教材的可读性、可授性、可学性及可操作性。本书不仅帮助学生掌握管理信息系统的理论与方法，还引导其深刻理解信息技术在推动国家治理体系和治理能力现代化中的重要作用。

本书具体修订的内容如下：

(1) 提供了线上习题库，读者可扫描书中二维码，在手机上完成知识巩固。

(2) 增加和更新了各章部分案例，特别是新型组织结构的案例，突出管理信息系统在我国的现代化进程中的应用和发展。

(3) 把新的 IT 技术内容纳入第 2 章"管理信息系统的技术基础"。

(4) 落实课程思政建设，在案例选择和内容上强调中国元素，注重德能兼修，培育学生的信息素养。

(5) 附录部分增加了一个完整的开发实例，帮助读者进一步理解和认识课程内容。

本书共分 9 章：第 1 章主要介绍了信息、管理信息、系统的概念与特征等管理信息系统的基本知识，阐述了组织与信息系统、组织战略与信息系统战略互动影响，以及管理信息系统的应用；第 2 章主要介绍了建设管理信息系统所涉及的信息技术，包括计算机技术、数据处理与数据库技术、数据仓库与数据挖掘技术和数据通信及网络技术等；第 3 章主要介绍了管理信息系统开发的主要方法，以及这些方法的基本思想、开发过程和各自的优缺点等；第 4~8 章分别介绍了管理信息系统的规划、分析、设计、实施、评价与维护的具体原则、方法及过程；第 9 章给出了一个企业销售管理信息系统开发的完整案例；附录增加了开发实例。标注"*"的章节为选讲内容，以适应不同课时的需求。

本书是华侨大学优秀教学团队建设项目和福建省精品课程建设项目的阶段成果，是以郭东强教授为首的课题组成员共同努力和通力合作的结晶。本书可用作高等院校管理类、经济类、计算机应用等相关专业的教学用书，也可作为企事业单位的管理人员、计算机应用软件开发人员的参考书。

本书前4版的参编人员有：郭东强、傅冬绵、谭观音、吴新博、蔡林峰、郭韧等。第5版的修订分工如下：郭韧修订线上各章习题和附录实践内容；谭观音修订第2、7章；蔡林峰修订第1、3、4章案例；书中图片主要由蔡林峰和谭观音协助完成。全书由郭韧负责统稿。

本书提供教学资源，内容包括教学大纲、思考题和配套教学课件，教师可通过扫描右侧二维码获取。

本书的出版获得了"华侨大学教材建设基金"的资助，非常感谢华侨大学教材建设基金的大力支持。

本书在编写过程中，参考和引用了大量有关的著作、论文和软件资料，请教了多位专家、学者，在此对这些资料的作者一并表示深切的谢意。同时，要感谢清华大学出版社编辑的辛勤工作，使得第5版教材顺利出版。

本书在具体编写与修订的过程中，充分考虑和吸收了读者们通过各种渠道对前4版教材提出的宝贵意见，但由于学科发展的迅速、理论与应用开发难以统筹的特殊性，加之作者水平有限，书中仍会遗留不少不妥之处，恳请读者批评指正。

作　者

2023年12月

# 管理信息系统习题使用步骤

- 各章节思考题处都有一个二维码，可通过扫描二维码进行线上练习。

- 如已有"学习通" App，扫码后将直接进入管理信息系统习题课程；还可通过扫描右上角邀请码加入该课程。

- 如未使用过"学习通" App，其会提示下载，也可关注"超星学习通"公众号按提示下载"学习通" App。

- 扫码后，会出现"加入该课程"界面。

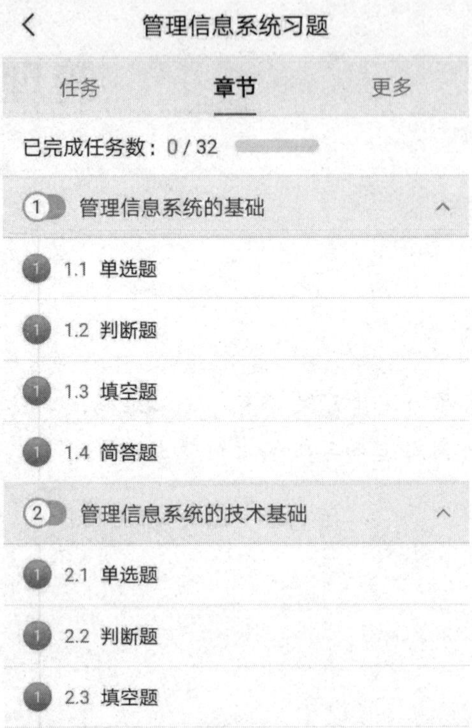


■ 单击“加入”，即可看到“管理信息系统习题”。

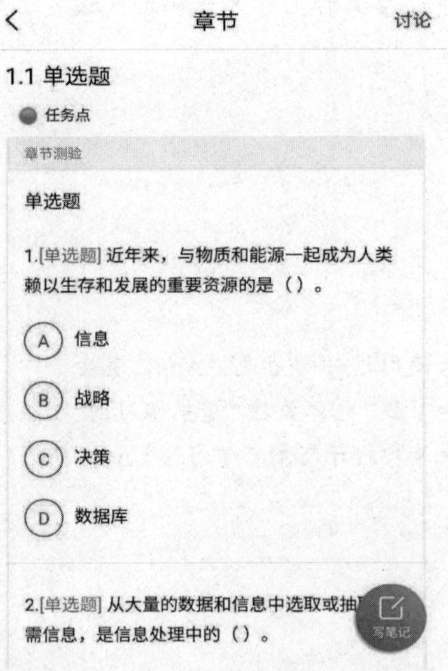


■ 单击“章节”可进行相应的练习。

# 目 录

# 第 1 章
# 管理信息系统的概述

当前，信息革命席卷全球，信息技术的迅猛发展及广泛应用，有力地推动了管理信息系统的发展。自 20 世纪 80 年代初期开始，我国已逐步开展微型计算机的推广应用，从单机管理到网络建设，从个别部门应用到全企业管理信息系统的运行，再到整个行业运用管理信息系统进行企业管理。四十多年来，我国管理信息系统取得了很大的发展，获得了良好的经济效益和社会效益。随着企业管理信息系统技术的进一步完善及整个国家国民经济信息化、企业信息化的建设，企业管理信息系统必将得到新的发展。本章从介绍信息的概念开始，详细讲述了信息与管理信息，管理信息系统的概念，以及管理信息系统的结构、发展及应用等。

## 1.1　信　息

随着全球信息化浪潮的兴起，信息革命蓬勃发展，"信息"已成为现代社会中使用最多、最广泛、频率最高的词汇，不仅吸引着科学研究人员、工程技术人员、管理及咨询人员，而且在人类社会生活的各个方面和各个领域都被广泛采用。现在，人们对"信息"这个概念已经不陌生了，因为"信息化""信息经济""信息社会""信息资源"等新名词已经给这个迅速发展的世界增添了色彩。

### 1.1.1　数据与信息

#### 1. 数据

数据是指对客观事件进行记录并可以鉴别的符号，是对客观事物的性质、状态以及相互关系等进行记载的物理符号或这些物理符号的组合。它是可识别的、抽象的符号。

它不仅指狭义上的数字，还可以是具有一定意义的文字、字母、数字符号的组合、图形、图像、视频、音频等，也是客观事物的属性、数量、位置及其相互关系的抽象表示。例如，"0、1、2……""学生的档案记录、货物的运输情况"等都是数据。数据经过加工后就成为信息。

在计算机科学中，数据是指所有能输入到计算机并被计算机程序处理的符号的介质的总称，是用于输入电子计算机进行处理，具有一定意义的数字、字母、符号和模拟量等的通称。现在，计算机存储和处理的对象十分广泛，表示这些对象的数据也随之变得越来越复杂。

### 2. 信息

"信息"的英文单词是"information"，它来源于拉丁文，意思为"赋予形态"，与亚里士多德关于"形式与质料"的哲学思想密切相关。随着社会的发展和现代科学技术的进步，"信息"的概念在逐步扩展、渗透和运用到社会科学和自然科学的许多领域，其内涵和外延也发生了很大的变化。广义的"信息"定义至今仍在争论不休，没有定论。

人们从不同的角度理解"信息"，可以得出一些常见的定义：

- 信息是表现事物特征的一种普遍形式；
- 信息是数据加工的结果；
- 信息是系统有序的度量；
- 信息是表现物质和能量在时间、空间上的不均匀分布；
- 信息是数据的含义，数据是信息的载体；
- 信息是帮助人们做出决策的知识。

信息论的奠基者克劳德·香农(Claude E. Shannon)在 1948 年提出："信息是用来消除随机不确定的东西。"控制论的创始人诺伯特·维纳(Norbert Wiener)则指出，信息是人们在适应客观世界的过程中，与外界相互作用时互相交换的内容的名称。

在管理信息系统领域，信息普遍被定义为："信息是经过加工，具有一定含义的，对决策有价值的数据。"因此，信息有两点应该明确。

(1) 信息在客观上可以反映某一客观事物的现实情况。

(2) 信息在主观上是可以接受、利用的，并能够指导我们的行动。

根据这个定义，行驶中汽车时速表上的读数仅仅是表示汽车速度的符号，它只是数据，只有当司机需要观察时速表上的数据以便做出加速或减速的决定时，它才成为信息。

### 3. 信息与数据

信息与数据是管理信息系统中两个最基本的概念，它们既有联系，又有区别。

(1) 数据是信息的表现形式和载体，而信息是对数据进行加工处理之后所得到的并对决策产生影响的数据。例如，"0"是一个数据，除了数字上的意义之外，接受者没有得到任何信息，"当前的温度是 0 摄氏度"，不仅仅是数据，更重要的是给数据以解释，使接受者得到信息，该信息可支持你做出穿什么衣服的决定。

(2) 数据和信息的区别是相对而言的，根据接收对象的不同，数据和信息两者可以相互转换。例如，火车站的广播"往北京方向的 T31 次列车将于 8:30 发车"，对到武汉的乘客，这只是数据，而对到北京乘坐本次列车的乘客而言，这就是信息，因为他必须起身，准备上车了。

(3) 信息必然是数据，但数据未必是信息，信息是数据的一个子集。

## 1.1.2　信息的基本特征

### 1. 信息的客观性

信息是事物变化和状态的客观反映。由于事物及其状态、特征和变化是不以人们的意志为转移而客观存在的，所以反映这种客观存在的信息，同样带有客观性。信息可以影响使用者的行为，为决策服务，所以客观性是信息的中心价值。

### 2. 信息的共享性

物质、能量是守恒的，在交换过程中遵循等值交换原则。任何物质和能量，某人占有了它，别人就没有它。信息则不同，是可以共享的。交换信息的双方都不会失去原有的信息，反而会增加一些信息。不仅如此，信息进行单方面的转让，转让者也不会因转让而失去信息，相反会使自己所掌握的信息得到巩固。

### 3. 信息的价值性

信息本身不是物质生产领域的物化产品，但它一经生成并物化在载体上，就是一种资源，具有可采纳性，或称为有用性。也就是说，信息具有使用价值，能够满足人们某些方面的需求，被人们用来为社会服务。信息价值的确定具有一定的难度，这不仅是由于信息生产过程的繁杂劳动，它要求较高的文化、技术和技能，在相同的劳动时间里，创造的价值比一般简单劳动创造的价值要高得多，更重要的是因为信息的开发和处理是一种创造性的劳动过程，对它的价值评定不能简单地以"社会平均必要劳动时间"来决定。创造性的劳动本身很难找到平均的必要时间作为一种评价的客观标准，加上信息可以经使用者多次开发，不断增值，使得它的价值具有后验性。因此，信息价值的确定比较复杂，有待于进一步深入研究。

### 4. 信息的时效性

信息是有寿命、有时效的，和世界上任何商品一样，它有一个生命周期。信息的使用价值与其所提供的时间成反比。也可以说，信息一旦产生，其提供的时间越短，它的使用价值就越大；反之，其提供的时间越长，它的使用价值就越小。换句话说，时间的延误，会使信息的使用价值衰减甚至完全消失。信息作为客观事实的反映，总是要先有事实，然后才能生成信息。所以，信息落后于客观事实和原始数据，有一定的滞后性。因此，信息一经产生，就应加快信息的传输，及时使用。

### 5. 信息的无限性

信息作为事物运动的状态和方式，以及作为关于事物运动状态和方式的知识，是永不枯竭的。只要事物在运动，就有信息存在。只要人类认识和改造客观世界的活动不停止，这些活动就会产生大量的信息供人类利用。所以，信息不会像物质和能源那样发生资源短缺的危机。信息永远是一片汪洋大海，永远在繁衍、更新、创造着，是一种取之不尽、用之不竭的源泉。信息的无限性还表现为它的可扩充性，也正因为如此，导致了信息的扩散难以控制，产生了另一个不可避免却又难以解决的问题，即盗版物的泛滥和知识产权的保护问题。在信息时代，对信息安全和反盗版问题必须加以重视。总之，信息的无限性表现在两个方面：一是客体产生信息具有无限性；二是主体利用信息的能力具有无限性。

当前，信息已成为一种商品，进入市场参加交换，形成信息市场，并对物质市场起先导和渗透作用。在现代高科技、智能化产品中，信息产品在市场中所占的比重越来越大，而且物质商品中的信息含量也越来越高，有人把这种现象称作物质商品在不断"软化"。这种硬商品向软商品发展的过程，是商品形式的高层次发展，也是信息商品化范围的扩大，在这个过程中，创造性劳动和智力投入成分不断增加，导致劳动结构和消费结构发生变化，从而推动人类社会向着更高的文明阶段发展。

### 1.1.3 管理信息

传统企业管理是对人力、财力、物力、方法和机器这 5 种基本资源的管理，即 5M(men, money, material, method, machine)管理。但在现代企业中，信息已与人、财、物等资源一样，成为企业的一种基本资源。忽视了对信息的管理，就不能提高效率，就难以保证企业的竞争力，难以提供良好的服务，也就谈不上现代化管理。而且，管理也离不开信息，信息在管理的全过程中起着基础性的作用。管理活动是管理者向管理对象施加影响，以及管理对象向管理者做出反应的两个相互联系的过程的统一，而整个活动是在一定的环境中进行的。如果没有管理者、管理对象、管理环境及管理活动的有关信息，任何管理都是无法进行的。

#### 1. 管理信息的定义

在企业管理中，一般将管理信息定义为：管理信息是对企业生产经营活动中收集的数据经过加工处理、给以分析解释、明确意义后，对企业经营管理活动产生影响的数据。从控制论的观点说，管理过程就是信息的收集、传递、加工、判断和决策的过程。以一般的工业企业为例，其全部的活动可以概括为两大类：一类为生产活动，输入原材料和其他资源，工人根据加工程序在机器设备上进行操作处理，输出满足人们需要的产品；另一类为管理活动，围绕和伴随着一系列生产活动，执行着决策、计划和调节职能，以保证生产有序、高效地进行。可见，伴随着生产活动的是物流，而伴随管理活动的是信息流。物流的畅通与否很大程度上依赖于信息管理的水平和质量，信息流在企业生产经营中起着主导的作用。就一个企业数据加工过程而言，由于处理的输出结果是为某种特定需要服务的，其强调的是内容和含义，所以我们把处理的结果称为管理信息。而对于处理过程所需的输入资料，通常称为数据。

企业管理中所应用的信息十分广泛，它既包括企业内部的信息，也包括企业外部的信息。例如，生产性企业的销售、原材料供应、生产、价格、成本、利润、技术设备、人力资源等情况，以及生产技术资料、各种规章制度、市场需求、国家经济政策等，都是企业的管理信息。管理信息是企业计划、核算、调度、统计、定额和经济活动分析等工作的依据。

**2. 管理信息的特点**

1) 原始数据来源的离散性

管理信息的这一特点是由以下特征决定的。

(1) 数据的来源分布在所反映的对象和过程的所在地，即企业中各生产环节和有关职能管理部门，这就决定了数据收集工作的复杂性和繁重性。

(2) 信息的收集、整理、传递、存储、加工和分配送发，具有不同的频率和周期。

(3) 企业的产品、原料、设备、工具、劳动力等都是用离散数值来计算的。

2) 信息资源的非消耗性

管理信息一经收集，就可以多次使用，供有关部门共享而不影响其本身的内容。信息用户越多，使用越广泛，花费在收集、检查、存储、加工数据上的费用就可分摊到大量的输出信息单位上，从而降低信息的单位费用。

3) 信息处理方法的多样性

信息处理的绝大部分工作是逻辑处理，主要有检索、核对、分类、合并、总计、转录等，方法比较简单，但很多是重复进行的。另外还有算术运算，目前大量的是简单的算术运算，如计算产值及产品产量完成情况、计算产品成本等。但随着企业管理水平的提高，必然要应用现代数学方法，采用一些比较复杂的优化模型，如网络优化模型、线性规划模型、系统仿真模型等比较复杂的算法。

4) 信息量大

企业产品或商品的种类、数量，生产用的物资、设备、工具，企业职工情况及财务、供应、销售、协作单位状况等都是管理部门必需的信息。管理活动中要接触、处理的信息十分庞杂。

5) 信息的发生、加工和应用在时间、空间上的不一致性

产品生产的信息发生在车间工段，信息的加工一般在职能科室或信息处理中心，而使用信息的则是职能科室、有关部门领导或上级机关。同时，在时间上，信息的发生与收集、传递的次数、加工的次数和周期、使用的频率等，不同的信息也不一样，这样一来，使信息处理工作更加复杂化。

管理信息的上述特点，对信息处理方法和手段的选择及信息流的组织和管理都有重要的影响。

**3. 管理信息的分类**

为了科学地管理和合理地使用信息，必须按不同的标志将管理信息分类。管理信息的分类方法有很多，常用的有如下两种。

1) 按信息稳定性分类

按信息稳定性分类，可将信息分为固定信息和流动信息两类。

固定信息是具有相对稳定性的信息，在一段时间内可以在各项管理任务中重复使用，不发生质的变化。它是企业一切计划和组织工作的重要依据。

流动信息又称为作业统计信息，它反映生产经营活动中实际进程和实际状态的信息。它随着生产经营活动的进展不断更新，因此时间性较强，一般只有一次性使用价值。但

是及时收集这一类信息，并与计划进行比较分析，是评价企业生产经营活动，揭示和克服薄弱环节的重要手段。

固定信息约占企业管理系统中周转总信息量的75%，整个企业管理信息系统的工作质量很大程度上取决于固定信息的组织。因此，无论是现行管理信息系统的整顿工作，还是应用现代化手段的电子计算机管理系统的建立，一般都是从组织和建立固定信息文件开始的。

工业企业中的固定信息主要由以下三个部分组成。

(1) 定额标准信息。它包括产品的结构、工艺文件、各类消耗定额、规范定额和效果评价标准。

(2) 计划合同信息。它包括计划指标体系和合同文件。

(3) 查询信息。属于查询信息的有国家标准、专业标准和企业标准、价目表、设备档案、人事卡片等。

2) 按决策层次分类

按决策层次分，可将管理信息分为战略信息、战术信息和业务信息三类。信息是决策的依据，没有信息，人们就无从决策，或者说决策在此时就是"空中楼阁"。由于企业管理是分层次的，不同层次的管理需要不同的信息，决策层次与信息的关系如图1.1所示。

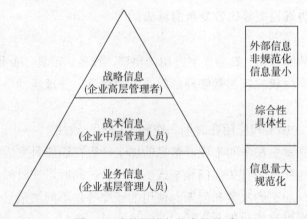

图1.1　决策层次与信息的关系

(1) 战略信息：提供给企业高级管理者，进行战略决策使用。其包括有关整个企业的重大方向性决策，如经营方针、新产品试制等。这类决策需要领导的判断能力、直觉、经验来解决问题。战略信息一般是经过分类、压缩和过滤的，概括性、综合性强，信息表现形式不规范，大部分信息来自企业外部，信息量小，信息处理方法灵活。

(2) 战术信息：提供给企业中层管理人员，供其在完成大量计划编制、资金周转、资源分配等时使用。这类决策有一定的规律可循，所需的信息一般是对日常执行部门的信息进行汇总、统计与综合的结果。信息内容不完全定型，处理方法也不完全定性，信息来源于企业内部和企业外部。

(3) 业务信息：提供给企业基层管理人员，用以执行已制订的计划，组织生产或服务活动使用。当然，其还包括车间日程管理，仓库确定采购批量等。这类决策一般是定期重复进行的，所处理的信息内容具体，形式规范，来源明确，信息大部分来自企业内部，信息量大，有一定的信息处理方法。

# 1.2　管理信息系统的概念

由于管理过程的实质是信息处理的过程，因此，为了实现管理的目的，履行管理的职能，就必须进行信息的收集、存储、传输、加工和输出，这就要求建立一个实现辅助企业的事务处理和管理职能的系统。在讨论管理信息系统的定义之前，让我们首先了解什么是系统。

## 1.2.1　系统的概念

系统是客观世界中的一种普遍现象，是现代系统科学的研究内容。"系统(system)"一词是目前现代科学的一切领域都离不开的概念。但其含义到底是什么？至今还没有一个统一的定义。通常认为：系统是由相互联系相互作用的诸要素组成的具有特定功能的有机整体。系统论的奠基人 L.V.贝塔菲的解释是：相互作用诸要素的综合体。美国国家标准协会(ANSI)对系统的定义是：各种方法、过程或技术结合到一块，按一定的规律相互作用，以构成一个有机的整体。而国际标准化组织委员会(IOSTC)对系统的定义是：能完成一组特定功能的，由人、机器及各种方法构成的有机集合体。可以说，简单的系统模型应该是输入、处理、输出的集合。

系统科学是 20 世纪科学技术体系中一个重要的新兴科学部门，它从系统的整体性、结构和功能的角度去研究宏观世界，探求宏观世界中系统、控制、信息的规律性，揭示客观世界的本质和规律，提供分析世界的方法和技术。系统科学既可以上升与哲学相联系，丰富人类的理论宝库，又能够转化为技术、科学方法和管理方法应用于实践领域，发挥其改造世界的巨大作用。因此，应用系统科学可以实现科学的管理。

不论怎样的现实问题，要构成一个系统，必须具备三个条件。

(1) 要有两个以上的要素。

(2) 要素之间要相互联系、相互作用。

(3) 要素之间的联系与作用必须产生整体功能。

按照组成系统的要素的性质来划分，现实世界中的系统可分为以下三个。

(1) 自然系统，指由自然力而非人力所形成的系统，如天体系统、气象系统、海洋系统、神经系统等。

(2) 人工系统，指经过人的劳动而建立起来的系统。一般的人工系统包括三种类型：一是由一定的制度、组织、程序、手续等所构成的管理系统；二是由人们从加工自然物获得的人造物质系统，如工具、设施、建筑物等；三是人造概念系统，即由主观概念和逻辑关系等非物质组成的系统，如学科体系系统、伦理道德系统、法律、政策等系统。

(3) 复合系统，指自然系统和人工系统相结合的系统，如农业系统、环境系统、水利工程系统等。

从各种各样具体的系统中可以抽象出系统的共性，这就是系统的特性。一般地，系统都具有目的性、相关性、层次性、整体性和环境适应性。

### 1. 目的性

任何系统无不具有目的性，无论是自然系统或人工系统。自然系统的目的性反映了系统内在的客观必然性，人工系统的目的性体现了人们对客观规律的认识和运用。例如，企业经营管理系统的目的可能是在市场需求的基础上，根据生产的特点，在有限的资源和组织结构的相互协调下，完成生产任务，达到规定的质量、成本和利润等各项指标。

目的性的另一重要含义是：规定整体系统和各个子系统所履行的特定功能，以使系统的整体功能最大化。由于系统不是由各个要素简单地叠加在一起，而是一个有机的整体，所以系统的整体功能应大于所有子系统的功能之和。也就是说，只有当系统整体功能大于子系统的功能之和时，系统才能够生存下去。否则，系统将趋向于分解为一些更小的系统。

正因为系统具有目的性，所以我们在开发一个新系统时，要先确定系统的目标。而这个目标必须是明确的、切合实际的。

### 2. 相关性

相关性也称关联性。即一个系统中各要素间存在着密切的联系，这种联系决定了整个系统的机制。这种联系在一定时间内处于相对稳定的状态，但随着系统目标的改变以及环境的发展，系统也会发生相应的变更。由于系统的组成要素是相互依赖而又相互制约的，子系统之间也是如此，所以，组织它们之间的相互作用和约束一定要合理、协调和容易控制。因此，在划分子系统时，既要有相对独立性，又不宜划分过细，以发挥系统的整体功能。

### 3. 层次性

系统可分为一系列的子系统，而各个子系统又可以分解为更低一层的子系统……这样，一个复杂的系统可以分为好几个层次。而这种分解实质上是系统目标的分解和系统功能、任务的分解。系统的层次性提供了将子系统分离出来进行单独研究的可能性。

### 4. 整体性

由于系统是一个有机的整体，所以整体性就是它的一个特性。这与辩证法把自然界认为是各个对象、各种现象相互联系的统一整体的观点是一致的。因此，我们在评价一个系统时，不要只从系统的单独部分，即系统的要素或子系统来评价，而应从整体系统出发，从总目标、总要求出发来评价整个系统。在开发系统时，也必须树立全局的观点。

系统作为一个抽象模型从宏观上，一般有输入、处理和输出三部分组成，如图 1.2 所示。

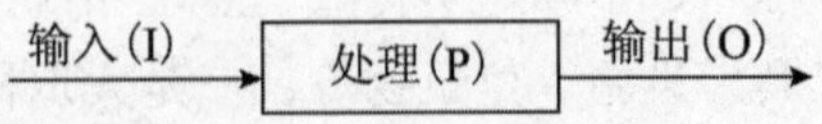

输入(I) → 处理(P) → 输出(O)

图 1.2　最简单的系统模型

例如，在一种机器零件的生产系统中，输入原材料，经过加工处理，生产出所需要的零件。又如，在以计算机为主要工具的信息系统中，输入一定的数据，经过加工处理，即得到所要求的输出结果。

一个大的系统往往是复杂的，通常可以按其复杂的程度分解为一系列小的系统，而这些小系统称为包含它的大系统的子(分)系统。也就是说，这些子(分)系统有机地组成了大的系统。

### 5. 环境适应性

任何一个系统都存在于一定的环境之中，并与环境之间产生物质、能量和信息的交换。环境的变化会引起系统特性的改变，相应地引起系统功能及其结构的变化。为了保持和恢复系统原有的特性，系统必须具有对环境适应的能力，不能适应环境变化的系统是没有生命力的。只有经常与外界环境保持最优适应状态的系统，才能够保持不断发展的势头，使其最终生存下来。例如，一个工业企业必须经常了解市场动态、同类企业的经营动向、有关行业的发展动态、国内外市场的需求等环境的变化，在此基础上研究企业的经营策略，调整企业内部的结构，以适应环境的变化。

## 1.2.2  管理信息系统

管理信息系统(MIS)一词最早出现于 1970 年，瓦尔特·肯尼万(Walter T. Kennevan)给它下了一个定义："以书面或口头的形式，在合适的时间向经理、职员以及外界人员提供过去的、现在的、预测未来的有关企业内部及其环境的信息，以帮助他们进行决策。"在这个定义里强调了信息支持决策，用于管理，没有提到计算机的应用。

哈佛管理丛书《企业管理百科全书》中将管理信息系统定义为：管理信息系统为制作、处理及精炼资料，以便产生组织内各阶层为达成管理目标(计划、指导、评估、协调、管制)所需信息的整体体系。

1985 年，戴维斯(G. B. Davis)认为，管理信息系统是一个利用计算机硬件和软件，手工作业，分析、计划、控制和决策模型以及数据库的用户——机器系统。它能提供信息，支持企业或组织的运行、管理和决策功能。这个定义全面说明了 MIS 的目标、功能和组成，反映了管理信息系统当时达到的水平。强调管理信息系统的目标是在高、中、低三个层次(即决策层、管理层、运行层)上支持管理活动。

在我国，管理信息系统最早出现在 20 世纪 80 年代初，《中国企业管理百科全书》中给管理信息系统下的定义是："一个由人、计算机等组成的能进行信息的收集、传送、储存、加工、维护和使用的系统。"

薛华成教授根据当今世界的发展和变化，重新描述了管理信息系统的定义："管理信息系统是一个以人为主导，利用计算机硬件、软件、网络通信设备以及其他办公设备，进行信息的收集、传输、加工、储存、更新和维护，以企业战略竞优、提高效益和效率为目的的，支持企业高层决策、中层控制、基层运作的集成化的人机系统。"这个定义强调管理信息系统中人的主导作用，系统目的明确，用于支持不同管理层，是一个现代化工具，是集成化人机系统。

综上所述，管理信息系统首先是一个信息系统，应当具备信息系统的功能；同时又具备它特有的计划、控制、处理和辅助决策等功能，是一个可对组织进行全面管理的综合系统。所以管理信息系统不只是一个技术系统，而且还是一个包括人在内的社会系统、管理系统，是用来解决组织所面临的问题的系统。

管理信息系统除了具有系统的目的性、相关性、层次性、整体性和环境适应性等特点，还具有自身的特征。

(1) 管理信息系统是为管理决策提供服务的信息系统。管理信息系统提供实时和全面的数据；用数学模型分析数据，为组织体内的高层决策、中层控制、基层运作提供有价值的信息支持和辅助决策。

(2) 管理信息系统是集成化的系统。在企业实际运行各种管理信息系统时，各职能部门会产生不同形式的数据，要想实现信息的收集、传送、储存、加工、更新和维护，企业各职能部门必须共享数据，减少数据的冗余度，保证数据的兼容性、一致性。具有集中统一规划的数据库或数据仓库，是管理信息系统成熟的重要标志。

(3) 管理信息系统是一个人机系统。管理信息系统是人们管理思想的集中表现，它的目的在于辅助决策，而决策是由人来做的，因而管理信息系统必然是一个人机结合的系统。在管理信息系统中，各级管理人员既是系统的使用者，又是系统的组成部分。合理界定人和计算机在管理信息系统的地位和作用，能发挥人和计算机各自的长处，使系统得到整体优化。

(4) 管理信息系统是现代管理方法和手段相结合的系统。为了充分发挥管理信息系统在管理决策中的作用，就必须与先进的管理手段结合起来，在开发管理信息系统时，从管理的角度进行分析，融进现代化的管理思想和方法。以 ERP(企业资源计划)系统为例，ERP 的核心管理思想就是对整个供应链的有效管理：第一，体现对整个供应链资源进行管理的思想；第二，体现精益生产、同步工程和敏捷制造的思想；第三，体现事先计划与事中控制的思想。

### 1.2.3　管理信息系统的功能

管理信息系统的功能是多种多样的，各种不同的管理信息系统除了它特有的一些功能之外，都具有信息的收集、存储、处理、传递、提供等基本功能。

#### 1. 信息的收集

任何管理信息系统，如果没有实际的信息，其理论上的功能再强，也是没有任何实际用处的。根据信息的不同来源，信息可分为原始信息和二次信息。原始信息指在信息发生的当时当地，在信息描述的实体上直接取得的信息。二次信息是指已经被别人加工处理后记录在某种介质上，与所描述的实体在时间空间上分离了的信息。这两种不同来源的信息，收集时在许多方面有不同的要求。原始信息收集的关键是全面完整、及时准确、科学地把所有需要的信息收集起来。二次信息收集的关键是有目的地选取所需要的信息，并正确地解释所取得的信息在不同管理信息系统之间的指标含义等。

#### 2. 信息的组织和存储

管理信息系统必须具有信息组织和存储的功能，否则无法突破时间与空间的限制，发挥提供信息、支持决策的作用。信息的组织和存储的目的是处理信息，便于检索。同时为了更有效地利用存储及处理设备，凡涉及信息存储问题时，都需要考虑存储量、信息格式、存取方式、存储时间、安全保密等问题，以保证信息能够不丢失、不走样、整理及时、使用方便。

### 3. 信息的处理

信息经过加工处理，将更加集中，更加精炼，更能反映本质。为了满足对信息的各种需求，系统总需要对已经收集到的信息进行某些加工处理。加工本身可分为数值运算和非数值数据处理两大类。数值运算包括各种算术代数运算，如数理统计中各种统计量的计算及各种检验；运筹学中的各种最优化算法及模拟预测方法等。非数值数据处理包括排序、归并、分类及字处理等。

### 4. 信息的传递

信息传递是现代化管理的基本要求。信息传递的广义含义是信息在媒介体之间的转移。严格地说，所有信息处理都是信息在组织内部的传递，也就是信息在物理位置上的移动。信息传递是通过文字、语言、电码、图像、色彩、光、气味等传播渠道进行的。信息传送方式有单向传送、双向传送、半双向传送(每次传送只能一个方向)、多道传送(一个通道通过多个信号)等。

随着管理信息系统规模的扩大和发展，信息传送任务越来越重要，管理信息系统的管理者与计划者必须充分考虑需要传送的信息的种类、数量、频率、可靠性要求、传送方式等一系列问题。

### 5. 信息的提供

信息处理的目的是进一步解释其性质和含义，最终向管理者、决策者提供服务。一般以报表、查询和对话等方式提供状态信息、行动信息和决策支持信息等。

提供信息的手段是人和计算机之间的接口，人机之间的信息转换由其接口来完成。人机接口将人以各种手段和形式向计算机提供的信息转换为计算机能识别的信息，计算机输出的信息转换为用户容易识别的文字、图像、图形、声音等各种形式。

# 1.3　管理信息系统的结构

管理信息系统的结构是指管理信息系统各个组成部分之间关系的总和。对于管理信息系统的结构问题，目前尚未形成统一的模式。原因是其侧重点不同，有的侧重考虑物理结构，有的侧重逻辑结构，有的则侧重于功能结构。但目前讨论比较多的有以下几种结构。

## 1.3.1　管理信息系统的基本结构

管理信息系统的基本结构如图 1.3 所示。信息源是信息的产生地。信息处理器是能完成信息的管理存储、加工处理、传递、显示及提供应用等功能的计算机软件与硬件设备。信息用户是信息的使用者，它利用信息进行决策。信息管理者负责信息系统的设计和实现，并负责信息系统的运行、维护和协调。

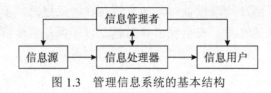

图 1.3　管理信息系统的基本结构

## 1.3.2　基于管理层次的系统结构

现代社会组织，特别是大中型企业的管理活动均具有层次结构，不同层次的管理活动的决策目标、信息需求、决策过程有着不同的特征。一般来说，它分为三个层次，如图 1.4 所示。

图 1.4　系统的层次结构

第一层是业务处理层，主要是业务处理子系统，也称数据处理系统(data processing system，DPS)。它与企业中管理机构的基层管理相对应，功能是处理企业的各种具体业务，如工资计算、账务处理中的原始凭证录入等。这种系统多为一项一项地处理各种信息，各项处理之间的联系很小。业务处理系统为管理控制子系统和战略决策子系统提供最基层、最详细的信息，只有完善了这一层的信息处理，才能更有效地开发上两层的信息。

第二层是管理控制层，主要是管理控制子系统。它为企业各中层管理部门和管理人员提供控制生产经营活动、制订资源分配方案、评价企业效益等战术级管理所需的信息。该子系统在整个 MIS 中起着承上启下的作用，其主要任务是：汇集下层活动的信息并结合环境信息，监督、控制低层的运行；处理中层信息上传给高层，理解并执行高层下达的指令，必要时把高层指令分解并下达给低层执行；提供各种查询统计功能。

第三层是战略计划层，主要是战略计划子系统，其任务是为企业战略规划和调整提供决策。该子系统汇集管理控制层和企业外部信息，辅助企业最高领导人做出战略决策和计划；下达执行命令并监督执行情况，分析执行中出现的问题及产生问题的原因，并提出解决问题的方法；管理、协调全系统的运行；注重统计分析工具的使用。该子系统所需要的数据一般都是经过业务执行子系统或管理控制子系统加工处理的综合数据，以及来自企业外部的数据。同时，该子系统所采用的数据处理通常难以用简单的过程或规则来实现，由于在战略性决策中存在不确定的因素，因此很大程度上仍取决于管理者长期积累的丰富经验。

这三个层次之间有着经常的信息交换，是互相关联的。例如，战略层次向管理控制层次下达目标和政策，管理控制层次则向战略层次报告监督所得的计划执行情况及其所需要调整的问题；同样地，管理控制层次要向下层下达资源分配及工作进度，而从下层得到详细的执行情况。

### 1.3.3　基于组织功能的系统结构

管理信息系统的结构也可以从组织功能的角度来划分。即将企业内部同类的管理信息集中在一起，建立起若干个专业性的信息子系统，如销售管理子系统、生产管理子系统、财务管理子系统、物资管理子系统和人事管理子系统等。这种按企业的职能来构造的管理信息系统结构是一种具有相对独立并与管理职能结构相平行的信息系统结构，适用于企业内部各个职能部门日益加强的联系和各个职能部门对信息日益增多的需求。它有助于克服大企业中上层管理机构各个职能部门之间信息重复和迂回传递的现象。管理信息系统的功能结构，如图 1.5 所示。

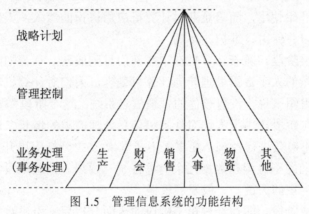

图 1.5　管理信息系统的功能结构

# 1.4　管理信息系统的发展

管理信息系统的发展经历了数据处理阶段、综合业务处理阶段、管理信息系统阶段、决策支持系统阶段，其发展具有一定的规律性，对规律性的把握有助于深刻地理解管理信息系统及其应用。

### 1.4.1　诺兰的阶段模型

诺兰模型由哈佛商学院理查德·诺兰(Richard Nolan)教授于 20 世纪 70 年代末提出，是企业进行管理信息系统规划的指导性理论之一。模型认为，企业及地区管理信息系统的发展具有一定的规律性，要经过从低级到高级的阶段性发展过程，各个阶段是循序渐进的。诺兰的早期模型中把企业计算机应用发展分为 4 个阶段，1979 年诺兰发表在《哈佛商业评论》的一篇论文 *Managing the Crises in Data Processing* 中，修正为 6 个阶段，即起步、扩展、控制、集成、数据管理、成熟，如图1.6所示。

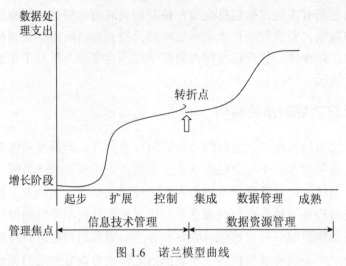

图1.6 诺兰模型曲线

第一阶段是起步阶段。这个阶段从企业引进第一台计算机开始，一般都是先在财务、统计、物资等部门开始使用，随着企业对计算机应用认识的深入，人们体会到计算机应用的价值，开始学习、使用、维护计算机。

第二阶段是扩展阶段。随着计算机在一些部门见到成效，从最初的一些应用部门向其他部门扩展，大量的人工数据处理转向计算机处理，人们对计算机的热情增加，需求增长。但对于整个组织来说，没有整体的管理信息系统。这个阶段需要大量的投资。

第三阶段是控制阶段。由于人们对计算机信息处理需求的增长，造成支出大幅度上涨，企业领导不得不对其进行控制，注重采用成本/效益去分析应用开发，并针对各项已开发的应用项目之间的不协调和数据冗余等进行统一规划。控制阶段实现从以计算机为主转向以数据管理为主的关键，一般发展较慢。

第四阶段是集成阶段。即在经过第三阶段的全面分析后，引进数据库技术，进行企业网络建设，系统应用又进入一个高速发展阶段，逐步改进原有系统，建立集中式的数据库，开发一个能为整个组织提供各种信息资源的管理信息系统。该阶段的投资和费用将再次迅速增长。

第五阶段是数据管理阶段。即系统通过集成、综合之后才有可能进入有效的数据管理，实现数据共享，这时的数据已成为企业的重要资源。

第六阶段是成熟阶段。信息系统成熟表现在它与组织的目标一致，从组织的事务处理到高层的管理与决策都能给予支持，并能适应任何管理和技术的新变化。

诺兰模型还指明了信息系统发展中的6个增长要素。

(1) 计算机软硬件资源：从早期的磁带向计算机网络发展。

(2) 应用方式：从批处理方式到联机方式。

(3) 计划控制：从短期的、随机的计划到长期的、战略的计划。

(4) MIS在组织中的地位：信息系统从附属于别的部门发展为独立的部门。

(5) 领导模式：一开始以低层技术领导为主，随着用户和上层管理人员越来越了解MIS，上层管理部门开始与MIS部门一起决定发展战略。

(6) 用户意识：从作业管理层的用户发展到中上层管理层。

诺兰阶段模型总结了管理信息系统发展的经验和规律。诺兰模型理论在管理信息系统规划中有两方面的重要应用：一是诊断管理信息系统当前所处的阶段，有利于选择管理信息系统开发的时机；二是对系统的规划做出安排，控制系统发展的方向，对处于不同阶段上的系统提出限制条件和制定针对性的发展策略。在系统规划过程中，根据各阶段之间的转换和随之而来的各种特性的逐渐出现，运用诺兰阶段模型辅助规划的制定是十分有益的。

## 1.4.2　未来的发展趋势

随着信息技术和时代的发展，管理思想和竞争环境都发生了巨大的变化。作为管理重要工具的管理信息系统也要随之发展变化。大数据的兴起和人工智能的发展也给管理信息系统的发展提供了更广阔的空间，管理信息系统的发展呈现出智能化、集成化、人本化的趋势。

### 1. 智能化

信息技术是管理信息系统发展的基础，随着人工智能、数据仓库、数据挖掘、知识工程等技术的发展，管理信息系统从传统处理定量化问题向着定量处理和定性处理相结合的方向发展，特别是在半结构化和非结构化问题的处理上有了巨大的进步。新技术的应用产生了智能决策支持系统(IDSS)、各种专家系统(ES)、各个领域的智能管理系统和智能工程系统，为计算机模仿人的智能和处理各种管理问题打下了理论和技术基础。智能化的管理信息系统具有思维模拟活动，它具有很高的自学习、自组织和进化性，并具有知识创新功能，可以解决半结构化和非结构化的事务，智能化也一直是管理信息系统追求的目标。

### 2. 集成化

随着计算机技术、网络通信技术和管理科学的进步，管理信息系统已由单个系统功能的实现发展到多个系统互相渗透、互相融合、共享数据资源的有机整体的集成化系统。科学计算逐步发展成为计算机辅助设计(computer aided design，CAD)和计算机辅助工艺设计(computer aided process planning，CAPP)；过程控制逐步发展成为计算机辅助制造(computer aided manufacturing，CAM)，进而又发展成为柔性生产/加工系统(flexible manufacture system，FMS)；生产经营管理中，从 EDPS(电子数据处理系统)到 MIS(管理信息系统)、OAS(办公自动化系统)和 DSS(决策支持系统)。为了更好地发挥这些子系统的综合效益，最大限度地实现资源共享，提出了要素的整合和优势互补，使之成为一个有机的整体。

### 3. 人本化

以人为本是管理的重要内容和基础，在越来越重视人文环境和人本管理的今天，作为管理工具的管理信息系统也将向着人性化的方向发展。在今后的管理信息系统中将会越来越注重人的因素，是以人为出发点和中心，围绕着激发和调动人的主动性、积极性、创造性展开的，贯穿于管理信息系统的开发设计与研究中。管理信息系统将具有更加友好的人机界面,易于人们操作,从不同用户的不同需求出发开发和完善管理信息系统。信息技术为管理信息系统的人本化提供技术支撑,对知识的关注由显性变为隐性,管理重点从评估管理现有信息到强调信息增值、知识创造,组织学习纳入信息管理范围,使企业成为更有活力的有机体,不断以自我组织、自我适应的形式进行持续的知识创新。管理信息系统人本化趋势是管理、信息技术和时代发展的共同要求。

# 1.5  组织与信息系统

在当今数字化时代,组织与信息系统的深度融合已成为推动组织变革、提升运营效率与竞争力的起点。随着信息技术的飞速发展,构建适应组织需求的信息系统,不仅是应对市场挑战的必要手段,更是引领组织迈向未来的关键一步。

## 1.5.1  组织的概念

组织(organization)是管理学中的一个重要概念。巴纳德认为,组织是有意识地协调两个以上的人的活动与力量的体系。卡斯特认为,组织是一个属于更广泛环境的分系统,并包括怀有目的并为目标奋斗的人们。组织的技术性定义认为,组织是一种正式而稳定的结构形态,它从环境中获取资源,如资金、信息、劳动力等,经过处理生产产品或者服务,输出到环境中,经过消费者消费后又成为组织的输入。组织的行为学定义认为:组织是权利、特权、义务和责任的集合,通过冲突和冲突的解决而在一段时期形成的平衡状态。

一般认为,组织就是在一定的环境中,为实现某种共同的目标,按照一定的结构形式、活动规律结合起来的,具有特定功能的开放系统。

## 1.5.2  管理信息系统与组织的相互影响

管理信息系统与组织之间是互动关系,二者相互影响、相互作用。一方面,组织对于是否引进管理信息系统,引入什么样的管理信息系统,由谁来提供信息技术服务等问题具有决策权,并且管理信息系统的开发设计必须以现存的组织结构为依据,从这个意义上来看,组织影响着管理信息系统。另一方面,管理信息系统的建立促使组织结构和行为上变化、业务流程改革,组织结构趋于扁平,促使组织的领导职能和管理职能向更高程度的流程化和规范化发生转变。组织中的人力资源结构等方面也会调整和优化,因此管理信息系统又影响着组织。

管理信息系统必须与组织紧密结合起来,为组织的各级决策者提供他们所需要的信息;而组织也应当根据环境的变化,通过使用管理信息系统提高管理水平。这种双向关系可以通过中介因素体现出来,如图 1.7 所示。

**1. 组织对管理信息系统的影响**

1) 组织功能决定管理信息系统功能

任何组织都有其目的和功能。组织需要有选择地运用管理信息系统的功能,尽量地将管理信息系统功能同现有的组织主要功能相匹配，并且保证管理信息系统的功能必须有效支持组织的这些主要功能。例如，对一个制造型企业而言，其管理信息系统一般应具有较高的集成性，使得物料、生产、库存、销售等各个环节能够紧密地联结成为一个整体，从而实现更高效率的运作和更低的成本；而一个以资本运作为核心的投资企业，组织的整体业务结构经常会因为并购、出售等投资行为而发生变化，因而通常就不会在集成性方面具有很高的要求，而是着重在投资分析方面得到管理信息系统的支持。

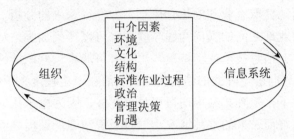

图 1.7　组织与信息系统之间的互动关系

在组织发展的不同阶段，对管理信息系统也会产生不同的需求。例如，对于一个处于快速扩张、抢占市场阶段的企业而言，其管理信息系统应当具有良好的延展性，经营终端的系统应当能够实现快速的复制。

2) 业务流程影响管理信息系统

任何管理信息系统的开发与实施过程都需要同业务流程之间相互关联。组织需要通过持续创新性的业务/服务流程来持续地满足客户多变的个性化的需求，这又需要开发柔性的管理信息系统以适应组织业务流程优化的需要，帮助组织实现最佳的客户服务。

3) 组织对管理信息系统采纳的影响

组织的类型、规模和环境对管理信息系统的采纳会有不同程度的影响。管理信息系统的引入过程是一个技术与组织互相调整变革的过程。在引入过程中，政府比企业更倾向于采用信息技术；大规模企业比小规模企业更有意愿采用信息技术；组织区域跨度大的越倾向于采用信息技术。另外，组织高层的态度对于管理信息系统的采纳也起着至关重要的作用。

4) 组织采用管理信息系统的动因

随着信息技术应用的普及，管理信息系统的采用不仅仅是减员增效的工具，更是获取竞争优势的战略武器。响应环境变化、提高客户期望值、改善决策、进行组织创新等都是组织采用管理信息系统的动因所在。

5) 组织结构影响管理信息系统的设计

不同的组织结构对管理信息系统的要求是不同的。层次较多的组织更依赖于正式的管理控制，需求更多的是层次严谨、高度规范的所谓正式信息，此类组织宜采用集中式管理，与之匹配的是集中式主机和集中式数据库。

**2. 管理信息系统对组织的影响**

1) 管理信息系统影响传统的组织结构

信息技术在一定程度上有助于消除信息淤积现象，避免由于组织的扩大所带来的决策延滞问题。对于常见的官僚层级结构而言,信息技术扩大了控制跨度。通常,在传统手段下,可行的直接监督要求控制范围不超过5至7个人。在信息技术条件下,由于通信、监控、分析手段的加强,这一控制跨度可以得到显著的扩大。跨度的扩大可以相应地减少管理层级,使得组织结构趋于扁平化。扁平化的组织结构具有更高的灵活性和更快的反应能力。

对于事业部结构,信息技术有助于消除总部与事业部之间的信息不对称,使得总部可以更为及时、全面地获取事业部的运营信息,并进行深入的分析,从而使战略决策更具合理性。同时,事业部之间的横向沟通与联系也可以得到加强,从而有可能提高事业部的协同性。此外,在信息技术的支持下,总部有可能将一些职能性分工从事业部中抽取出来,合并到总部,向着矩阵式的结构转换,从而在一定程度上消除机构重叠的问题。

在信息技术条件下,矩阵式结构变得更具可行性,因为电子化的沟通和控制手段有助于克服由于双重监督而带来的混乱情况,项目经理和职能经理之间可以实现更为有效的沟通,从而更大限度地发挥职能部门化和产品部门化两种形式的互补优势。目前,在信息技术应用较为深入的组织中,如软件企业和管理咨询企业,矩阵式结构应用得比较广泛而成熟。

2) 管理信息系统影响新型的组织结构

(1) 团队结构(team structure)指的是以团队作为协调组织活动的主要方式。这种结构的主要特点在于打破部门界限,将决策权下放到工作团队员工手中,这种结构形式要求员工既是全才又是专才。信息技术使得团队之间的沟通和组织对团队的有效监督成为可能。

(2) 虚拟组织(virtual organization)既是一种组织结构,也是一种战略模式。这种组织的规模较小,决策集中化的程度很高,部门化的程度很低,甚至根本就不存在产品性或职能性的部门化。虚拟组织通过对关系网络的管理来实现经营,其实质是对信息流的管理。只有依托于强有力的计算机网络,这种以信息流管理为核心能力的组织形式才可能存在。许多具有重大影响的国际性企业都采取了虚拟组织的形式,其中包括戴尔计算机公司等。

(3) 无边界组织(boundaryless organization)是通用电气公司总裁 Jack Welch 所提出的概念,用来描述他理想中的通用电气公司形象。无边界组织的核心思想是尽可能地消除组织内部的垂直界限和水平界限,减少命令链,对控制跨度不加限制,取消各种职能部门,代之以授权的团队。

在理想状况下,这种组织主要通过互助协调机制来实现运作,就像赛场上的足球队一样,整体战略的执行依靠员工之间的相互协调(而不是层级指挥)来实现。计算机网络是使无边界组织得以正常运行的基础。在新技术的支持下,人们能够超越组织内外的界限进行交流。例如电子邮件使得成百上千的员工可以同时分享信息,并使公司的普通员工可以直线与高级主管交流。同时,组织间的网络也使得组织外部边界同样可以被突破。

(4) 平台型组织(platform organization)是现代企业借鉴平台理念思考组织结构的配套和运行模式。从狭义来说,平台型组织指的是利用发达的信息流、物流、资金流等技术手段,通过组建强大的中心/平台/后台机构,以契约关系为纽带,链接各附属次级组织的组织形态。从广义来讲,平台型组织是坚持以客户需求为导向,以数字智慧运营平台和业务赋能中台为支撑，以"多中心+分布式"的结构形式，在开放协同共享的战略思维下，广泛整合内外部资源，通过网络效应，实现规模经济和生态价值的一种组织形式。

平台型组织的价值观都有共性，即自由、平等、开放。这种价值观是契约之外的共识，发挥了"非正式治理"的作用。这是组织的一种底层逻辑。在价值主张中，让用户、参与方、互补方能够获得相关利益，继而参与其中。同时不断扩张自己的价值网络，来不断拓展平台型组织的边界。不同行业、不同规模的组织，在平台型组织实践中各有差异。凡是具备客户导向、开放协同、交互赋能、自我驱动、多中心+分布式特征的组织模式，都可以认为是平台型组织的典型实践。

3) 管理信息系统对组织的综合作用

(1) 管理信息系统极大地提高了信息收集、传递与处理的效率和有效性，从而增强了企业对内外环境变化相应的敏捷性和灵活性，提高了管理决策的及时性和科学性，是实现企业目标与战略的重要保证。

(2) 管理信息系统加强了业务、管理流程和数据的规范化，减少了随意性和人为失误，改善了管理者与员工的工作条件，促进了员工之间的信息知识交流与协作，加强了组织的凝聚力，有利于形成具有本企业特色的团结、学习、创新的企业文化。

(3) 减少管理层次，下放权力，实现组织扁平化、网络化、虚拟化是企业改革任务之一。管理信息系统加速了组织内部信息的传递与共享，提高了信息处理的效率，减少了中间环节，使得组织扁平化、网络化、虚拟化改造成为可能。

(4) 管理信息系统也拉近了企业之间(B2B)、企业与客户间(B2C)、企业与政府间(B2G)的距离，减少了由于信息延迟造成的积压和脱节，降低了交易成本，提高了客户的满意度。

(5) 市场上围绕产品与服务的企业竞争，实质上是形成这类产品与服务供应链之间的竞争。管理信息系统是实现供应链上企业之间协作与合作，形成动态联盟、组织虚拟企业的基础设施和重要手段。

## 案例1.1 海尔的平台型组织

在互联网时代，分布式管理是企业获得快速成长的较好方式，海尔亦希望以这种管理方式，完成企业的网络化转型和再次高速成长。但这种转型不只是组织架构上的"失控"，还包括战略方向的调整、业务流程的落地等系统改造。

### 1. 海尔组织变革的几个阶段

这是一个不断自我"折腾"的企业。

2000年，参加完达沃斯论坛之后的张瑞敏在海尔内部刊上发表了一篇名为《新经济之我见》的文章，其主旨大概是——不触网就得死。海尔人对此并不理解，不过张瑞敏也未真的动手改造海尔。2004年，海尔总收入顺利过千亿，并未出现张瑞敏担心的现象。但旋即张瑞敏便宣布"1000天流程再造"，这次是要动真格。

经历了2006年、2007年的业绩个位数增长之后，2008年稍有起色，张瑞敏又抛出了新的理论——倒三角架构下的商业模式转型。业界一度将此理解为去掉制造工厂的轻资产模式，但事实是海尔仅用自主经营体的方式就实现了流程倒逼。

2012年12月26日,海尔再度提出转型——正式实施网络化战略,其中最大的变化在于,将过去封闭的传统企业组织变成一个开放的生态平台,与上下游的关系从零和博弈变成利益共享。

近十年来,海尔采用的是矩阵式管理方式。矩阵式管理的最大特点是,按功能搭建管理架构,如海尔将渠道与产品分别装入了两家上市公司——海尔电器和青岛海尔,这样做的好处是资源更好地被协同利用,坏处是环节迂回,对市场的快速响应和执行不能及时到位,而且必须有一个强有力的CEO把控所有资源的走向,这又导致了另一个问题,权力过于集中、向下放权力度不够。

在这样的大逻辑下再看海尔此次网络化转型,一方面有迎合互联网大势的求变之举,亦有彻底改造其管理架构和机制的动机。

### 2. 架构调整:小微蜂群改变传统控制

张瑞敏告诉《财经》记者,当战略方向发生改变之后,管理架构必须做出相应的调整。

在确定了整个企业生态平台化的大方向之后,海尔将原来按矩阵方式划分的功能模块全部变成了平台。对这些平台的要求是,长出越来越多的内部创业公司,即"小微公司"。海尔期望用大平台套小平台,小平台生长出小微物种的方式,丰富整个海尔生态。因此,与BAT平台化不同的是,海尔暂时并没有通过收购或战略投资的方式延展其生态范围,而是倡导创客文化,鼓励员工利用海尔资源内部创业,从而成为生态的一分子。

现在海尔只有三类人:平台主、小微主、创客。

2013年是海尔网络化转型实施的第一年,在此之前的自主经营体是员工通过跨部门合作组成的一个虚拟组织,没有股份,做得好坏薪水都差不到哪里去,而此后的小微公司则与个人利益休戚相关。

海尔的小微模式之所以能够做起来,除了架构独立之外,还有更重要的一点是,海尔平台资源的前期喂哺。供应链走的是苏州海尔工厂,借助其规模优势,上游广达、蓝天等模具供应商会给雷神同样的账期,下游互联网电商平台又必须提供部分定金。上下一抵消,使得雷神只需投入少量资金就可进入良性循环。

但在获得发展之后他们共同做的事情就是远离海尔。但是海尔对此并不担心。周云杰说,第一,海尔对小微公司有优先回购权;第二,"小微公司为什么非要变成海尔上市公司里的一部分呢?它做大之后分拆上市也没有问题啊!"

张瑞敏在接受《财经》采访时说,企业从0到1之后,必然都想着从1到n,此后,企业的组织结构又会回到传统,变成自己的束缚。海尔摸索出的全新小微公司模式,独特之处在于:小微公司面向整个市场,能减少部门间的摩擦力,将有可能打破科斯定理所说的企业的边界,从而达到做大平台的目的。

与事业部制相比,小微公司具有更加独立的运作空间和反应速度,并且其开放性要远大于事业部制。

目前海尔集团共有200个小微公司。负责海外业务的海尔家电产业集团副总裁李攀向《财经》记者介绍,在海外就有32个小微主,其中19个成立了独立的法人机构。

海尔将小微公司又分成三类:创业小微,从无到有孵化出来的,如雷神、巨商汇等;转型小微,是成长、成熟的产业模式创新转型而来,如智胜(三门冰箱)、卡萨帝(高端冰箱品牌)等；生态小微，例如 9 万辆服务车的车小微等。

从管理角度来说，灵活性与可控度是相悖的，特别是当成熟的小微脱离海尔发展成平台之后，海尔会不会陷入"失控"状态？

凯文·凯利在《失控》一书中曾言，蜜蜂分群的时候，统治者不是蜂后，而是由不同蜂群之间民主决定应该何时何地安顿下来；蜜蜂作为蜂群的个体是独立而自由的，但作为个体的蜜蜂无法理解蜂群涌现的行为，就如细胞无法理解人的思想。

小微公司如同蜂群，创客如同蜜蜂。这是一种看起来很彻底的分布式管理模式，利用"失控"获得没有限制的成长。但分布式管理最后，仍然需要超强计算总结能力。无论战略方向如何精准、管理机制如何高效，最终都要落实到具体的业务流程中。

(资料来源：https://www.sohu.com/a/15724246_115207)

# 1.6 管理信息系统的应用

管理信息系统是现代管理方法和信息技术相结合的产物，要使管理信息系统在管理中发挥作用，不仅仅是应用计算机对数据进行处理，更重要的是要把先进的现代管理思想和方法融入信息系统中。使用管理信息系统的目的是使管理人员从繁杂的日常事务中解脱出来，有更多的时间和精力从事决策工作。因此，管理信息系统并不是对原系统的简单模拟，而是在原有系统的基础上，改进管理系统，使管理在先进的技术手段和准确及时的信息支持下，达到一个新层次。在管理科学发展的过程中，产生了许多现代管理方法，任何一种管理方法都离不开数据的处理，许多现代管理方法需要有相应的技术手段进行处理。现代管理方法与信息技术的结合已产生许多实际的应用系统，只有将现代管理方法融入信息系统中，管理信息系统才会发挥巨大的作用。管理信息系统广泛应用于管理的各个领域，本节将介绍在管理信息系统发展过程中出现的一些各具特色的系统应用。

## 1.6.1 制造资源计划系统

制造资源计划(manufacturing resource planning，MRP Ⅱ)是广泛应用于制造企业的一种管理思想和模式，是管理信息系统在制造企业中的典型应用，是企业信息化建设的重要部分。MRP Ⅱ 是在对一个企业所有资源进行有效的计划、安排的基础上，以达到最大的客户服务、最少的库存投资和高效率的生产作业为目的的先进管理思想和方法。企业是以生产为核心的，需要对产、供、销等活动进行全面的控制和管理。为了实现企业的经营目标，企业不断地寻求先进的管理方式并希望通过技术手段完善对生产过程的管理。

MRP Ⅱ 的发展经历了订货点法、物料需求计划 MRP、闭环 MRP 到 MRP Ⅱ 的过程。在计算机出现之前，制造业采取的是"发出订单，然后催办"的计划管理方式，确定物料的真实需求主要是依靠缺料表。管理者开始考虑如何协调生产与库存的关系、寻求合理平衡，提出了新的物料管理方法——订货点法。这是一种按过去的经验预测未来物料需求的方法，通过设置安全库存量和订货提前期，确定订货数量，为满足需求提供缓冲。

随着技术的发展，计算机已经不再只是科研单位的专用工具，而是越来越多地走进了企业，为企业提供全面的数据存储和处理服务。20 世纪 60 年代，第一套 MRP(material requirement planning)软件面世并应用于企业物料管理中。MRP 根据客户订单结合市场预测确定产品需求日期，将企业的各种物料分为独立需求和相关需求，产生了对物料清单的管理与利用，并按周甚至按天确定不同时期的物料需求，使得 MRP 成为一个实际的计划系统工具，而不仅仅是一个订货系统，这是企业物料管理的重大发展。

MRP 系统是建立在两个假设基础上的。

假设 1：生产计划是可行的，即有足够的设备、人力和资金来保证生产计划的实现。

假设 2：物料采购计划是可行的，即有足够的供货能力和运输能力来保证物料供应。但在实际的生产中并不能满足这些假设，会给生产带来些问题。为了能适应主生产计划的改变，又能适应现场情况的变化，在 MRP 中加强了各子系统之间的联系。在制定主生产计划时进行产能分析，如果可行就进行物料需求计划，如果不可行就要反馈回去，重新修订主生产计划。同样，在执行物料计划和车间计划时出现问题，也要反馈回去，并修改主生产计划或物料需求计划，由此形成了闭环 MRP。

闭环 MRP 系统的出现统一了生产计划的各种子系统，但是在企业中生产管理只是一个方面，它涉及物流，与物流密切相关的还有资金流。一般而言，资金流在企业中由专门的财务软件管理，数据重复录入与存储，造成数据不一致，降低了效率，要以生产与财务管理的集成方法来解决问题。在全面继承 MRP 和闭环 MRP 的基础上，增加经营计划、财务、成本核算、资金管理、技术管理等内容形成了一个全面管理集成化系统，于是 MRP II 即制造资源计划产生了。

1977 年 9 月，由美国著名生产管理专家奥列弗·怀特(Oliver W.Wight)提出了一个新概念——制造资源计划(manufacturing resources planning)，由于它的缩写与物料需求计划相同，因此，称之为 MRP II 以示区别。MRP II 并不是 MRP 的第二阶段，它有着与 MRP 不同的理念和思想，MRP II 是对制造业企业资源进行有效计划的一整套方法。它是一个围绕企业的基本经营目标，以生产计划为主线，对企业制造的各种资源进行统一的计划和控制，使企业的物流、信息流、资金流流动畅通的动态反馈系统。

在 MRP II 中，强调了对企业内部的人、财、物等资源的全面管理。MRPII 对企业的最大作用是它使得企业能够根据未来的客户需求考察对目前生产、资金以及对原材料的影响，并据此加以应对。

### 案例1.2　美的集团 MRP II 实施方案

#### 1. 项目背景

2003 年年初，广东省美的集团风扇厂年产量将近 1100 万台。如此大的产量，所需物料多达上万种之多，同时生产和经营机构也是庞大的。美的集团一直用手工制订生产计划的方式，即生产科生产计划、车间生产计划和产品销售计划的生产作业三级计划，这些计划对迅速变化的市场已经显然不能胜任，并且易造成产品积压或供不应求。

美的集团的领导清楚地意识到若想保持企业的可持续发展的能力，管理思想和手段必须上一个新的台阶。于是决定大规模投资上千万元全面实施 MRP II 工程。实践证明，美的集团风扇厂通过 MRP II 工程不仅在企业内部实施了一级计划，即以市场为导向、以销售计划为龙头的控制生产计划，还解决了传统生产制造系统与分销系统的供求矛盾。

### 2. 确立现代企业管理理念

MRP II 项目在刚开始实施时，遇到的第一个阻力就是人的传统理念和不良习惯。针对这一情况，集团何享健总裁和电扇厂周贯煊总经理为此确立了"以科学为本，以实用为主"的实施策略，将对 MRP II 基础上的实施贯彻纳入了中高层领导的考核，并表示了"宁可停产，也要把不良习惯扭转过来"的决心。在美的集团领导的充分重视和有力支持下，美的内部迅速打破传统观念，统一思想，对项目的成功实施起到了关键的作用。

### 3. 保证生产销售的快速反应能力

与 Oracle 公司合作实施的 MRP II 项目从根本上解决了美的集团在这个方面的难题。系统的供应链管理模块拥有多种灵活的计划和执行能力，能对企业的生产进行配套的供求管理，Oracle 系统中的供应链计划(supply chain plan)则利用分销清单和来源准则同步计划整个生产流程，使生产和采购随时响应市场的需求，避免了生产采购的盲目性，解决了新订单不能及时交货、库存产品积压和库存资金占用太多等一系列问题，令企业能对市场迅速反应，从而及时调整产品结构，缩短了生产周期，提高了企业的生产率。Oracle 的销售订单管理功能还能为每个销售渠道建立相应的服务策略，使各销售点能通过查询存货、调拨可能等信息确认订单的可行性，以确保一些复杂订单的可行性和正确性。

### 4. 完善物料的控制

由于美的集团生产所需物料达上万种之多，项目实施之前，物料和账物管理十分烦琐，容易出现错误，原材料采购也随意性较大，从而造成计划不能贯彻执行、物料短缺或不配套，给采购、生产及销售环节都造成损失。Oracle 的物料管理系统支持用户按自己的需要定义仓库结构并进行控制，还可以灵活地按批次、系列号和版本号管理物料，Oracle Inventory 通过 ABC 分析和严格的周期性盘点使库存保持准确无误，企业还可以随时运用应用产品提供的自动数据采集功能来捕获所有的物料处理信息，为企业提供精确度更高的物料管理信息。项目实施后，美的能通过市场所提供的信息来确定物料的需求时间和需求量，并结合国内外市场的物料供应情况和企业自身的生产经营信息，来最终确定物料的采购提前期、最佳订货批量和制品定额，使企业的物流、资金流和信息流得到了统一的管理

### 5. 建立科学的生产作业流程

灵活的生产方式是减少成本、缩短生产周期和可持续发展的关键，Oracle 的生产制造管理系统采用新方法优化了企业的生产过程。它不仅同时支持高度混合式生产制造的流程处理，还能将设计、生产、市场和用户多方面协调统一，通过先进的模拟能力，使企业得以先行评测整个业务流程再根据预测结果配置灵活的生产计划。它的供给管理、生产管理、成本管理与质量管理的协调配合工作，不仅保障了产品的质量、控制了成本，还大大缩短了产品开发周期和制造周期，令企业生产流程的管理具备高度的灵活性和可靠性。

### 6. 取得阶段性成果

项目的实施工作主要分为原始数据的整理、财务与制造连接及生产作业计划切实指导生产三个阶段。实施中的主要问题和难点是基础数据的准确采集和整理、提高生产业务流程的速度以及软件思想与管理模式的适应和匹配。由于项目实施前许多基础数据如产品工艺要求等没有规范的原始资料,而将这些资料收集整理并转化为人机应用系统的准确数据,需要专业人士的支持。美的集团管理人员同 Oracle 公司的专业顾问通过不懈的努力将完整准确的基础数据移至应用系统,顺利完成了整个项目实施过程中的第一座里程碑,保障了系统成功实施所需的必要条件,并于 4 月 10 日又成功完成了该项目的第二座里程碑——财务系统与制造系统的连接。这两座里程碑的顺利完成,预示 Oracle MRP Ⅱ系统已经到了最后一道关卡——以生产作业计划指导生产,并保证在 10 月 30 日全面通过验收。

Oracle MRP Ⅱ系统的实施使美的集团在企业管理的效率方面得到了显著的改善,通过 Oracle 应用产品建立起来的集生产、销售、供应、项目以及财务为一体的综合企业资源管理系统,对企业的人、财、物、产、供、销实行了全面、准确、及时的动态信息,不仅杜绝了管理过程中人为主观意识对企业决策造成的风险,还大大提高了企业对市场的灵敏度,显著增加了企业的竞争力,取得了明显的效益。

(资料来源: http://www.yesky.com/434/1722434.shtml)

## 1.6.2　企业资源计划系统

20 世纪 90 年代初,世界经济格局发生了重大变化,市场变为顾客驱动,企业的竞争变为 TQCS(time,quality,cost,server)等全方位的竞争。随着全球市场的形成,一些实施 MRP Ⅱ的企业感到,仅仅面向企业内部集成信息已经不能满足实时了解信息、响应全球市场需求的要求。

MRP Ⅱ的局限性主要表现在:经济全球化使得企业竞争范围扩大了,这就要求企业在各个方面加强管理,并要求企业有更高的信息化集成,要求对企业的整体资源进行集成管理,而不仅仅对制造资源进行集成管理;企业规模不断扩大,多集团、多工厂要求协同作战,统一部署,这已超出了 MRP Ⅱ的管理范围;信息全球化趋势的发展要求企业之间加强信息交流和信息共享,信息管理要求扩大到整个供应链的管理,ERP 系统就是在这种背景下产生的。

### 1. ERP 的概念

1990 年 4 月,美国加特纳咨询公司(Gartner Group Inc.)发表了题为《ERP:下一代 MRP Ⅱ的远景设想》,首次提出 ERP 的概念,指出新一代的企业管理系统要做到两个集成:

(1) 内部集成:实现产品研发、核心业务和数据采集三方面的集成。

(2) 外部集成:实现企业与供应链上的所有合作伙伴的集成。

这两个集成既是 ERP 的核心,也是实现整个供应链的必要条件。到了 1993 年,ERP 的概念已经比较成熟并开始出现相关软件产品,逐渐形成 ERP 较完整的定义:"ERP 是企业资源计划(enterprise resource planning,ERP)的简称,是建立在信息技术基础上,利用现代企业的先进管理思想,全面地集成了企业所有的资源信息,为企业提供决策、计划、控制与经营业绩评估的全方位和系统化的管理平台。"

计算机技术的发展和供应链管理，推动了各类制造业在管理信息系统上的发展和变革，随着人们认识的不断深入，ERP 覆盖了整个供应链的信息集成，并且不断被赋予了更多的内涵，已经能够体现精益生产、敏捷制造、同步工程、全面质量管理、准时生产、约束理论等诸多内容。近年来，ERP 研究和应用发展更为迅猛，ERP 的概念和应用也以企业信息化领域为核心，逐渐深入到了政府、商贸等其他相关行业。

### 2. ERP 的管理思想

ERP 既是一个信息系统，更是一种管理理论和思想。只有深刻地了解 ERP 的管理思想和理念，才能真正地理解和应用 ERP 系统。ERP 的管理思想主要体现在以下几个方面。

(1) 帮助企业实现体制创新。ERP 使企业"以市场为中心"转换经营机制，使得企业过程透明化、决策科学化，实现企业内部的相互监督和相互促进。这种新的管理体制能大大提高工作效率，节约经营成本。

(2) 把企业看成一个协作的社会系统。ERP 结合通信技术和网络技术，在企业内部建立起有效的信息交流系统，打破了企业内部的信息孤岛，促成部门之间的有效合作，保证了企业组织运作的高效率。

(3) 对整个供应链资源进行管理。现代企业竞争不是单一企业与单一企业间的竞争，而是一个企业供应链与另一个企业供应链之间的竞争。ERP 系统实现了对整个企业供应链的管理，适应了企业在知识经济时代市场竞争的需要。

(4) 吸收了精益生产、同步工程和敏捷制造的思想。ERP 系统支持对混合型生产方式的管理，运用"精益生产 LP"和"并行工程"组织生产，用最短的时间迅速响应市场需求，时刻保持产品的高质量、多样化和灵活性。

(5) 体现事先计划与事中控制的思想。ERP 系统中的计划体系主要包括：主生产计划、物料需求计划、能力计划、采购计划、销售执行计划、利润计划、财务预算和人力资源计划等，而且这些计划功能与价值控制功能已完全集成到整个供应链系统中。

### 3. ERP 的主要功能

ERP 的管理范围包括了企业内部的所有环节，如制造、财务、销售、采购、工程技术、分销、服务与维护、人事等。一般而言，ERP 包括以下主要功能：供应链管理、销售与市场、分销、客户服务、财务管理、制造管理、库存管理、工厂与设备维护、人力资源、制造执行系统、工作流服务等。此外，还包括投融资管理、质量管理、运输管理、项目管理、法规与标准和过程控制等补充功能。ERP 的基本功能模块如图 1.8 所示。

未来，ERP 将面向协同商务，与电子商务、供应链进一步整合，支持企业面向全球化市场环境，建立企业与贸易共同体的业务伙伴之间的协作。ERP 与 CAD/CAM/PDM 技术、虚拟制造、敏捷制造等结合，推动企业加速产业互联，迈向数字制造，加快企业升级转型。ERP 软件系统不断发展，融合软构件、中间件技术、云计算、XML、数据仓库等最新的主流计算机技术和体系结构，为企业的集成化运营管理提供更强大的支持。

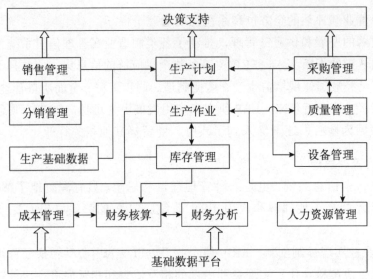

图 1.8  ERP 的基本功能模块

**案例1.3  用友助恒安迈向数字制造  开启新的三十年**

从互联网思维到工业 4.0，一个新时代呼之欲出。传统的生产方式和商业模式似乎在一夜之间遭遇挑战，对于恒安这样的拥有 30 年历史的制造业企业更是首当其冲。

变革、创新是这些企业历经 30 年风雨依然辉煌的关键所在，今天恒安所面临的挑战在过去的 30 年也并非没有过。正如恒安集团 CEO 许连捷所说的那样："创新永无止境，这是恒安的精髓，也是优势，持续的创新，可助我们朝着百年企业迈进，可保恒安基业长青！"

加速推进企业的管理创新成为恒安的首要选择，而作为一家传统制造企业，恒安如何实现生产制造由传统制造向数字化智能化的转变更是重中之重。用友公司作为恒安集团信息化的合作伙伴，与恒安一同积极开展以数字制造等为核心的管理信息化建设，时至今日已经取得了显著成效。

数字制造就是指制造领域的数字化，也是制造企业、制造系统与生产过程、生产系统不断实现数字化的必然趋势，是未来制造业 ERP 的发展方向。通过 ERP 与先进设计、制造技术的集成，整合企业的管理，建立从企业的供应决策到企业内部技术、工艺、制造和管理部门，再到用户之间的信息集成。数字制造的根本目的，就是减少产品生产设计流程，缩短制造时间，达到更好的制造效果。简单地说，就是尽可能地从设计开始直到产品投入市场以及售后服务等环节普遍运用数字化技术。

1. 工业 4.0 背景下的恒安制造转型

此前，德国政府提出"工业 4.0"战略，其目的是提高德国工业的竞争力，并在新一轮工业革命中占领先机。"工业 4.0"意味着未来工业生产组织方式向定制化、分散化、融合化转变，逐渐打破互联网企业与工业企业的边界，使生产企业与服务企业的边界日益模糊，产业融合化促进服务型经济。

在这一背景下，作为一家制造业企业，恒安从传统制造企业向数字制造的转型已经迫在眉睫。

为此，恒安开始推进企业管理信息化向工业自动化、物流自动化、销售自动化的智能化转变。与此同时，用友作为企业信息化服务提供商，其针对大型企业客户的经营模式也在发生转变：从做客户的信息化实施服务供应商转向成为规划、咨询到信息化落地的综合方案供应商。

一直以来，用友作为恒安的信息化总顾问、总集成、总监理，着力帮助恒安在原有的信息化基础上实现企业运营和管控的信息化全覆盖及优化。其中，数字制造成为双方第一期合作项目中的核心。

借助此举，恒安希望将传统制造全面升级为数字制造，并同时提升企业的整体信息化建设水平。而这正是工业 4.0 核心所在：一般而言，工业 4.0 是信息化与制造业不断深度融合的结果，也就说，只要信息化建设到位，那么工业 4.0 的门槛将被大大降低。

### 2. 数字制造应用带来五大成效

自恒安启动以数字制造等为代表的新一轮信息化建设高潮以来，目前，数字制造项目在中纸生产公司、福建心相印生产公司的应用已成功上线，并取得了一定的成效。

从目前恒安已上线的数字制造系统来看，系统应用已经呈现出集成化、全景化、标准化、透明化、可视化等五大成效。

在集成化方面，恒安数字制造通过用友 ME 系统的订单下达、作业执行、过程检验、完工报告等核心环节，可以通过与计划管理、完工入库管理的集成化应用，实现计划投放到生产车间后，经过严格的数字化生产执行过程返回一套完整的"订单+产品"制造数据。

在全景化方面，恒安数字制造系统与其他领域系统上下打通，力图做到把复杂业务简便、科学、严谨、高效化。把繁杂的 ERP 系统应用优化、精简到以档案标准为支撑；以核心单据承担大数据快速流转；以多样化报表、视图为信息看板的应用框架。

在标准化方面，恒安数字制造系统通过建立两个重要标准(BOM、配方)体系，来不断优化、固化恒安的生产用料标准和生产工艺标准。所有业务流转单据都以这两大标准展开，从根本上解决了因人为操作而造成的备料不准、材料浪费、成本不实等问题。

在透明化方面，恒安数字制造生产过程中所有数据都由 ERP 系统自动从 DCS、PLC 生产线上采集而来，以减少甚至完全杜绝人为干预数据的可能。准确及时的数据，在 NC 生产系统中形成的单据流，是这种严密、精细、可追溯、透明的运作机制。主要业务单据的准确，确保了生产系统稳定运行。

在可视化方面，恒安数字制系统的可视化应用可分为：报表全覆盖多样可视化；工程监视图、趋势图、参数表等。通过把监控室搬上互联网，可以随时随地远程监控；可以人性化、多视角设计监视画面；可以灵活定位监视对象。

### 3. 数字制造推动恒安转型升级

随着信息技术的进步，传统产业大可以通过信息技术，以实现管理水平及工作效率的提高。数字制造项目的建设，便是恒安基于升级传统产业的考虑。据悉，数字制造项目在中纸生产公司、福建心相印生产公司成功上线之后，2015 年，该项目还将推广至恒安集团下属的其他公司中，以全面提升集团的生产制造水平，进而帮助恒安集团实现从传统制造向数字制造的转型升级。

许连捷日前在接受媒体采访时也表示，恒安从 2009 年就开始着手企业内部管理的持续改善，取得了很好的成效。企业是全员都在做持续改善，也就是说全员创新，全员自我改善、自我提升，不断降低能耗，提高工作效率。改善的经济效益每年都在提升，2014年整个生产系统的持续改善，可测算的效益就超过1个亿，预计全年能超过2亿元。

作为一家已经有30年历史的企业，"可以肯定的是恒安将继续做大做强，因为我们愿意去改变，去适应新的机遇、新的挑战。"许连捷这样说。数字制造也好、工业4.0也好，都是恒安迈向未来30年的过程中所需要改变和适应的。

(资料来源：比特网，http://soft.chinabyte.com/157/13217657.shtml)

## 1.6.3　客户关系管理系统

20世纪80年代开始的ERP建设实现了生产、库存、财务等业务流程的优化和自动化，但对销售服务领域的问题不够重视，而全球性产品过剩及产品同质化程度的加深，使企业发展的主导因素从产品价值转向客户需求，客户成为企业的核心资源。挽留老客户和获得新客户对企业来说越来越重要，对客户关系的维护成为企业的重要工作。

### 1. CRM 的概念

客户关系管理(customer relationship management，CRM)是一种以客户为中心的经营策略，它以信息技术为手段，对业务功能进行重新设计，并对工作流程进行重组，通过交流沟通，理解并影响客户行为，最终实现提高客户获得、客户保留、客户忠诚和客户创造利润的目的。

在 CRM 的产生和发展过程中有三方面的推动力：需求的拉动、信息技术的推动和管理理念的更新。

CRM 的主要含义就是通过对客户详细资料的深入分析，来提高客户满意程度，从而提高企业竞争力的一种手段。它主要包含以下7个方面的内容(简称7P)。

(1) 客户概况分析(profiling)，包括客户的层次、风险、爱好、习惯等。

(2) 客户忠诚度分析(persistency)，包括客户对某个产品或商业机构的忠实程度、持久性、变动情况等。

(3) 客户利润分析(profitability)，包括不同客户所消费的产品的边缘利润、总利润额、净利润等。

(4) 客户性能分析(performance)，包括不同客户所消费的产品按种类、渠道、销售地点等指标划分的销售额。

(5) 客户未来分析(prospecting)，包括客户数量、类别等情况的未来发展趋势、争取客户的手段等。

(6) 客户产品分析(product)，包括产品设计、关联性、供应链等。

(7) 客户促销分析(promotion)，包括广告、宣传等促销活动的管理。

### 2. CRM 的功能

CRM 的分类方法多种多样，按照目前主要的功能分类方法，CRM 系统可以分为运营型 CRM、分析型 CRM、协同型 CRM。

运营型 CRM 主要指面对客户的应用，包括销售自动化、市场营销自动化、客户服务及支持等。通过客户管理业务流程的自动化，实现多渠道客户"接触点"整合，使企业在网络环境中以电子化方式完成从市场、销售到服务的全部商务过程。

分析型 CRM 主要是分析运营型 CRM 中产生的各种数据，为改善客户服务提供可靠的量化依据。分析时需要用到许多先进的数据管理和数据分析工具，如数据仓库、OLAP、数据挖掘等。分析型 CRM 具备 6 种主要功能：客户分析、客户建模、客户沟通、个性化、优化、接触管理。

协同型 CRM 是指企业直接与客户互动的一种状态，实现了企业内部的协同以及企业与客户的协同。它能全方位地为客户交互服务和收集客户信息，实现多种客户交流渠道(包括呼叫中心、面对面交流、Internet/Web/移动通信、E-mail/Fax 等)的集成，使各种渠道相互交融，以保证企业和客户都能得到完整、准确、一致的信息。

随着在实践中的应用，CRM 系统不断进行改进和完善。新型的 CRM 系统增加了社交网络技术和商业智能的应用，这些技术使得企业更好地识别客户的新想法，加深与客户的互动，更加有效地响应市场的需求。

## 案例1.4　Oracle CX 云：数字化时代如何提升客户体验

信息技术的发展与应用拉近了人与人之间的距离，它不仅改变了我们每一个人的生活，也给企业带来了全新的效率和生产力。数字化进程正在渗透到企业的每一个业务流程环节当中，如何应对数字化转型是每一个企业管理者正在思考并急需解决的问题。而在其中，加强与消费者、客户之间的联系，从传统的客户关系管理转向全面的客户体验提升，将成为未来企业信息化建设的重点。

针对数字化时代如何提升客户体验，甲骨文似乎更有话语权。早在 2011 年开始，甲骨文就通过一系列收购和整合推出了自己的客户体验解决方案(Oracle CX)。而后，甲骨文又将解决方案进行了细分并推向云端，成为支撑起 Oracle SaaS的重要组成部分—— Oracle 客户体验云。对此，甲骨文中国区云服务总经理叶天禄表示，甲骨文拥有目前业界最完整的 SaaS 云服务，并且在整个 Oracle Cloud 中，SaaS 或者说应用云也是最先推出的。客户体验云是甲骨文 SaaS 的三朵云(还包括ERP云、HCM 云)之一，也是在中国增长速度最快的云。足见客户体验对于各行各业的重要性。

### 1. 从CRM到CXM：挖掘潜在用户价值

对于很多企业来说，围绕客户的业务核心就是如何"留住老客户并赢得新客户"，这也是企业部署客户关系管理(CRM)系统的初衷。因为客户与企业业务增长和营收绩效息息相关，是企业利润的真正来源。然而在社交化、移动化程度逐渐加深的背景下，传统的 CRM 以点对面的方式很难做到为客户提供个性化的体验。换句话说，传统 CRM 在管理客户关系时，更多的是采用一种被动的方式。这样的方式在数字化洪流下已经逐渐显露出了一定的弊端。

相反地，客户体验(CXM)更关注跨多渠道的客户关系管理，为客户提供"点对点"式的服务。传统 CRM 更倾向于一个交易系统，即在拜访客户之后将信息录入系统再进行处理。客户之于 CRM 就是一条交易数据，判断客户价值时往往是基于销售额大小而非全方位的洞察。而在 CXM 当中，则存在更多与客户之间的互动。比如一个邮件营销项目，针对开件客户与未开件客户，CXM 会采取不同的营销策略。另外，客户体验管理还将更强调数据的作用，甲骨文将其描述为"数字肢体语言"。在收集大量的客户行为数据之后，CXM 能够利用强大的分析引擎来进行数据分析，判断客户的影响力和满意度，挖掘潜在用户的价值。

在客服方面，CXM 与 CRM 相比仍然是主动与被动的关系。传统 CRM 是在接到客户投诉之后再去进行处理，而 CXM 则会通过更多的手段来化被动为主动。以 Oracle 客服云来举例，它可以与社交云进行紧密的集成，在社交网络上监听客户对于产品与服务的反馈信息，并主动地为客户提供服务。而且提供服务的渠道也不再仅限于邮件或电话，甚至还可以在社交媒体当中，比如微信、微博等提供客户服务。

当然，从客户关系过渡到客户体验，这并不意味着传统 CRM 将走向消亡。CRM 未来作为客户体验管理的一个组成部分，仍然会存在于企业当中，因为最后的客户信息依然需要一个强大的交易系统来存储。除了最新的客户体验云之外，甲骨文依然会提供像 Oracle Siebel 这样的传统 CRM 软件产品。

### 2. 客户体验云让农业生产更"智慧"

位于安徽省合肥市的朗坤物联网有限公司(简称朗坤物联网)是一家专注于农业物联网技术和产业应用的公司，同时也是国内第一家提供农业物联网服务的公司。根据朗坤物联网副总裁李刚介绍，公司成立于 2010 年，服务了国内几百家的农业客户，他们希望通过物联网、传感器这样的新兴技术手段，帮助中国企业降低成本并提高生产质量和效率，实现更加智慧的农业生产。但摆在朗坤物联网面前的一个难题就是，如何更好地为客户提供服务。

"由于农业的特殊性，我们服务的客户遍布全国相对偏远的地区，且规模都不大，技术水平普遍偏低。我们希望能够找到一种好的方式，让销售人员能够降低与客户之间的沟通成本，并提升客服质量。最终我们选择了 Oracle 客户体验云中的销售云服务来解决这一问题。"李刚说。

朗坤物联网作为一家中小型企业，最终选择以云计算的方式实施客户体验管理主要是出于两方面的考虑。首先就是成本，这是每一家中小企业信息化负责人都不能回避的一个问题。事实上，朗坤物联网为客户提供的服务就是云的方式交付的，因为在中国大部分农业企业都很难负担传统的 IT 建设方式。通过云计算，公司可以随着业务规模增长按需购买服务，避免不必要的浪费。其次，农业在 IT 人才储备方面也比较欠缺，很多高端的 IT 人才往往会选择收入更高的行业，比如金融、互联网。而云服务不需要大量的 IT 人员进行底层系统的运维，同时节省了人力成本。

在谈到 Oracle 销售云的使用情况时，李刚承认其体验不错。Oracle 销售云除了传统的客户关系管理之外，还提供了移动互联网、社交等方面的功能，这对于朗坤物联网来说非常重要。无论在生产车间还是在田间地头，客户使用移动设备的比例更多一些。因此 Oracle 销售云提供的移动设备支持对公司的销售人员来说非常关键，它大大提升了销售人员的效率。另外 Oracle 销售云在社交方面能够与微信联结，让销售人员与客户沟通起来更加方便，的确提升了公司的客户体验。这在传统的 CRM 系统中是很难做到的。

除了 Oracle SaaS 销售云之外，朗坤物联网还采用了 Oracle PaaS 云来进行定制化的

BI 报表开发, 对海量物联网数据进行分析, 从而为客户提供更好的服务, 采用 Oracle 云的确能够把技术以及人员的成本降到很低。

### 3. "云落地"的方式

没有一个产品或服务是十全十美的, 在使用过程中用户总会遇到各种各样的问题。对于 Oracle SaaS 云来说也同样如此。由于甲骨文的云数据中心在国外, 在使用过程中有时的确会出现因为链路问题导致系统反馈比较慢的情况。作为一家企业级云服务公司, 甲骨文的云落地策略主要有以下几点: ①拥有本地的客户; ②产品充分本地化; ③拥有本地的服务团队。Oracle 客户体验云目前在国内的发展势头很快, 联想、海尔、华为等大型企业都采用了 Oracle 客户体验云。此外, 甲骨文还针对中国地区的客户成立了客户关怀部, 会为每一个云客户配备一个专门的接头人员, 负责项目的跟进与协调, 让客户使用 Oracle 云的过程变得更顺畅。

(资料来源: TechTarget 中国, http://www.searchdatabase.com.cn/showcontent_87339.htm)

## 1.6.4　电子商务系统

近年来, 电子商务正在以极快的速度发展, 并逐渐进入人们的日常生活。电子商务是世界性的经济活动, 就其实质来说是信息系统在商务方面的应用。电子商务是利用电子计算机及网络技术等现代科学手段进行的商务活动, 它离不开对信息资源的利用和管理, 运用了信息技术和系统思想。电子商务能高效利用有限的资源, 加快商业周期循环、节省时间、降低成本、提高利润和增强企业的竞争力。从业务流程的角度看, 电子商务是指信息技术的商业事务和工作流程的自动化应用。如今电子商务已发展成为一个独立的学科, 企业的信息化是其发展的基础。电子商务正在改变工业化时代企业客户管理、计划、采购、定价及衡量内部运作的模式。消费者开始要求能在任何时候、任何地点, 以最低的价格及最快的速度获得产品。企业不得不为满足这样的需求而调整客户服务驱动的物流运作流程和实施与业务合作伙伴(供应商、客户等)协同商务的供应链管理。ERP 为企业实现现代供应链管理提供了坚实的信息平台, 是企业进行电子商务的基础。

### 1. 电子商务的定义

从涵盖的范围看, 电子商务可以理解为交易各方以电子方式进行的任何形式的商业交易, 也可以理解为与交易相关的所有商务活动。有两种代表性的电子商务定义如下:

(1) 狭义的电子商务(electronic commerce, EC): 主要是指利用信息技术, 尤其是互联网技术提供的网络环境, 从事以商品交换为中心的商务活动。人们一般理解的电子商务是指狭义上的电子商务。

(2) 广义的电子商务(electronic business, EB): 公司内部、供应商、客户和合作伙伴之间利用网络共享信息, 实现所有商务活动业务流程的电子化, 不仅包括了电子商务的面向外部的业务流程, 如网络营销、电子支付、物流配送等, 还包括了企业内部的业务流程。

在电子商务中, 商务是核心, 管理是本质, 信息是基础, 电子是手段, 效益是目标。电子商务的本质是企业乃至社会的信息化, 是企业管理的变革与创新, 电子只是为这种革新提供了手段和可能性, 目的是要改善、整合商务信息流, 以信息流驱动资金流和物流，提升企业的效益和竞争力。

### 2. 电子商务的分类和组成

电子商务的参与方主要有 4 个部分，即企业、消费者、政府和中介方，从电子商务系统的处理方式和范围以及涉及的商务对象，电子商务可以分为以下几种类型。

(1) 企业内部之间的信息共享和交换。通过企业内部的虚拟网络，分布各地的分支结构以及企业内部的各级人员可以获取所需的企业信息，避免了纸张贸易和内部流通的形式，从而提高了效率，降低了经营成本。

(2) 企业与企业之间的信息共享和交流(B2B)。企业之间通过电子商务系统将关键的商务处理过程连接起来，完成电子交易和电子支付，避免了人为的错误和低效率。主要有 EDI 和互联网两种形式。这种电子商务系统具有很强的实时商务处理能力，使企业能以一种可靠、安全、简便快捷的方式进行企业间的商务联系活动和达成交易，主要应用在企业与企业之间、企业与批发商之间、批发商与零售商之间。

(3) 企业与消费者之间的电子商务(B2C)。这种电子商务系统是人们最熟悉的一种电子商务类型，主要借助互联网开展在线销售活动或提供数字服务。大量企业在互联网上设立网上商店，消费者通过网络在网上购物，在网上支付，节省了消费者和企业双方的时间和空间，大大提高了交易效率。企业和消费者之间的电子商务也可以扩展出 C2C 或 C2B 等更多的形式。

(4) 企业与政府之间的电子商务(B2G)。政府与企业之间的各项事务都可以包含在其中，包括政府采购、税收、商检、管理条例发布等。这种形式一方面使政府公开、透明、高效、廉洁地开展活动，另一方面能够及时全面的了解企业信息，发挥对企业宏观调控、监督管理的职能，做出正确决策。

在传统实物市场进行商务活动是依赖于商务环境的(如银行提供支付服务、媒体提供宣传服务等)，电子商务在电子虚拟市场进行商务活动同样离不开这些商务环境，并且提出了新的要求。电子商务系统就是指在电子虚拟市场进行商务活动的物质基础和商务环境的总称。最基本的电子商务交易系统包括企业的电子商务站点、电子支付系统、实物配送系统三部分，以实现交易中的信息流、货币流和物流的畅通。电子商务站点为顾客提供网上信息交换服务，电子支付系统实现网上交易的支付功能，而实物配送系统是在信息系统的支撑下完成网上交易的关键环节，但对某些数字化产品则无须进行实物配送而依赖网上配送即可，如计算机软件和音乐产品的网上销售。

### 3. 电子商务的新模式

随着计算机技术的不断发展和商务活动内容的丰富，电子商务开始出现一些新的应用模式，主要有 O2O、社会化电子商务、移动电子商务等。

O2O 模式(online to offline)，即将线下商务的机会与互联网结合在了一起，让互联网成为线下交易的前台。如团购、基于共享经济的 O2O 等。

社会化电子商务，包括用户创造内容(UGC)，即用户创建用户文本、视频、音乐、照片等，并且将这些内容在社交网络上共享，由用户安排属于自己的内容消费方式，以及运用社交网络开展商务活动，如"网红"经济、微商等。

移动电子商务，即各种通过移动设备访问互联网使用的电子商务形式。移动商务是电子商务中增长最快的模式，2016 年中国移动商务大约占所有电子商务的 50%。这一类型发展出很多基于移动特性的应用，如移动广告、地理社交服务、基于位置的信息服务等，比起一般方式更具时效、更适合移动人群、更能有效及时地完成任务。

**案例 1.5　中华粮网：粮食行业电子商务的推动者**

郑州华粮科技股份有限公司(简称"中华粮网")成立于 2001 年，前身为郑州粮食批发市场现货交易网，是集粮食 B2B 交易服务、信息服务、软件技术服务、数据中心、增值业务等功能于一体的粮食行业综合性网站，提供网上粮食交易、供求信息发布、中小企业网上推广、企业网站黄页、中小企业管理应用软件开发等业务。

**1. 运营特色**

(1) 实现粮食线上交易，优化交易效率和成本。

传统的粮食线下交易模式存在粮食产销信息不对称、交易地方分散、流通环节过多和交易成本高等问题。随着电子商务的快速发展，越来越多的粮食企业希望通过电子商务平台实现线上交易。

面对这一需求，中华粮网与国内重点粮食批发市场联合，实现互联互通、资源共享，开发了粮食电子商务交易系统。该系统以批发市场、粮食企业和管理部门等交易组织方为服务主体，采用设立交易场或交易厅的方式，提供粮食交易网上平台，将粮食的线下交易转移到线上。

在传统的集市和批发市场粮食交易模式下，不同地区的交易者需要到交易现场，由交易市场统一组织秩序，按照交易规则，举牌进行粮食拍卖、竞价交易，手续烦琐、受时间和空间的限制，成本高，效率低。中华粮网粮食交易平台的搭建，突破传统的空间限制，提供 24 小时的全天候营业时间，实现网上供需直接见面，省去中间环节，降低买卖双方的成本。销区的客户可以第一时间直接看到产区的第一手挂单，拉近了产区销区时空上的距离，同时，交易双方可以自由选择粮食交易平台提供的网上竞价、招投标、双向撮合、无线竞标和电子协商等多种交易模式，有效达成交易，提高效率。使用粮食交易平台进行交易的粮食产品平均交易成本较传统方式降低 20%~30%。

目前，通过中华粮网粮食交易平台在郑州国家粮食交易中心和分中心河南省粮食交易物流市场进行专场交易以外，还为福建、天津、甘肃、新疆、吉林等 10 个国家重点粮食批发市场，提供交易平台服务，实现粮食交易从传统举牌、场内招投标交易方式升级为线上交易。

(2) 提供电子商务技术支持，完善在线交易体系。

尽管粮食企业的在线交易，提供了供求信息展示和交易机会撮合的服务，但是企业的交易仍然需要通过线下来进行。一个能够帮助交易双方实现电子交易、结算交割、安全认证、物流管理、资金支付和信息发布的成熟技术支持的在线交易体系，成为粮食企业的迫切需求。基于这一需求，中华粮网不断改进软件和系统服务水平，为粮食在线交易体系提供技术支持。

为了给粮食企业提供交易软件系统和售后服务及技术支持体系，中华粮网先后研发了多个与粮食交易相关的平台和系统。其中，"价格中心""全国粮油价格监测系统"两套报价系统可以及时监测各地粮油行情,并通过系统对比进行相关信息评判;"中储粮电子购销交易平台"是为中储粮系统开发、促进产销协作的企业交易平台,采用保证金为主、信用评级为辅的交易机制,为企业用户提供集中与日常两种交易模式,并在市场信息、资金结算、交割、纠纷处理以及物流信息等方面提供商务服务。

中华粮网不断改进交易系统,形成完整的粮食在线交易体系。目前,中华粮网在线交易已经形成整套的规范体系:功能多样化的交易平台,将网上竞价交易、招投标交易、撮合交易和协商交易结合起来;综合处理能力强的后台管理系统,保证客户的下单与成交顺利进行;针对中储粮系统企业的网上储备粮轮换平台,促进系统内企业的产销协作;面向粮食交易用户的商务社区,建立点对点、多对多通讯的客户端程序;无缝衔接的第三方物流信息管理平台,为交易客户提供最优化的粮食物流规划;独立的交割结算系统,实现与多个银行的支付接口;完善的安全认证子系统,保障交易双方的交易安全。

为了强化粮食在线交易体系的交易支持,中华粮网推出了"商易付"网上支付服务。商易付是针对粮食行业 B2B 在线支付平台,帮助交易企业安全快速实现在线支付,降低交易成本,提高资金使用效率。目前,商易付已经和中国工商银行、中国农业银行、中国交通银行、上海浦东发展银行建立了战略合作伙伴关系。

(3) 搭建信息门户网站,打造粮食行业数据中心。

由于粮食行业生产与销售之间的信息渠道不畅,粮食产品的供给和需求很难有效匹配。针对这一问题,中华粮网搭建了面向粮食行业的综合门户网站和数据中心,整合粮食信息资源,支持粮食行业信息化建设。

中华粮网借助门户网站和移动终端,为粮食行业专业市场提供行业新闻和数据、供求关系发布、粮食 B2B 交易服务和中小粮食企业网络推广等相关信息服务。目前,中华粮网设立有各类信息栏目 200 余个,每天及时发布粮食相关信息约 1000 余条,约 20 万字;每周为各地粮食贸易和加工企业发布供需意向信息 500 余条;全年发布的粮食市场周报、月报、季报、年报等分析性报告超过 100 期(份);同时,应用微博、微信、客户端、手机报等移动电子商务手段,帮助用户随时随地通过移动终端获取粮食行业信息。

我国作为粮食大国,产区和销区存在着信息不对称,销区很难准确把握产区的粮食生产情况,产区也很难及时了解销区的粮食价格水平。为了解决这一矛盾,帮助粮食企业了解历史数据和预测发展趋势,中华粮网依托数据积累与自主研发技术,打造了粮食行业内首家专业数据库,形成数据中心,提供相关历史数据、图表阅览模式、数据检索功能和粮油指数信息,为粮食行业提供粮食行业数据服务。通过数据中心的检索,粮食企业可以获取国内不同地区、不同粮食品种的价格数据、生产种植数据、进出口数据、期货数据和供需平衡分析等,深入分析粮食生产与粮食市场,从而为企业的决策提供客观翔实的数据参考。

截至 2020 年 12 月,中华粮网成员已遍及全国 20 多个省、市、自治区和直辖市。网站点击率平均每天 140 万次,最高日点击率 200 万次。

**2. 发展规划**

未来,中华粮网将进一步深入为粮食行业提供完善的第三方电子商务交易与服务。在业务服务方面,中华粮网将通过先进的网络技术,为粮食行业中小企业提供专业化个性化电子商务服务。在技术支持方面，中华粮网将进一步完善粮食网上交易平台的功能，开发第三方物流信息管理平台，建立独立的交割结算系统，实现与多个银行的支付接口。行业信息化方面，中华粮网将加大粮食行业在线交易的推广力度，整合国内粮食批发市场资源，推动粮食行业信息化建设。

(资料来源：http://dzsws.mofcom.gov.cn/anli/detal_9.html)

# 思考题

## 一、客观题(扫描下方二维码进入练习)

邀请码：30090414
学习通旁步右上角输入

## 二、主观题

1. 什么是信息？什么是数据？信息与数据有何区别和联系？

2. 衡量信息社会的主要标准是什么？

3. 信息的基本特征是什么？

4. 论述信息在企业管理工作中的作用。

5. 系统所具备的条件有哪些？

6. 管理信息系统有哪些主要特点？

7. 论述管理信息系统的主要发展趋势。

8. 简述你是如何理解信息技术对企业的负面影响的。

9. 从管理科学的发展趋向上怎样重新认识信息与管理的相互关系？

10. 人们获得了信息，是否就一定能够保证管理决策效率的提高？

11. 有人说"信息系统建设是三分技术、七分管理"，你是否同意这种观点？

12. 目前管理信息系统的应用已发展到哪些方面？

# 第 2 章
# 管理信息系统的技术基础

管理信息系统是 IT 技术在企业管理中的应用结果，是 IT 技术和管理技术相融合的产物，一切涉及信息的生产、处理、储存、物流和应用的相关技术，均成为管理信息系统的技术基础。具体来说，这些技术包括计算机技术、数据库技术、网络技术等。本章主要介绍计算机的硬件技术、软件技术、数据库技术、数据通信和计算机网络等内容。

## 2.1　计算机系统的组成

计算机系统由硬件系统和软件系统两大部分组成。

### 2.1.1　计算机硬件系统

计算机的硬件是指组成一台计算机的各种物理装置，是计算机进行工作的物质基础。计算机系统的硬件由五大基本部分所组成，它们是运算器、控制器、存储器、输入设备和输出设备，称为冯·诺依曼体系结构，如图 2.1 所示。

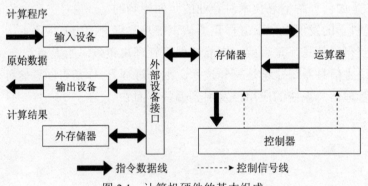

图 2.1　计算机硬件的基本组成

运算器是计算机中执行算术运算和逻辑运算的部件，运算器由算术逻辑单元、累加器、状态寄存器和通用寄存器组等组成。控制器用来指挥计算机各部件按照指令功能的要求自动协调地运行所需的各种操作，包括程序计数器、指令寄存器、指令译码器和各种控制电路。存储器是用来存储程序和数据的记忆装置。存储器分为两大类：内存储器和外存储器。输入设备的任务是将原始信息输入计算机内。常用的输入设备有键盘、鼠标器、扫描仪、光笔、磁带和光盘等。输出设备的任务是将计算机的处理结果以能为人们或其他机器所接受的形式输出。常用的输出设备有显示器、打印机、磁带、绘图仪等。

## 2.1.2　计算机软件系统

计算机软件是指计算机程序和有关的文档。计算机软件系统由系统软件和应用软件组成。计算机软件的分类,如图 2.2 所示。

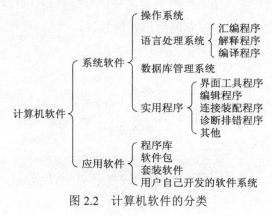

图 2.2　计算机软件的分类

### 1. 系统软件

系统软件是指负责管理、监控和维护计算机硬件和软件资源的一种软件。系统软件用于发挥和扩大计算机的功能和用途,提高计算机的工作效率,方便用户的使用。系统软件主要包括操作系统、程序设计语言和语言处理系统、数据库管理系统和实用程序。

1) 操作系统

操作系统是软件系统的核心。它负责控制和管理计算机系统的各种硬件和软件资源,合理地组织计算机系统的工作流程,提供用户与计算机系统之间的软件接口。操作系统具有如下的五大功能:作业管理、进程管理(处理机管理)、存储管理、设备管理和文件管理。

2) 程序设计语言和语言处理系统

为了让计算机解决实际问题,使计算机按人的意图工作,人们主要通过用计算机能够"理解"的语言和语法格式编写程序并提交计算机执行来实现。编写程序所采用的语言就是程序设计语言。程序设计语言包括机器语言、汇编语言和高级语言。

语言处理系统包括汇编程序与各种高级语言的解释程序和编译程序,其任务是将使用汇编语言或高级语言编写的源程序翻译成能被计算机硬件直接识别和执行的机器指令代码。

3) 数据库管理系统

计算机经常需要处理许多大数据量问题。如何存储和利用这些数据,如何使多个用户共享同一数据资源,都是数据处理中必须解决的重要问题。数据库管理系统就是为此而设计的系统软件。常见的数据库管理系统有 Oracle、MySQL、SQL Server、DB2、Sybase、Informix 等。

4) 实用程序

一个完善的计算机系统往往配置许多服务性程序，称为实用程序，它们或包含在操作系统之内，或可被操作系统调用。实用程序的种类很多，通常包括界面工具程序、编辑程序、连接装配程序、诊断排错程序等。

**2. 应用软件**

应用软件是指为解决各类实际问题而设计的程序(完成用户任务)。例如，火车票订票系统、学校教学管理系统、图书资料检索系统、办公自动化软件或医疗诊断系统等都属于应用软件，也包括解决通用问题的应用软件包等。

整个计算机系统的组成，如图 2.3 所示。

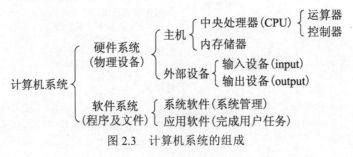

图 2.3　计算机系统的组成

# 2.2　数据库技术基础

数据库技术是计算机技术中发展最快的领域之一，也是应用最广的技术之一，它是计算机信息系统与应用系统的核心技术和重要基础。数据库技术研究的问题就是如何科学地组织和储存数据，如何高效地获取和处理数据。作为计算机科学中令人瞩目的一个重要分支，数据库技术一直是备受业界关注的焦点。在应用需求的推动下，在计算机硬件、软件发展的基础上，数据管理技术经历了人工管理、文件系统、数据库系统三个阶段。数据库系统的出现使信息系统从以加工为中心转向以数据共享为中心，提高了数据的利用和管理效率。目前以数据仓库和大数据管理为核心数据库的应用，成为计算机应用的主流。

## 2.2.1　数据库的相关概念

### 1. 数据库

数据库是将数据按一定格式存储在计算机内的数据的仓库，即存储在计算机内的相关数据的集合。数据库是有组织、可共享的各类数据的集合，数据库中的数据按照一定的数据模型组织、描述和存储，具有较小冗余度和较高的数据独立性，易维护性与扩展性。更主要的是数据库中的数据可以为各种用户共享使用，一经存储，数据库中的数据若不做删除或修改等操作，则不会被损耗。

## 2. 数据库管理系统

数据库管理系统(DBMS)是数据库系统的核心,是位于用户与操作系统之间的一层数据管理软件。DBMS 负责对数据进行组织、存储、获取和维护,它为用户或应用程序访问数据库中数据提供了科学的管理,并对数据的安全性、完整性、保密性、并发性等进行统一的控制。数据库管理系统的主要功能是:数据定义、数据操纵、数据库的运行管理和数据库的建立与维护等。

目前流行的数据库管理系统绝大多数是关系型数据库管理系统,一般可分为三类。

(1) 以微机系统为运行环境的数据库管理系统,如 Microsoft Access。这类系统主要作为支持一般事务处理需要的数据库环境,强调使用的方便性和操作的简便性,所以有人称之为桌面型数据库管理系统。

(2) 以 Oracle,Microsoft SQL Server,IBM DB2 为代表的数据库管理系统,这类系统强调在理论上和实践上的完备性,具有更强大的数据存储和管理能力,提供了比桌面型管理系统更全面的数据保护和恢复能力,更有利于支持全局性和关键性的数据管理工作,也被称为主流数据库管理系统。

(3) 以 MySQL 为代表的开源数据库管理系统,这类系统可以免费获取,安装配置方便,性能优越,使用成本低,可根据应用需要进行定制和扩展,在网站开发中是使用最多的数据库系统。

## 3. 数据库系统

数据库系统是指以数据库方式管理大量共享数据的计算机软件系统,它由数据库、数据库管理系统(及其应用开发工具)、硬件和软件支持系统、应用程序和用户(最终用户、应用程序设计员和数据库管理员)等 5 个要素组成。数据库系统可以用图 2.4 表示,其中应用开发工具为应用开发人员提供高效率、多功能的应用生成器、第四代语言等各种软件工具,数据库应用程序根据应用需求使用数据库,数据库管理员负责数据库的建立、使用和管理工作。

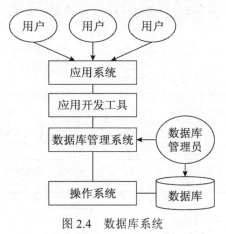

图 2.4 数据库系统

数据库系统具有数据结构化、数据共享、数据的独立性、最小的数据冗余度,避免数据的不一致性,可以实施安全性保护,保证数据的完整性,可以发现故障和恢复正常状态，有利于实施标准化等特点。

## 2.2.2 数据模型及数据库模式结构

### 1. 数据模型

数据模型是描述数据库中记录间关系的数据结构方式，所以一般理解为数据结构。从用户观点来看，数据模型是用来创建数据库、维护数据库，并将数据库解释为外部活动模型的工具。

数据模型通常由数据结构、数据操作和数据完整性约束三个要素组成。

**数据结构**，用于描述系统的静态特征，是所研究对象类型的集合，它将确定数据库的逻辑结构，即数据库的组成对象以及对象之间的联系。

**数据操作**，用于描述系统的动态特征，是对数据库中各种对象的实例所允许执行的操作的集合。数据库主要有查询和更新(包括插入、删除、修改)两大类操作。数据模型要定义这些操作的确切含义、操作及实现操作的语言。

**数据完整性约束**，是一组完整性规则的集合。完整性规则是给定的数据模型中数据及其联系所具有的制约和存储规则，用以限定符合数据模型的数据库状态及其变化，以保证数据的正确有效和相容。

在商业数据库产品中，已经提供了 4 种用于组织记录及确定记录间关系的方法。这些方法就是我们所说的数据模型，分别为层次数据模型、网状数据模型、关系数据模型和面向对象数据模型。

1) 层次数据模型

用树结构表示实体之间联系的模型称为层次数据模型。所谓实体是在现实世界中能保留信息的任一事物。所谓树是由结点和连线组成的，结点表示实体的集合，连线表示两实体间的联系，但这种联系只能是一对一的联系或者一对多的联系。其特点是：有且仅有一个结点无双亲(有一树根)；其他结点有且仅有一个双亲(有 $1:1$，$1:n$ 的关系)。

在层次数据模型中，记录被组织成一种层次关系，如同一株倒立的树的结构，如图 2.5 所示。

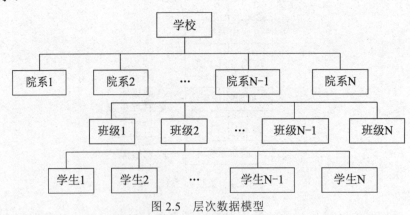

图 2.5 层次数据模型

在层次数据模型中，必须从根开始的某条路径提出询问，否则不能直接回答。另外，对于多对多的联系，层次模型必须设法分解为一对多的联系，这是层次模型的局限性。在现存的许多信息系统中，层次模型虽然仍在使用，但在新系统的开发中已经不再使用这种模型了。

2) 网状数据模型

用网络来表示实体之间联系的模型称为网状数据模型。在网状数据模型中任何一个结点可以和任意多个结点相连，即实体之间的关系是多对多关系。显然，层次模型是网状模型的特殊形式，网状模型是层次模型的一般形式。

网状数据模型具有的特点是：有一个以上的结点无双亲(可以多根)；至少有一个结点有多于一个的双亲；两个结点之间可以有两种或多种联系(可以有 $n:m$ 的关系)。

网状数据模型用系类型表示两个或两个以上的记录类型之间的联系，每一个系都包含一个主记录和若干个子记录，并允许一个记录同时属于几个系，即允许多个主记录。系主记录和子记录之间的联系是一对多的联系。如图 2.6 所示，一所学校里有许多老师和许多班级，一个老师要教几个班级的课程，一个班级一学期要开几门课程，需要多个老师来进行教学。

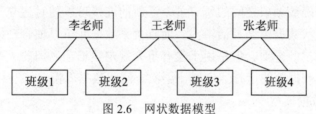

图 2.6　网状数据模型

网状模型的数据独立性较差，用户使用不方便，但它在整个数据库技术的发展过程中，有着重大的影响。同层次模型相似，网状模型一般也只在较老的数据库系统中使用，如今一般不选择这种数据模型。其原因就在于层次、网状模型必须在查询之前就确定记录之间的关系，并在系统中实际实现这种关系。因此，记录之间的关系会因为模型相对固定，一旦管理者在特定的查询中所要求的与已经实现的关系不同，那么完成查询要么很困难，要么很费时间。所以，对于那些经常涉及数据库特定的管理查询的分析、计划活动，层次或网状 DBMS 就不能够给予有效的支持。从其优点来看，层次、网状 DBMS 处理结构化、操作性数据的速度很快。例如，在进行诸如每周工资表或销售账务处理这样的大量批处理操作时，能发挥最快的速度。

3) 关系数据模型

关系数据模型的基本思想是用数据的二维表格来描述实体与实体间的联系。在关系模型中，所有的数据都被组织成为"二维表"的形式。

关系数据模型具有的特点是：表中每一项必须是基本项(初等项)；表中每一列必须是相同的数据类型；每一列必须有字段名，且同一表格中字段名不能重复；表中不能有相同的行(即不能有相同的记录)；行列的顺序均不影响表中信息的内容。

关系数据模型是如今信息系统使用的主流数据模型，如 Oracle、SQL Server、MySQL、DB2 等。层次、网状数据模型都要求数据库的记录之间具备明确的关系或链接，这两种数据库模型还要求每次只处理一种类型记录的数据，而关系数据模型完全没有上述要求。

一个关系数据库可以看作一系列二维表。许多管理人员常接触一些表格形式的数据，因此他们很容易理解关系数据模型。例如学生基本信息表，如表2.1所示。

表2.1　学生基本信息表

| 学号 S | 姓名 SN | 所属系 SD | ⋯ |
|---|---|---|---|
| S1 | 王某 | 土木系 | ⋯ |
| S2 | 李某 | 工商系 | ⋯ |
| S3 | 张某 | 计算机系 | ⋯ |
| ⋮ | ⋮ | ⋮ | |
| SN | 陈某 | 电子系 | ⋯ |

从表2.1可以看出，学生基本信息表是由学生记录组成的，包括学号S、姓名SN、所属系SD等数据项。表中每行相当于一条记录，表中每列代表一种数据项。

关系数据模型是以数学理论为基础的，它使管理人员可以灵活地进行数据库查询和建立报表。表的查询与新表的建立可以使用一个或多个表中的部分或全部数据。在建立关系数据时不必明确数据项之间的所有关系，新的连接可以随时建立。因此，关系数据模型要比层次、网状数据模型灵活得多，而且关系数据库可以使管理人员方便地制作特定的报告、进行特定的查询。但是由于没有事先规定数据项之间的关系，对于大的批处理应用程序，关系数据库的运行速度要比层次、网状数据库慢。

4) 面向对象数据模型

管理者使用的大量信息都存储于组织内的记录中。这些记录描述了组织运作的结果，比如销售发票、给厂商付款、给员工的工资等。但是，当今管理所使用的非文本信息的比例日益提高，如图像、图画、声音、录像等非文本数据。这些数据是由多媒体系统、计算机辅助软件工程、计算机辅助设计及其他工程设计系统产生的。这些信息系统的信息可以分布在信件、报表、备忘录、杂志文章、工程草图、图表、图形、教学影片或其他对象中。

这些对象中的数据与典型的面向事务处理数据库系统中的信息有很大的区别。对于后者，具体的信息必须以特定的规范方式输入，而且管理者通常想完成的也只是做总结、合计或列出某些选定数据等。对于前者，数据可以不是事务，取而代之的可以是许多在类型、长度、内容和形式上有实质差异的复杂数据类型。面向对象数据库技术正是适于管理上述几种数据类型。

在面向对象的数据库中，每个对象的数据、描述对象的行为、属性的说明三者是封装在一起的。其中对象之间通过消息相互作用，且每个对象都由一组属性来描述。例如，在一个建筑图纸数据库中，"建筑"这一对象与其他数据一样都要包含类型、尺寸、颜色等属性。每个对象还要包括一套方法或例行过程。如图2.7所示，面向对象数据模型包括面向对象数据库中的建筑对象、楼层对象和房间对象。

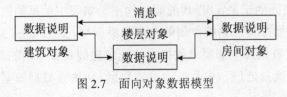

图2.7　面向对象数据模型

具有相同属性及方法的对象被称为一个类。例如，建筑、楼层、房间就是建筑图纸数据库中分属三个类的对象。更进一步说，某对象的行为及属性可以由同一个类中的其他对象所继承。这样，在同一个类中的建筑可以继承该类建筑的属性及行为。这种方式减少了编程代码总量，加速了应用程序的开发。结果产生了一个巨大的"可重用对象"库，其中的对象可以重复使用。将库中对象集成到一起，就可以产生新的应用程序，就如同一辆车由许多零部件组装在一起。

面向对象技术也有一个弊端，那就是它与其他数据库技术有本质区别。正是由于这种区别，开发人员在学习使用时有一定的难度。

### 2. 数据库模式结构

美国国家标准学会(ANSI)于 1975 年规定了数据库按三级体系结构组织的标准——SPARC。这三级结构是以内层(内模式)、中间层(概念模式)和外层(外模式)三个层次来描述数据库的。

#### 1) 概念模式

概念模式(conceptual schema)，又称模式，是数据库结构的中间层。概念模式是用逻辑数据模型对一个企业或部门数据的描述，是一种对数据库组织的全局逻辑观点，反映企业数据库的整体组织和逻辑结构。概念模式的设计是数据库设计最基本的任务。概念模式也可以称为逻辑模式，它指出每一个数据的逻辑定义及数据之间的逻辑联系，统一考虑所有用户的要求。概念模式是用模式数据描述语言来描述的。

#### 2) 外模式

外模式(external schema)，又称子模式、用户模式、局部模式，是最靠近用户的一层，是用逻辑数据模型对用户所用到的那部分数据的描述。每个用户所感兴趣的数据不完全一样，也不宜让用户接触与自己无关的数据，因此每个用户的外模式不一定一样。外模式是由概念模式分解组合而成的，并由子模式定义语言来描述。

#### 3) 内模式

内模式(internal schema)，又称存储模式或物理模式，是数据库结构的最内一层。它是物理存储设备上实际存储的数据集合，具体描述了数据如何组织并存入外部存储器内。内模式包含记录的顺序、存储块的大小、存储器的索引、指针的使用和所用的存取策略等信息。内模式是用物理数据描述语言来描述的。

上述的三种模式中，只有内模式是真正储存数据的，概念模式与外模式是用逻辑模型来描述数据的；而外模式则是根据用户需求，将数据以逻辑方式组织起来，并提交给用户的。这是依靠 DBMS 的映射功能来实现的。

数据库三个模式之间存在着两种映射：一种是模式与子模式之间的映射，这种映射把概念数据库与用户数据库联系起来；另一种是模式与内模式之间的映射，这种映射把概念数据库与物理数据库联系起来。正是这两种映射，才能把用户对数据库的逻辑操作转化为对数据库的物理操作，方便地存取数据库的数据。

数据库系统的三级模式结构，如图 2.8 所示。

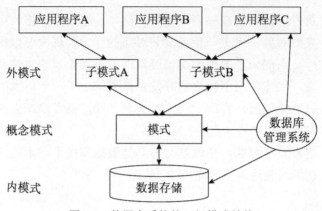

图 2.8　数据库系统的三级模式结构

### 2.2.3　数据仓库和数据挖掘

20 世纪 90 年代开始，人们逐渐认识到数据除了可直接操作外，还有战略计划的用途。传统的操作数据库系统是基于任务需求的联机事务处理和批处理。这些系统借助计算机的力量企图自动建立起商业过程，以便提高效率和速度。

然而今天，只有自动化是不够的。21 世纪的商业竞争不仅取决于对市场的反应速度，还取决于对本行业新知识的获取、积累和有效利用的能力。实际上，效率不再是在商场上取胜的唯一关键。在这个基于 Web 的电子商务经济时代，灵活性和敏感性也是在竞争中取胜的重要因素，那些善于利用信息的机构将比他们的竞争对手拥有更大的竞争力。关键是对于数据仓库有效的数据管理策略和交互式的数据分析能力。而数据挖掘则是后者技术发展的巅峰。

#### 1. 数据仓库

数据仓库概念的创始人荫蒙(W. H. Inmon)在其《数据仓库》(*Building the Data Warehouse*)一书中，提出数据仓库的定义："数据仓库就是一个面向主题的、集成的、随时间变化的，但信息本身相对稳定的数据集合，它用于对管理决策过程的支持。"

数据仓库具有以下 4 个基本特征。

(1) 面向主题：传统数据库主要是为了应用程序进行数据处理，不一定按照同一主题存储数据；数据仓库则侧重于数据分析工作，是按照某一主题分析的需要去组织和存储数据的。

(2) 集成：数据仓库中的数据是数据库中数据的有机积累和集合。数据在进入数据仓库之前要经过加工与集成、统一与综合，这一步实际是数据仓库建设中最关键、最复杂的一步。

(3) 不可更新：数据仓库中的数据并不是由数据仓库本身产生的，而是来源于信息系统等其他数据源；数据仓库反映的是历史信息，而不是数据库处理的那种日常事务数据。因此数据仓库的数据是不可更新的，但允许向数据仓库添加数据。

(4) 随时间变化：数据仓库的用户在进行分析处理时是不进行数据更新操作的，但并不是说数据仓库的整个生存周期中数据集合不变。数据仓库随时间变化不断增加新的数据内容，删去过时的、不再需要的历史数据。因此，在数据仓库中数据的标识码都需要标明时间属性，时间属性对于基于数据的决策非常重要。

数据仓库的数据量非常大、质量高，而且可检索。数量庞大并不是以低质量为代价的，由于源数据需要经过数据清洗才进入数据仓库，即删除不正确和不连续的数据，使数据的质量比一般商业数据库要高。

数据仓库是为了构建新的分析处理环境而出现的数据存储和组织技术，它与数据库完成的是不同类型的数据处理工作。传统的数据库技术为操作型处理服务，数据仓库为分析型处理服务。但是数据仓库的出现并不会取代数据库。目前，大部分数据仓库的数据是从关系数据库中抽取来的，数据还是用关系数据库管理系统来管理。数据库和数据仓库相辅相成、各有千秋。

### 2. 数据挖掘

随着数据库技术的飞速发展及人们获取数据手段的多样化，人类所拥有的数据急剧增加。人们通过这些数据所获得的信息量仅仅是整个数据库所包含的信息量的一小部分，隐藏在这些数据之后更重要的信息是关于这些数据的整体特征的描述及对其发展趋势的预测，这些信息在决策制定过程中具有重要的参考价值。

数据挖掘就是从大量的、不完全的、有噪声的、模糊的、随机的数据中，提取隐含在其中的、人们事先不知道的、但又是潜在的有用信息和知识的过程。数据挖掘和数据仓库的概念是密不可分的，数据挖掘要求有数据仓库作基础，并要求数据仓库已经有了丰富的数据。在实施智能化决策时，一般分两个步骤：第一步实现数据仓库，构造智能决策的基础；第二步实现数据挖掘，再次发挥智能化决策的特色。

数据挖掘是数据信息资源利用价值的再发现，它突破了传统意义上的数据查询，在更大的范围、更深的层次中提高数据的使用价值，但数据挖掘永远不能替代有经验的分析师或管理人员所起的作用，它只是提供一个强大的工具，使得这些人员在进行智能化决策时更容易、更方便，而且有理有据。

### 案例 2.1　数据挖掘技术在商业银行中的应用

数据挖掘技术在美国银行金融领域应用广泛。金融事务需要搜集和处理大量数据，对这些数据进行分析，发现其数据模式及特征，然后可能发现某个客户、消费群体或组织的金融和商务兴趣，并可观察金融市场的变化趋势。商务银行业务的利润和风险是共存的。为了保证最大的利润和最小的风险，必须对账户进行科学的分析和归类，并进行信用评估。Mellon 银行使用 Intelligent Agent 数据挖掘软件提高销售和定价金融产品的精确度，如家庭普通贷款。零售信贷客户主要有两类：一类很少使用信贷限额(低循环者)；另一类能够保持较高的未清余额(高循环者)。每一类都代表着销售的挑战：低循环者代表缺省和支出注销费用的风险性较低，但会带来极少的净收入或负收入，因为他们的服务费用几乎与高循环者的相同，银行常常为他们提供项目，鼓励他们更多地使用信贷限额或找到交叉销售高利润产品的机会。高循环者由高和中等风险客户构成。高风险分段具有支付缺省和注销费用的潜力，对于中等风险分段，销售项目的重点是留住可获利的客户并争取能带来相同利润的新客户。但根据新观点，用户的行为会随时间而变化，分析客户整个生命周期的费用和收入就可以看出谁是最具有创利潜能的。Mellon 银行认为"根据市场的某一部分进行定制"能够发现最终用户并将市场定位于这些用户。但是，要这么做就必须了解关于最终用户特点的信息。数据挖掘工具为 Mellon 银行提供了获取此类信息的途径。Mellon 银行销售部在先期数据挖掘项目上使用 Intelligent Agent 寻找信息，主要目的是确定现有 Mellon 用户购买特定附加产品"家庭普通信贷限额"的倾向，利用该工具可生成用于检测的模型。据银行官员称，Intelligent Agent 可帮助用户增强其商务智能，如交往、分类或回归分析，依赖这些能力，可对那些有较高倾向购买银行产品、服务产品和服务的客户进行有目的地推销。该官员认为，该软件可提供用于分析和决策的高质量的反馈信息，然后将信息输入产品的算法。另外，Intelligent Agent 还有可定制能力。

美国 Firstar 银行使用 Marksman 数据挖掘工具，根据客户的消费模式预测何时为客户提供何种产品。Firstar 银行市场调查和数据库营销部经理发现，公共数据库中存储着每位消费者的大量信息，关键是透彻分析消费者投入到新产品中的原因，在数据库中找到一种模式，从而能够为每种新产品找到最合适的消费者。Marksman 能读取 800~1000 个变量并且给它们赋值，根据消费者是否有家庭财产贷款、赊账卡、存款证或其储蓄、投资产品，将他们分成若干组，然后使用数据挖掘工具预测何时向每位消费者提供哪种产品。预测准客户的需要是美国商业银行的竞争优势。

(资料来源：Pang-Ning Tan, Michael Stein bach, Vipin Kumar 著. 数据挖掘导论[M]. 范明，范宏建译. 北京：人民邮电出版社，2011.)

## 2.2.4　大数据管理

随着信息量的不断增加，大数据(big data)一词出现在我们的视野中。2008 年 9 月，《自然》杂志发表了一篇文章《大数据：字节时代的科学》(*Big Data: Science in the Petabyte Era*)，"大数据"开始被广泛传播，成为研究热点。大数据和传统数据库领域的超大规模数据及海量数据有近似的含义，但是它需要管理的数据规模更大，处理数据类型更加丰富，对于存储、管理和处理数据的计算机技术提出很高的要求。当前，人们从不同角度诠释大数据的内涵。一般的定义是，大数据通常是 ZB($1ZB=2^{30}TB$)或 YB($1YB=2^{40}TB$)或更高数量级的数据集合，包括结构化、半结构化和非结构化的数据，其规模大到在获取、存储、管理、分析方面超出了传统数据库和软件技术所能管理和处理的能力范围。

大数据具有许多重要的特征，可以归纳为 4 个 V，即巨量(volume)、多样(variety)、快速(velocity)、价值(value)。

(1) 数据体量巨大。大数据的首要特征是数据量巨大，而且在持续、急剧地膨胀。据国际著名的咨询公司 IDC 研究报告称，到 2020 年全球数据总量将达到 40ZB($1ZB=2^{70}Bytes$)。物联网、云计算、移动互联网、车联网、手机、平板电脑、PC 以及遍布地球各个角落的各种各样的传感器，无一不是数据来源或者承载的方式。

(2) 数据类型繁多。数据的多样性是指异构的数据类型、不同的数据表示和语义解释。现在，越来越多的应用所产生的数据类型不再是纯粹的关系数据，更多的是半结构化、非结构化的数据，如社会网络、Web 服务器日志、流量传感器、卫星图像、广播音频流、音乐 MP3、政府文件扫描、GPS 路线等。

(3) 处理速度快。大数据的快速性也称为实时性，大数据往往以数据流的形式动态、快速地产生和演变，在实际应用需求中能够进行处理的时间很短，要求响应速度很快，即实时响应。

(4) 价值密度低，商业价值高。大数据的价值是潜在的、巨大的，其蕴含的价值只有通过对大数据以及数据之间的内在联系进行复杂分析、反复深入的挖掘才能获得。

目前，IBM 又提出另一个 V，即真实性(veracity)，旨在针对大数据噪音、数据缺失、数据不确定等问题，强调数据质量的重要性。

从大数据的特点可以看到，大数据管理、分析、处理和应用等诸多领域都面临着巨大挑战。数据管理技术和系统是大数据应用系统的基础。为了应对大数据应用的迫切需求，科技界、产业界研究和发展了众多新技术和新系统，其中以 NoSQL 数据管理系统和 MapReduce 并行编程模型为代表。NoSQL 是以互联网大数据应用为背景发展起来的分布式数据管理系统，NoSQL 的含义是 Not Only SQL，即数据管理技术不仅仅是 SQL。NoSQL 系统为了提高存储能力和并发读写能力，发展了 Key-Value 模型、BigTable 模型、文档模型等新的数据模型。MapReduce 是一种大规模并行计算解决方案，能够解决大数据在大规模并行计算集群上的高可扩展性和高可用性分析处理，其处理模式以离线式批量处理为主，在非结构化数据处理和分析领域得到广泛应用。

人们对大数据技术的研究和运用，预示着新一波生产力增长和科技发展浪潮的到来。企业、政府、科研院所等各行各业都在努力应用大数据。大数据正在孕育新的学科——数据科学。大数据的理论、系统和应用都还没有成熟，必将随着时间的推移不断更新发展。

## 案例 2.2　劳斯莱斯的空中大数据引擎："吃"的是航油，挤出来的是数据

在全球的制造企业中，英国的飞机引擎制造商劳斯莱斯(Rolls Royce)，在飞机引擎的制造和维护过程中，也采用了大数据分析。

### 1. 来自万米高空的大数据

劳斯莱斯的引擎中，都配备了劳斯莱斯引擎健康模块。所有的劳斯莱斯引擎，不论是飞机引擎、直升机引擎还是舰艇引擎，都配备了大量的传感器，用来采集引擎的各个部件、各个系统以及各个子系统的数据。任何的微小细节，如振动、压力、温度、速度等，都会通过卫星传送到进行数据分析的计算机中。这些信息通过专门的算法，进入引擎健康模块的数据采集系统中。无论是在万米以上的高空，还是在海里，数据都会被传回位于英国德比郡的总控室。

所有引擎传感数据由一个总共 200 人左右的工程师团队，按照每 25 到 30 人一组轮班地进行不间断的分析。一年下来，大概会产生 5 亿份数据报告。如果有一些更加严重的错误被发现，那么劳斯莱斯的地面支持团队就会在飞机着陆后到达现场。为此，他们配备了一个 200 人的工程师团队以保证随时都有需要的备件，以及一个 160 人的团队保证随时为全球的 500 家航空公司进行修理。这样的数据分析，不仅可以帮助劳斯莱斯提前发现故障，还可以帮助客户更及时有效地安排引擎检测和维修。对劳斯莱斯来说，这样的数据分析并不新鲜。在大数据被炒的火热之前，劳斯莱斯就已经在采

用大数据分析了。早在 2006 年，劳斯莱斯就已经通过卫星，实时监测它的 3000 多个引擎的数据并进行分析。而通过算法的不断改进，劳斯莱斯如今已经可以通过数据分析预测可能出现的技术问题。

### 2. "大数据"引擎

有的时候，劳斯莱斯的地面团队仍然需要对引擎进行手工检查。它的工程师会使用一种基于光纤的内窥镜，对引擎的损伤(如被鸟撞击产生的损伤)进行探测。这是一个难度非常大的工作，对工程师的技能要求极高。这样的人才相对于劳斯莱斯的 14000 部遍布于全球 500 家航空公司的 4000 多架飞机的引擎来说，就显得不够了。

劳斯莱斯的解决方案是：开发一种工业机器人。这种蛇形的机器人，可以由相对低级别的工程师放入引擎内部。利用放置在引擎内部、耐温高达 2000 摄氏度的摄像头，机器人在引擎内把图像传回给远程操纵的高级工程师，由高级工程师进行远程修理了。这样当算法发现故障时，工程师就可以第一时间看到引擎内部的图像，第一时间进行修理。这既节省了时间和费用金钱，对公司的客户也有很大的帮助。其中，大数据无疑起着举足轻重的作用。

(资料来源：http://www.ctocio.com/hotnews/11393.html)

# 2.3 数据通信和网络技术

随着计算机网络技术的飞速发展，计算机网络在企业中的应用越来越广泛，管理信息系统的应用环境也随之由单机系统向计算机网络发展。今天，网络作为企业现代化的管理工具发挥着重要的作用。特别是在资源共享、结构优化、库存减少、加快流通等方面为企业节省了大量资金，带来了可观的经济效益。随着改革开放的深入发展和中国加入 WTO，国内企业已逐步加入世界经济大循环，企业的管理机制和运行方式也随之发生很大变化，对计算机网络的需求已经从单纯的信息传输发展至全面介入企业的经营管理、开展电子商务等。"网络社会""网络经济""电子政务"等应运而生，在计算机网络的帮助下，人们正在摆脱地域的限制，企业管理的范围和效率越来越高，"跨国公司"的高效率管理成为可能。网络化已成为管理信息系统的主要发展方向。

## 2.3.1 数据通信

数据通信对管理信息系统起着重要的作用，利用数据通信可以将管理信息系统资源在长距离内有效分配。

通信是把信息从一个地方传送到另一个地方的过程。用来实现通信过程的系统被称为通信系统。通信系统的三个基本要素：信源、通信媒体和信宿。如果一个通信系统传输的是数据，则称这种通信为数据通信，实现这种通信的系统是数据通信系统。数据通信系统具有如下的特点：数据通信系统能实现计算机和计算机之间以及人和计算机之间的通信；计算机之间的通信过程需要定义出严格的通信协议或标准；数据通信系统对数据传输的可靠性要求很高；在数据通信系统中，信息量具有突发性；数据通信系统的"用户"所采用的计算机和终端等设备多种多样，它们在通信速率、编码格式、同步方式和通信规程等方面都有很大的差别；数据通信系统的数据传输效率高；数据通信系统中不同用户、不同应用的通信业务的信息平均长度和延时变化非常大。数据通信系统的组成，如图 2.9 所示。

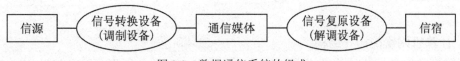

图 2.9 数据通信系统的组成

在图 2.9 中，信源是通信过程中产生和发送信息的设备或计算机；调制解调器将计算机的数字信号转化成一个类似于电话的信号(信号转换装置)，同时它也可以把类似于电话的信号反过来转换成一个数字信号(信号复原装置)；通信媒体就是信道，是信源和信宿之间的通信线路；信宿是通信过程中接收和处理信息的设备或计算机。

数据通信通常被划分为 5 个基本阶段。

第一阶段：建立通信线路，用户将要通信的对方地址信息告诉交换机，交换机查询该地址终端，若对方同意通信，则由交换机建立双方通信的物理通道。

第二阶段：建立数据传输链路，通信双方建立同步联系，使双方设备处于正确收发状态，通信双方相互核对地址。

第三阶段：传送通信控制信号和数据。

第四阶段：数据传输结束。双方通过通信控制信息确认此次通信结束。

第五阶段：由通信双方之一告知交换机通信结束，切断物理链接通道。

在通信系统中，各种信号都要通过通信信道才能从一端点传至另一端点，通信信道是通信双方以通信媒体为基础的信号传递的通道。从抽象的角度看，信道是指电信号在通过传输媒体时所占有的、指定的一段频带，它在准许信号通过的同时，对信号传输加以限制。信道中的通信媒体有电话线、同轴电缆、双绞线、光纤、海底电缆、多芯电缆、微波、红外线等。

## 2.3.2 网络技术

计算机网络就是利用通信线路和通信设备将分布在不同地点的具有独立功能的多个计算机系统互相连接起来，在网络软件的支持下实现彼此之间的数据通信和资源共享的系统。

### 1. 计算机网络的特点

当前计算机网络存在以下的主要特点：开放式的网络体系结构，不同软硬件环境、不同网络协议的网可以互联，真正达到资源共享、数据通信和分布处理的目标；向高性能发展，追求高速、高可靠和高安全性，采用多媒体技术，提供文本、声音、图像等综合性服务；计算机网络的智能化，提高了网络的性能和综合的多功能服务，并更加合理地进行各种网络业务的管理，真正以分布和开放的形式向用户提供服务。

### 2. 计算机网络的功能

计算机网络具有如下的功能：使地理位置遥远的、独立的计算机具有了相互访问、传输数据的能力，缩短了空间距离；入网计算机或终端具有远程控制和执行命令的能力，可以实现资源共享，包括软硬件资源、数据资源，甚至技术和人力资源等。

计算机之间的通讯是计算机网络能够实现资源共享的基础，而资源共享则是开发建设计算机网络的主要目的。资源共享可提供更强的系统处理能力，提高系统的可靠性，均衡负载。

### 3. 计算机网络的拓扑结构

计算机网络的拓扑结构是指网络的链路和节点在地理上所形成的几何结构。主要有星型、总线型、环型、树型和网型网络等。

星型结构(见图2.10(a))的主要特点是集中式控制，其中每一个用户设备都连接到中央交换(控制)机上，中央交换(控制)机的主要任务是交换和控制。控制机汇集各工作站送来的信息，从而使得用户终端和公用网互联非常方便，但架设线路的投资大；同时为保证中央交换机的可靠运行，需要增加中央交换机备份。

总线结构(见图2.10(b))是局域网络中常用的一种结构。在这种结构中，所有的用户设备都连接在一条公共传输的主干电缆——总线上。总线结构属于分散型控制结构，没有中央处理控制器。各工作站利用总线传送信息，采用争用方式——CSMA/CD方式，当一个工作站要占用总线发送信息(报文)时，先检测总线是否空闲，如果总线正在被占用就等待，待总线空闲再送出报文。接收工作站始终监听总线上的报文是否属于给本站的，若是则进行处理。

环型结构(见图2.10(c))，从物理上看，将总线结构的总线两端点连接在一起，就成了环型结构的局域网。这种结构的主要特点是信息在通信链路上是单向传输的。信息报文从一个工作站发出后，在环上按一定方向一个结点接一个结点地沿环路运行。这种访问方式没有竞争现象，所以在负载较重时仍然能传送信息；缺点是网络上的响应时间会随着环上结点的增加而变慢，且当环上某一结点有故障时，整个网络都会受到影响。为克服这一缺陷，有些环型局域网采用双环结构。

树型结构(见图2.10(d))是由总线结构演变而来的，形状像一棵倒置的树，顶端为根，从根向下分支，每个分支又可以延伸出多个子分支，一直到树叶，树叶就是用户终端设备。这种结构易于扩展，一个结点发生故障很容易从网络上脱离，便于隔离故障。

网型结构(见图2.10(e))的控制功能分散在网络的各个结点上，网上的每个结点都有几条路径与网络相连，即使一条线路出故障，通过迂回线路，网络仍能正常工作，但是必须进行路由选择。这种结构可靠性高，但网络控制和路由选择比较复杂，一般用在广域网上。

混合型拓扑(见图2.10(f))是将两种单一拓扑结构混合起来，取两者的优点构成的拓扑。

上述几种拓扑结构中，总线型、星型和环型在局域网中应用较多，网型和树型结构在广域网中应用较多。

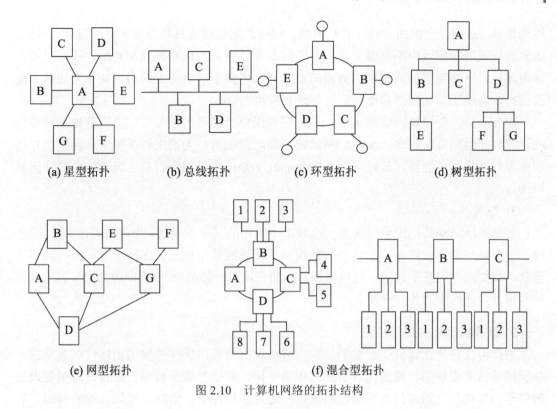

(a) 星型拓扑　　　(b) 总线拓扑　　　(c) 环型拓扑　　　(d) 树型拓扑

(e) 网型拓扑　　　　　　　　　(f) 混合型拓扑

图 2.10　计算机网络的拓扑结构

#### 4. 计算机网络的分类

计算机网络根据通讯距离或地域覆盖范围来划分，可分为局域网、广域网和城域网。

1) 局域网

局域网(LAN)是一个数据通信系统，它在一个适中的地理范围内，把若干独立的设备连接起来，通过物理通信信道，以高的数据传输速率实现各独立设备之间的直接通信。一个 LAN 上只能连接有限个计算机和其他设备。这个限定与计算机和设备连接用的介质及 LAN 软件有关。

通常，一个局域网的覆盖范围在一个房间、一个建筑物、一个大院或一个校园内。计算机之间的距离一般在 0.6~1.8 米之间，实际的距离由通信介质的类型、网络接口类型和局域网软件决定。当前的局域网数据传输速度在 10~100MB/s 之间。局域网只能用专用网络介质，它并不在公共电话系统上传输数据。在一个局域网中只能使用一种网络协议，如以太网或令牌网。

局域网具有广泛的应用。将基于个人计算机的智能工作站连成局域网可以共享文件和相互协同工作，共享贵重资源如海量存储器、激光打印机等，可以节约成本。共享电子信息使得用户以小组为单位工作，群体决策的好处对公司是显而易见。用于办公室自动化的局域网也是一个广泛的应用领域，其关键是要提高办公室的效率。综合声音、图像、图形的多媒体技术，使计算机网络的应用更加绚丽多彩。

2) 广域网

广域网(WAN)的范围可从数十公里到数千公里，可以连接若干个城市、地区，甚至跨越国界，是遍及全球的一种计算机网络。网络之间也可通过特定方式进行互联。目前，大多数局域网在应用中不是孤立的，除了与本部门的大型机系统互相通信，还可以与广域网连接，网络互联形成了更大规模的互联网，可使不同网络上的用户能相互通信和交换信息，实现了局域资源共享与广域资源共享相结合。

世界上第一个广域网就是 ARPA 网，它利用电话交换网把分布在美国各地不同型号的计算机和网络互联起来。ARPA 网的建成和运行成功，为后来许多国家和地区组建远程大型网络提供了经验，最终产生了 Internet，Internet 是现今世界上最大的广域计算机网络。

3) 城域网

城域网(MAN)的范围可以覆盖一个城市中相连的几个小城市，物理距离在 48 公里之内。当要连接的计算机超过局域网的范围后，城域网就出现了。连接一个组织内的不同建筑，如校园内的各个建筑，是城域网常见的应用。一般的城域网以 100MB/s 的速度传输数据，用光纤作为传输介质。

### 5. 计算机网络的通信协议

通信协议是使计算机能够顺利识别网络传输的信息，保证传输的正确性而建立的一些软硬件标准或规则。就像邮政信函的传递一样，有一套关于邮局、邮箱、邮车等设施的要求，邮政与交通部门合作的组织规定，还有各种邮资、信封、地址、邮政编码、信件包装等的详细规则。计算机网络通信系统各种规则的复杂性不亚于邮政系统。例如，以太网采用 CSMA/DA 协议，令牌环网采用令牌环协议，Internet 采用 TCP/IP 协议。

1984 年 10 月，国际标准化组织(ISO)公布了 OSI 协议，这是通信的一种国际标准，参考模型从逻辑上把网络的功能分为 7 层，最底层为物理层，最高层为应用层。

Internet 采用的 TCP/IP(transmission control protocol/internet protocol)协议是比 ISO/OSI 协议简单得多的实用性网络协议。它为一组协议，有上百个，但最基本的是 TCP 和 IP 协议。该协议的基本传输单位是数据包(datagram)，TCP 负责将数据分成若干个数据包，并给每个数据包加上包头，包头上有编号，以保证接收端能够还原为原来的数据格式；IP 协议在每个包头上再加上接收端主机地址，可以让数据自己找到要去的地方，就像信封上写明地址一样。如果传输过程中出现数据丢失、失真等情况，TCP 协议要求数据重新传输，并重新组包。总之，IP 保证数据的传输，TCP 保证数据传输的质量。

TCP/IP 协议成功地解决了不同网络之间难以互联的问题，实现了异网互联通信。TCP/IP 是当今网络互联的核心协议，可以说没有 TCP/IP 协议就没有今天的网络互联技术，就没有今天的以互联技术为核心建立起来的 Internet。

### 6. 网络新技术

互联网已经成为现代社会信息基础设施的重要组成部分，在国民经济发展和社会进步中起着举足轻重的作用，同时也成为当今高科技发展的重要支撑环境，互联网的巨大成功有目共睹。随着计算机性能的改善、网络带宽的增长、现代移动通信技术的不断进步和用户需求的不断增强，出现了一些新的网络技术。

1) 基于 IPv6 标准的新一代 Internet 网络

现在被全球广泛使用的互联网协议 IPv4 是"互联网协议第四版",已经有 30 年的历史。从技术上看,尽管 IPv4 在过去的应用中具有辉煌的业绩,但是现在看来已经露出很多弊端。现有的 IPv4 已经远远不能满足网络市场对地址空间、端到端的 IP 连接、服务质量、网络安全和移动性能的要求。因此人们寄希望于新一代的 IP 协议来解决 IPv4 中所存在的问题。IPv6 协议正是基于这一思想提出的,它是"互联网协议第六版"的缩写。在设计 IPv6 时不仅仅扩充了 IPv4 的地址空间,而且对原 IPv4 协议的各个方面都进行了重新考虑,做了大量改进。与 IPv4 相比,IPv6 在地址容量、安全性、网络管理、移动性以及服务质量等方面有明显的改进,是下一代互联网可采用的比较合理的协议。

2) P2P 技术

P2P 是一种网络技术,指在网络上用于不同计算机间不经过中继设备而直接进行数据交换服务的技术。关于 P2P,一种理解是英文 peer to peer 的缩写,把 P2P 理解为"伙伴对伙伴",或称之为对等联网。在对等联网中,P2P 直接将人们联系起来,通过互联网直接交互,使得网络上的沟通变得更容易,计算机之间能够更直接地进行共享和交互,真正地消除了中间商和服务器。另一种解释是英文 point to point 的缩写,即"点对点下载",意思是在下载一个文件的同时,自己的电脑还要作为主机上传这个文件。它采用多点对多点的原理,同一时间下载一个文件的人越多,下载速度就越快,它改变了互联网以大网站大服务器为中心的状态,使互联网重返"非中心化",并把网络权力交还给了用户。

3) 基于 5G 的宽带无线移动网络技术

5G 技术是英文 5th generation mobile networks 或 5th generation wireless systems、5th-Generation 的缩写。是继 4G(LTE-A、WiMAX)、3G(UMTS、LTE)和 2G(GSM)系统之后的延伸。支持高速数据传输的蜂窝移动通信技术,是一种能将无线通信与国际互联网等媒体通信业务结合的新一代移动通信系统。它能够处理图像、音乐、视频等多种媒体形式,包括网页浏览、电话会议、电子商务等多种信息服务;支持从话音到分组数据及多媒体业务;能够根据不同的需要提供相应的带宽。

## 2.3.3　网络应用模式的发展

当前互联网正处于向新一代互联网过渡发展的阶段,计算机网络应用模式体系结构也发生了极大的变化,其发展阶段具体如下。

### 1. 文件服务器/工作站

在 20 世纪 60—80 年代,网络应用主要是集中式的,采用主机—终端模式,数据处理和数据库应用全部集中在主机上,终端没有处理能力。当终端用户太多时,主机负担过重,处理性能显著下降,造成"主机瓶颈"。20 世纪 80 年代以后,文件服务器/工作站结构的微机网络开始兴起,这种结构把 DBMS 安装在文件服务器上,而数据处理和应用程序分布在工作站上,文件服务器仅提供对数据的共享访问和文件管理,没有协同处理能力。这种方式可充分发挥工作站的处理能力,但网络负担较重,严重时会造成"传输瓶颈"。

## 2. 客户/服务器(C/S，client/server)

C/S 模式是 20 世纪 80 年代产生的应用模式，这种模式将 DBMS 安装在数据库服务器上，数据处理可以从应用程序中分离出来，形成前后台任务：客户机运行应用程序，完成屏幕交互和输入、输出等前台任务；服务器则运行 DBMS，完成大量的数据处理及存储等后台任务。由于共享能力和前台的自治能力，后台处理的数据不需要在前后台间频繁传输，从而有效解决了文件服务器/工作站模式下的"传输瓶颈"问题。

## 3. 浏览器/web 服务器(B/S，browser/server)

浏览器/web 服务器是 Internet 上一个典型的分布式计算模式。浏览器是一个用于文档检索和显示的客户应用程序，并通过超文本传输协议 HTTP 与 web 服务器相连。客户端通过 web 服务器去访问数据库，以获取必要的信息，而 web 服务器与特定数据库系统的连接可以通过专用软件实现。从客户端看，整个系统有两层服务器，因而 B/S 模式是一种基于互联网技术的三层客户/服务器结构。对于较简单的应用，可将 web 服务器与数据库服务器合并，则 B/S 模式就变成二层结构模式；对于较复杂的应用，可将 web 服务器与数据库服务器之间增加一层应用服务器，则 B/S 模式就变成四层结构模式。因此，B/S 模式是一种特定的 C/S 结构。使用方便、界面友好、低成本的浏览器节省了两层结构的 C/S 模式客户端软件的开发和维护费用。

## 4. 云计算(cloud computing)

云计算是一种按使用量付费的模式，这种模式提供可用的、便捷的、按需的网络访问，进入可配置的计算资源共享池(资源包括网络、服务器、存储、应用软件、服务)，这些资源被所有云计算的用户共享并且可以方便地通过网络访问，用户无须掌握云计算的技术，只需要按照个人或者团体的需要租赁云计算的资源。

继个人计算机变革、互联网变革之后，云计算被看作第三次 IT 浪潮，它将带来生活、生产方式和商业模式的根本性改变，云计算将成为当前全社会关注的热点。云计算是分布式计算、并行计算、效用计算、网络存储、虚拟化、负载均衡等传统计算机和网络技术发展融合的产物。

云计算服务应该具备以下几条特征：

- 随需自助服务。
- 随时随地用任何网络设备访问。
- 多人共享资源池。
- 快速重新部署灵活度。
- 可被监控与量测的服务。
- 基于虚拟化技术快速部署资源或获得服务。
- 减少用户终端的处理负担。
- 降低了用户对于 IT 专业知识的依赖。

## 5. 物联网技术(internet of things)

物联网是指通过射频识别(RFID)、红外感应器、全球定位系统和激光扫描器等信息传感设备，按照约定的协议，把任何物体与互联网连接起来进行信息交换和通讯，以实现智能化识别、定位、跟踪、监控和管理的一种网络。

物联网典型体系架构分为 3 层，自下而上分别是感知层、网络层和应用层。感知层实现物联网全面感知的核心能力，是物联网中关键技术、标准化、产业化方面急需突破的部分，关键在于具备更精确、更全面的感知能力，并解决低功耗、小型化和低成本问题。网络层主要以广泛覆盖的移动通信网络作为基础设施，是物联网中标准化程度最高、产业化能力最强、最成熟的部分，关键在于为物联网应用特征进行优化改造，形成系统感知的网络。应用层提供丰富的应用，将物联网技术与行业信息化需求相结合，实现广泛智能化的应用解决方案，关键在于行业融合、信息资源的开发利用、低成本高质量的解决方案、信息安全的保障及有效商业模式的开发。

### 6. 区块链技术(Blockchain)

区块链技术(简称区块链)是分布式数据存储、点对点传输、共识机制、加密算法等计算机网络技术的新型应用。区块链技术是比特币的一个重要概念，它本质上是一个去中心化的数据库，同时作为比特币的底层技术，是一串使用密码学方法相关联产生的数据块，每一个数据块中包含了一批次比特币网络交易的信息，用于验证其信息的有效性(防伪)和生成下一个区块。目前，区块链技术应用已延伸到数字金融、物联网、智能制造、供应链管理、数字资产交易等多个领域，全球主要国家都在加快布局区块链技术发展，各国的政府及监管机构对区块链技术及其研发应用的态度逐渐从观望转向鼓励，并且积极进行了更多的尝试。

**案例 2.3** **品牌强市——品牌 QZ 公共信息服务平台案例分析**

QZ 市是著名的侨乡，民营经济十分发达，多年来经济实力位居福建省的前列。辖区内上市企业和中国驰名商标众多，连续多年获得"中国十大品牌城市"和"国家商标战略实施示范城市"称号。为进一步服务地方经济，塑造提升品牌形象，对该地区经济支柱产业的品牌资源进行统一、有效管理，可以全面、系统地反映企业品牌建设各方面的信息，以及为企业在品牌发展管理上提供优质服务与扶持，QZ 市打造了品牌信息服务平台，打通企业和政府的品牌资源服务通道。

### 1. 解决方案

品牌 QZ 公共信息服务平台参照了国内外计算机系统集成的先进经验，并结合我国公共信息服务的建设经验及 QZ 品牌资源的状况，确定了以实用、先进、安全、信息集成度高为总体设计思想，并制定了系统实施的两个目标。

一期工程：完成 QZ 地区知名企业品牌资源数据中心库的建设，以及搭建对应的业务管理应用功能，同时与 QZ 市各级企业相关的业务主管部门的已建信息系统进行对接，使本项目能够与各业务主管部门形成联动。

二期工程：在一期的基础上进行业务拓展，将品牌资源业务管理范围涵盖至全市绝大部分的中小企业，使整个地区的企业都能纳入本项目平台的管理与服务范围内，并能随着时间的推移，及时动态更新所有企业的品牌经营管理信息。

具体内容包括:

(1) 品牌资源数据管理平台基础信息库建设,分类存储管理企业基础数据;

(2) 业务应用功能建设,围绕基础数据展开的业务管理功能建设;

(3) 数据接口开发,与相关政府部门业务系统进行对接,获取业务数据;

(4) 系统软件及网络硬件部署环境建设,以支撑品牌数据库和相关应用系统(或功能)的开发、设计与正式投入稳定运行。

根据建设目标,品牌资源数据中心部署于市级管理单位所属专网网络环境中,设置网络交换中心,服务器部署使用 1 台应用服务器与 1 台数据库服务器的部署方式,实现应用与数据的分离管理,保证应用与数据的安全。为了提高性能可在两台服务器之间进行双机集成,实现负载均衡。为了保障数据安全,可以通过部署磁盘阵列来提高数据存取性能以及数据备份安全。服务器环境还可通过防火墙、负载均衡设备、IDS 入侵检测系统等一系列防护设备来保障系统的网络信息安全。品牌企业和政府管理部门为远程互联网节点。部门节点到信息中心的传输速率为 1000MB/s,平台将各种服务器集中放置于信息中心,充分发挥了高速骨干网的优势。品牌 QZ 公共信息服务平台网络结构拓扑图如图 2.11 所示。

出于全盘考虑,该网络系统建设优先选择高性能、规模扩展性强的产品。整个系统的设计以实现技术的标准化、可靠性和技术的先进性为原则。采用当前比较新的技术,如快速以太网、千兆网等。为了防止非法用户盗用和破坏,该系统采用了多种安全防范措施,确保系统运行万无一失。

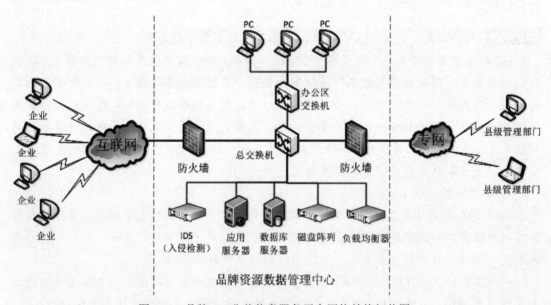

图 2.11  品牌 QZ 公共信息服务平台网络结构拓扑图

该系统的主要结构以一台高端交换机为中心,配置了主交换机机箱冗余电源,避免了电源单点故障造成的系统瘫痪。在其他各个联网部门,采用千兆网交换机作为交换平台,有 24 或 48 个 10/100M 自适应端口,是典型的高性能桌面交换解决方案。网络的对外出口(Internet)接入设备采用 Cisco 路由器。

## 2. 安全策略

本网络系统实现网络安全的途径有：划分多个 VLAN、访问控制、防火墙技术等。

该网络对实时性要求很强，所以如果服务器出现故障，意味着整个网络的瘫痪。为了防止这种故障发生，要求服务器有以下功能：完善的容错能力、带电热插拔技术(保证易损部件的更换与维护不影响系统的运行)、智能 I/O 技术和良好的扩充性等。同时该系统选用了智能 UPS，对计算中心服务器、交换机、路由器等设备进行电源保护。在突发事故出现时，智能 UPS 会将计算机立即切换至紧急电池备用电源，该设备电源输出功率可以保证计算中心机房所有交换机、服务器、路由器、防火墙等设备满负载供电，4 小时在线延时可以使系统忍受长时间断电。

## 3. 效果评估

网络系统平台建成后，将 QZ 市品牌资源有关的企业、技术支持和政府服务等形成一个有机的整体。平台的基层部门采集品牌信息，企业、平台和政府部门协同尽责，从创品牌、用品牌、推品牌到享品牌，大大提升了品牌有效利用，加速了品牌产量与质量的发展，增强了企业的市场应变能力和运行效率。

(资料来源：http://www.pinpaiqz.com/channel/index )

# 思考题

## 一、客观题(扫描下方二维码进入练习)

邀请码：30090414
学习通首页右上角输入

## 二、主观题

1. 计算机结构中的主要部件是什么？各起什么作用？
2. 决定计算机性能的主要指标有哪些？
3. 计算机软件的定义是什么？MIS 属于哪一类软件？
4. 数据库系统由哪几部分组成？数据模型有哪几种？
5. 数据仓库的 4 个基本特征是什么？什么是数据挖掘？
6. 计算机网络的拓扑结构有哪些？
7. 什么是网络协议？什么是 TCP/IP 模型？
8. 网络的常用连接设备有哪些？各自的用途是什么？
9. 互联网有哪些主要的标识技术？
10. 互联网的常用服务有哪些？

# 第 3 章
# 管理信息系统的开发方法与开发方式

管理信息系统的开发是一个复杂的系统工程,不仅涉及计算机技术、网络通信技术、系统理论、管理科学等方面的问题,还受到许多方面条件的制约。历史上,国内外许多企业在开发和运用管理信息系统中遭到了失败,失败的原因很多,开发方法选择不当通常是其中一条重要的原因。在管理信息系统建设的长期实践中,人们清醒地认识到,开发一个复杂的系统工程,必须遵循科学的开发策略,采用正式的、科学的开发方法,否则,就会使开发管理信息系统工作遭到失败。正确的指导思想、必要的开发条件、科学的组织管理和选择合理的开发方法与开发方式是成功地开发管理信息系统的前提和基础性条件。

## 3.1 系统开发方法

用于管理信息系统开发的方法有多种,这些方法都是在多年来系统开发的研究实践中形成的,每种方法都有其独特的思路、原理和各自不同的优缺点。常用的管理信息系统开发方法有结构化生命周期法、原型法、面向对象法和计算机辅助软件工程法。

### 3.1.1 结构化生命周期法

结构化生命周期法是一种最常用的管理信息系统开发方法,又称为结构化开发方法。20 世纪 70 年代,管理信息系统开发过程中普遍存在着需求不清、步骤混乱和成功率低等问题,人们通过总结经验教训,认识到管理信息系统的开发是一项投入大、历时长、涉及面广、影响因素众多的系统工程,必须用系统理论来指导管理信息系统的开发过程。在这样的背景下,结构化生命周期法应运而生。

结构化的意思是用一组规范的步骤、准则和工具进行一项工作。结构化的开发方法,是用系统工程的思想和工程化的方法,遵照用户至上的原则,从系统的角度分析问题和解决问题,按照规定的步骤和任务要求,使用图表工具完成规定的文档,采用自顶向下整体分析和设计,自底向上逐步实施的系统开发过程。

#### 1. 系统生命周期的阶段划分

从提出建立一个管理信息系统到系统完全建成,这个过程称为系统开发的生命周期。

系统的生命周期一般划分为 5 个阶段。这 5 个阶段分别是：系统规划、系统分析、系统设计、系统实施和系统维护与评价。结构化方法是由结构化分析方法、结构化设计方法和结构化程序设计方法组成，分别用于系统分析、系统设计和系统实施阶段。MIS 生命周期模型，如图 3.1 所示。

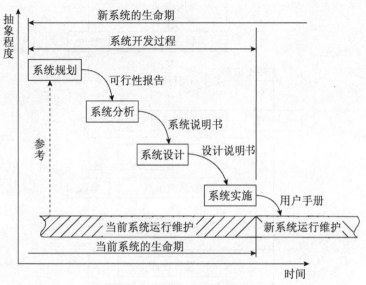

图 3.1　MIS 生命周期模型

### 2. 结构化生命周期法的开发过程

结构化生命周期法的开发过程如图 3.2 所示。

系统开发生命周期各阶段的主要工作有以下几方面。

1) 系统规划阶段

管理信息系统开发的第一个阶段是系统规划阶段。其内容主要是根据用户提出的系统开发要求，组建规划小组，进行初步调查，了解企业的概况、目标、边界、环境、资源，确定企业目标及信息系统目标。同时，考虑新建系统所受的各种约束和限制，研究新建系统的必要性和可行性。

系统规划的主要目的是避免盲目开发系统，减少不必要的损失。常用的系统规划方法有：企业系统计划法(business system planning，BSP)，关键成功因素法(critical success factors，CSF)等，这些方法将在第 4 章介绍。

2) 系统分析阶段

系统分析阶段是系统开发过程中一个非常重要的阶段，系统分析的主要任务是提出新系统的逻辑模型。通过对企业管理业务进行详细调研，以用户的需求为依据，从功能和数据的角度分析和优化问题，进行组织的机构功能分析；管理业务流程分析；数据与数据流程分析；建立新系统的逻辑模型；最后写出新系统的系统分析报告。

系统开发人员拥有开发技术，知道如何用信息技术实现用户的需求，但是他们很难深入把握和深切体会特定用户对信息系统的具体要求。而用户对信息技术的了解有限，不知道计算机解决问题的具体过程，面对他们所需要解决的问题，通常不能用规范的、专业的语言将需求完整地、准确地表达。因此，在这个阶段，双方的密切配合是至关重要的，缺乏用户的参与和支持，系统的开发是难以取得成功的。

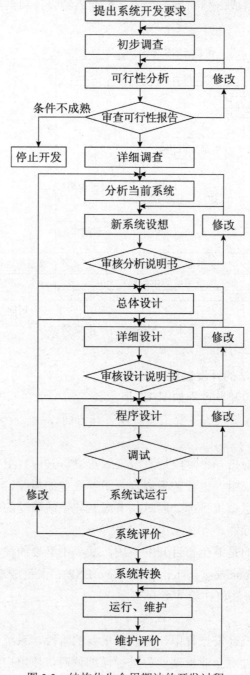

图 3.2　结构化生命周期法的开发过程

3) 系统设计阶段

系统设计工作是建立在系统分析的基础之上，以系统分析报告为依据，结合信息技术的发展，考虑具体情况，提出系统的设计方案，形成系统的物理模型。系统设计阶段的主要工作分为总体设计和详细设计两个部分。总体设计的主要任务是根据系统分析所得到的系统逻辑模型和需求说明书，导出系统的功能模块结构图，并确定合适的计算机处理方式和计算机总体结构及系统配置；详细设计主要是包括代码设计、数据库设计、输出设计、输入设计、对话设计、处理流程设计及制定设计规范等；最后写出系统设计报告。

系统设计阶段与系统分析阶段的区别在于：系统分析解决的是要"做什么"(what)，而系统设计关心的则是"怎么做"(how)。我们把要"做什么"称为逻辑模型，把"怎么做"称为物理模型，系统分析阶段建立的是逻辑模型，系统设计阶段建立的是物理模型。

4) 系统实施阶段

系统设计报告是系统实施的依据，系统实施的主要工作是将新系统的设计方案变成可运行的计算机模型，主要内容包括：硬件的购置及安装；系统软件的购置及其安装调试；程序设计、调试与优化；人员培训；数据准备与录入；系统转换；最后要编写各种文档。

5) 系统维护与评价阶段

系统维护是指对系统进行维护，使系统能正常运行。系统交付用户使用后，在运行的过程中可能会发现一些问题，如由于环境变化产生的问题，在开发过程中没有想到和涉及的问题，以及用户要求增加新的功能等，就需要对系统进行修改或调整。系统维护包括数据维护、软件维护和平台维护。当系统运行一段时间后，组织评价组对新系统进行评价，评价的内容包括：系统的运行效率和经济效率评价，系统运行情况与预期目标和设计要求的评价。评价的目的在于发现问题，总结经验，为今后系统的改进和开发提供资料。

### 3. 结构化生命周期法的优缺点

1) 结构化生命周期法的主要优点

(1) 建立面向用户的观点。结构化生命周期法强调用户的积极参与，树立用户第一的观点，因为系统的需求是用户提出来的，用户对系统的满意程度是评价管理信息系统开发是否成功的唯一标准。系统开发人员要准确、恰当地理解用户的需求，就必须与用户进行充分的交流。

(2) 严格区分工作区间。结构化生命周期法严格区分各个开发阶段，每个阶段都有明确的任务和目标，强调开发过程要一步一步地进行，每一步工作都要及时地总结，每个阶段的成果必须通过用户的评审，及时地发现问题、反馈问题和纠正问题，每个阶段成果一旦通过评审，就不可修改，并作为下一阶段的任务书。后一阶段的工作总是建立在前一阶段工作成果的基础上，从而使每一阶段的工作都有可靠的依据，避免开发过程的盲目状态，使系统开发的成功率得到提高。

(3) 设计方法结构化。结构化生命周期法开发系统采用结构化、模块化，自顶向下进行分析、设计，使得系统中的各个子系统相对独立，便于系统的分析、设计、实施与维护。

(4) 文件标准化和文献化。文档是现代软件产品的一个重要组成部分，是开发工作的依据，也是系统维护阶段的重要工具。结构化生命周期法非常重视文档工作，要求每个阶段的工作完成以后，都要完成相应的文档报告和图表。每一阶段对文档的审查，都是对本阶段工作的评定，使这阶段的错误难以传递到下一阶段，以保证各个工作阶段顺利进行。

2) 结构化生命周期法的主要缺点

(1) 开发周期长。结构化生命周期法要求系统开发必须按顺序一个阶段、一个阶段地进行，严格的阶段划分和文档要求造成开发周期漫长。

(2) 烦琐，使用工具落后。采用结构化生命周期法开发系统需要制作大量的图表，编写这些图表的工作量极大，目前虽然已经有很多的 CASE 工具可以支持这一工作，但仍有许多图表的制作难以用计算机完成，必须通过手工绘制，编制这些文档耗费大量的人力和时间。

(3) 不能充分预料可能发生的情况及变化。信息技术发展迅速，企业生存的环境也一直在发生变化，这些变化要求系统必须与之相适应。结构化生命周期法是一种必须预先定义需求的方法，由于开发周期长，而且不能变更前一阶段的工作成果，这就使得所开发的系统无法适应迅速变化的环境，这很可能导致最终开发出来的系统脱离实际。

(4) 不直观，用户最后才能看到真实模型。采用结构化生命周期法开发系统，用户在系统规划、系统分析、系统设计这些阶段看到的都是文档资料，只有到系统实施的阶段，用户才能看到实际能使用的系统。在系统实施阶段之前的时间里，用户由于长时间看不到实际的系统，会感到疑惑，开发热情减退，使开发人员与用户的交流产生影响。

必须指出的是，尽管结构化生命周期法存在着这样那样的缺点，但其严密的理论基础和系统工程方法仍是系统开发中不可缺少的，对于复杂系统的开发往往必须采用结构化的方法。目前，它仍然是一种被广泛使用的系统开发方法，而且随着大量开发工具的引入，系统开发的工作效率得到了很大的提高。结构化生命周期法也可与其他开发方法结合使用，在结合使用中不同的开发方法互相取长补短，使系统开发的效果更好。

## 3.1.2 原型法

20 世纪 80 年代，计算机软件技术快速发展，出现了关系数据库系统、第四代程序设计语言和各种功能强大的辅助系统开发工具。信息技术的迅速发展使管理信息系统更新的速度越来越快，企业对系统开发时间的要求也更严格，迫切希望管理信息系统开发的速度要快、成本要低，这使得结构化生命周期法存在的缺陷日益突出。结构化生命周期法最大的一个缺陷是要求系统开发人员和用户在系统开发初期对整个系统的功能就要有全面、深刻的认识，并制定出每一阶段的计划和说明书。事实上，对于很多管理信息系统，用户要想在项目开发初期就非常清楚地陈述他们的需求几乎是不可能的，用户的需求随着对系统理解的加深会不断地完善与变化。用户需求定义方面的错误是管理信息系统开发中出现的后果最为严重的错误，错误形成得越早，对整个系统的影响也越严重。在这种背景下，一种新的管理信息系统开发方法——原型法(prototyping)产生了。这是一种具有全新的设计思想和开发工具的系统开发方法，它摈弃了结构化生命周期法中的那种必须一步一步地进行周密细致的调查分析，严格地区分开发步骤，并制作大量的文档，直到最后才能让用户看到结果的烦琐做法，而是一开始就凭借着系统开发人员对用户要求的理解，在强有力的软件环境的支持下，迅速给出一个具备一定功能的、可运行的系统原型，通过与用户反复协商修改，最终形成实际系统。20 世纪 80 年代中期，原型法得到了广泛的应用，成为一种流行的管理信息系统开发方法。

### 1. 原型法的基本概念

原型(prototype)的本意是试验品、模型的意思。在原型法中，原型是指一个管理信息系统的工作模型，这个模型不是仅仅表示在纸面上的系统，而是个实实在在的可以在计算机上运行、操作的工作模型。

原型法是指系统开发人员在初步了解用户的基础上，借助功能强大的辅助系统开发工具，快速开发一个原型(原始模型)，并将其演示给用户，开发人员根据用户的意见和评价对这个原型进行修改，如此反复，逐步完善，直到用户完全满意为止。原型法又称为快速原型法和原型化方法。

原型法不同于结构化生命周期法，它不区分系统开发的各个阶段，而是同时完成各个阶段的活动，并快速反馈给用户，通过反复迭代，完成系统的开发过程。它是随着信息技术的发展和开发软件的不断强大，在人们希望克服结构化生命周期法的不足的背景下产生的。原型法把试验机制引入系统的开发过程，从本质上避开了结构化方法的需求定义阶段，使得用户的需求在反复迭代的开发过程中不断地明晰，随着用户和系统开发人员对信息系统理解的加深，不断地对这些需求进行补充和细化，通过系统设计人员对原型不断地修改和完善，成为用户满意的系统。

**2. 原型法的开发过程**

原型法的开发过程是：首先建立一个能反映用户主要需求的原型，让用户实际看见新系统的概貌，以便判断哪些功能符合要求、哪些需要改进，通过对原型的反复改进，最终建立符合用户要求的新系统，如图 3.3 所示。原型法在建立新系统时可分为下述 4 个阶段。

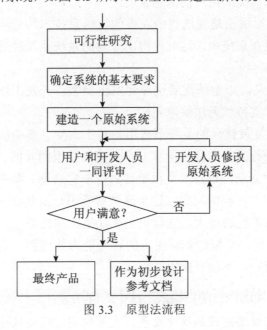

图 3.3　原型法流程

1) 确定用户的基本需求

在这个阶段中，系统开发人员首先进行详细的系统调查，识别出新系统的基本需求，如系统功能、人机界面、输入输出、运行环境、性能及安全可靠性。要用户一次提供完整的需求几乎是不可能的，但是要用户快速确定关键需求是可能的。

2) 开发初始原型

根据用户的要求，开发人员迅速建立起一个初始原型，该原型是在计算机上初步实现的信息系统。

3) 征求用户对原型的改进意见

让用户亲自使用原型,用户使用原型系统后,会很快地发现原型存在的缺点和不足,提出改进的意见,同时在系统的启发下,还可能提出新的需求。

4) 修正和改进原型

开发人员对原型进行修改、扩充、完善,反复迭代,直到用户满意为止。

### 3. 原型法的优点与缺点

1) 原型法的主要优点

(1) 减少开发时间,提高系统开发效率。原型法减少了大量制作文档的时间,减少了用户培训时间,开发周期短,费用相对少。

(2) 改进用户与系统开发人员的信息交流方式。管理信息系统设计中存在的问题,在大多数情况下是设计人员对用户需求理解不准确造成的,这实际上是一种信息交流的问题。原型法将原型提供给用户,使用户在参与中直接发现问题,及时得到用户的反馈,这种方式改善了用户与系统开发人员的信息沟通状况,减少设计错误。

(3) 用户满意程度高。原型法使用户面对的不是难以理解的大量文档,而是一个活灵活现的原型系统,这不仅使得用户易于接受,而且能激发用户主动参与的积极性,减少用户的培训时间,从而提高用户的满意程度。

(4) 应变能力强。原型法是在迭代中完善的,信息技术的进步,企业经营环境发生变化,都能及时地体现在系统中,这就使得所开发的系统能及时适应迅速变化的环境。

2) 原型法的主要缺点

(1) 开发工具要求高。原型法需要快速开发出原型,开发工作量巨大,如果没有现代化的开发工具和技术支持就无法快速完成。

(2) 对大型系统或复杂性高的系统不适用。对于大型、复杂的系统,不经过系统分析和整体规划,而由设计人员直接用屏幕一个个模拟是很困难的。对于复杂的系统,不仅功能较多,而且技术复杂,设计人员很难理解得非常透彻。如果采用原型法,则其在分析和设计上会存在深度不够的问题,这个原型就要进行反复迭代,反复修改的次数多了,周期就会变长,成本也会增大,这就失去了原型法的优势。

(3) 管理水平要求高。原型法要求用户的管理能力要达到一定的水平,对于管理不善、信息处理混乱的用户,不能直接用原型法。

### 案例3.1 原型法在深圳地铁自动售检票系统中的应用

近年来,随着我国经济建设的快速发展,发展轨道交通与快速公交成为解决城市的交通拥堵状况、提高人民生活品质的重要手段。自动售检票系统是基于计算机、通信、网络、自动控制等技术,实现轨道交通售票、检票、计费、收费、统计、清分、管理等全过程的管理信息系统。英文名称是 automatic fare collection,简称为 AFC。

AFC 系统开通后,通过乘客进、出站刷卡,可以精确记录乘客乘车的起、终点,准确掌握客流时、空分布规律,实时统计各条线路及各车站的客流量,为地铁运营组织提供基础数据,应对客流变化,及时调整运力,缓解拥挤,同时可以实现各条线路之间票款的独立核算。

深圳地铁 AFC 系统的开发采用了原型法。深圳地铁 AFC 应用系统首先采用了"快速建立需求规格模型法"来确认用户需求。这种方法通过建立模型，密切用户和开发人员的关系，促进相互间的了解，有助于系统开发人员获得比较完整准确的用户需求。深圳地铁 AFC 系统开发人员在初步了解用户的基本需求的基础上，建立了一个他们认为符合用户要求的模型系统，并将这个模型提交给用户，让用户使用，模型为用户提供了获得感性认识系统的机会。用户通过使用这个模型来确定该模型是否满足自己的需求，根据使用的情况明确提出需要增加哪些功能，哪些地方需要改进。开发人员不断跟踪深圳地铁票务人员、车站人员和乘客使用 AFC 系统的情况，通过与这些用户的交流，不断地理解用户的意图与需求。根据用户的反馈，逐步明确并加深对用户需求的了解。采用循环进化的方式，对系统的各项功能进行改进和优化，解决使用过程中所发现的各种问题，逐步完善系统所需的各项功能，直到用户感到满意。在深圳地铁培训中心测试平台的支持下，系统开发人员用户对系统的功能进行严格测试，并对测试中所发现的问题进行改进，直至模型测试结果达到要求。

通过系统开发人员和用户的共同努力，系统通过反复测试得以确认。系统开发人员将通过测试的模型转变成目标系统，并将系统投入使用。系统先是小规模的上线使用，经过一段时间的实地运作，在确保系统正确无误后，系统全线铺开实施使用。

原型法增进了系统开发人员和用户之间的沟通与交流，通过系统原型可以比较快速、准确地获得用户确定的需求，节省了开发时间，降低了开发强度，系统目标也能加快实现。

(资料来源：刘乐，符翔. 快速原型法在深圳地铁 AFC 系统中的应用[J]. 计算机与轨道交通，2006，15(7).)

## 3.1.3　面向对象法

20 世纪 90 年代，面向对象(object-oriented，OO)的技术和程序设计语言取得了巨大的成功，成为计算机领域中开发软件的主流技术，因而信息系统的开发更多地采用面向对象的程序设计语言和支持面向对象的数据库管理系统。传统的结构化(SD)方法把数据和过程作为相互独立的实体，不支持软件的可复用性和可维护性，而面向对象的技术把对象的属性(数据)和处理(方法)封装在一起，通过子类对父类的继承，使软件便于维护和扩充，提高了软件的可复用性。面向对象方法包括面向对象分析、面向对象设计和面向对象程序设计，分别应用于系统分析、系统设计和系统实施三个阶段，并分别构成系统的逻辑模型、物理模型和计算机可执行模型。

### 1. 面向对象法的开发过程

面向对象法按系统开发的一般过程分为几个阶段。

1) 系统调查和需求分析

对系统将要面临的具体管理问题以及用户对系统开发的需求进行调查研究，即先弄清要干什么的问题。

2) 面向对象分析

面向对象分析(OOA)是在系统调查资料的基础上，对面向对象方法所需的素材进行归类、分析和整理。它建立在对象及其属性、类及其成员、整体及其部分等概念之上，以对象及其交互关系为手段，将非形式化的需求说明表述为明确的软件系统需求。面向对象分析模型从对象模型、动态模型和功能模型三个侧面进行描述，主要肩负三大任务：其一是通过对问题空间的分析，识别出问题所涉及的对象、对象间的关系和服务，建立对象模型；其二是以对象模型为基础，完成相应需求描述；其三是对需求描述进一步作需求评审。OOA 步骤为标识对象、标识结构、定义属性和定义服务。

3) 面向对象设计

从 OOA 到面向对象设计(OOD)是一个逐渐扩充模型的过程，OOA 模型反映问题域和系统任务，OOD 模型则进一步反映需求的一种实现，即在 OOA 模型中，根据所应用的开发环境功能的强弱程度，填入和扩展有关实现方面的软件设计信息。OOD 工作内容主要有主体部件设计和数据管理部件设计。

4) 面向对象编程

面向对象编程(OOP)的任务是实现 OOD 预定各对象应完成的功能，分为可视化设计和代码设计两个阶段。可视化设计阶段主要是进行用户界面设计，将系统所有的功能与界面中的控件或菜单命令联系起来，即在某一界面对象(如表单)上集合功能所需的控件对象(如按钮、编辑框、标签、组合框、库表等)，设置各对象属性，布置窗口。代码设计阶段的主要任务是为对象编写所需要响应的事件代码，为对象发挥必要的功能，建立不同对象间的正确连接关系。

## 2. 面向对象法的优点与缺陷

面向对象法的主要优点是：以对象为基础，利用特定的软件工具直接完成对象客体的描述与软件结构之间的转换，解决了传统结构化开发方法中客观世界描述工具与软件结构不一致的问题，缩短了开发周期，解决了从分析和设计到软件模块多次转换的繁杂过程。

面向对象法的主要缺点是：需要有一定的软件基础支持才可以应用，对大型的系统可能会造成系统结构不合理、各部分关系失调等问题。在某些情况下，纯面向对象的模型不能很好地满足软件系统的要求，其实用性受到影响。

## 3. 面向对象法与结构化生命周期法的比较

面向对象开发方法的基本思想是将客观世界抽象地看作是若干相互联系的对象，然后根据对象和方法的特性研制出一套软件工具，使之能够映射为计算机软件系统结构模型和进程，从而实现信息系统的开发。这种方法的主要思路是所有开发工作都围绕着对象而展开，在分析中抽象地确定出对象以及其他相关属性，在设计中将对象等严格地规范化，在实现时严格按对象的需要来研制软件工具，并由这个工具按设计的内容，直接产生出应用软件系统。与结构化生命周期法自顶向下的系统分解方法(如功能分解、数据流分解、数据模型化)相比，面向对象法是一种基于问题对象的自底向上的开发方法论。结构化生命周期法的功能分解软件开发方法通常被描述为从"做什么"到"怎么做"，而面向对象法则是从"用什么做"到"要做什么"。前者强调从系统外部功能去模拟现实世界，后者则强调从系统的内部结构去模拟现实世界。如同其他管理信息系统设计的方法一样，面向对象方法给出现实世界问题域的一种表示形式，并将其映像为管理信息系统软件。与其他方法不同的是，面向对象方法是基于问题对象概念分解系统的软件开发方法，使信息和处理都模块化，而在信息和处理之间建立映像关系。

### 3.1.4　计算机辅助软件工程法

计算机辅助软件工程(compute-aided software engineering，CASE)是一种支持整个软件开发生命周期的软件开发自动化技术，是一种从开发者的角度支持管理信息系统开发的计算机技术。CASE 也被称为计算机辅助系统工程(compute-aided systems engineering，CASE)、计算机辅助软件环境(compute-aided software environment，CASE)、计算机辅助系统环境(compute-aided systems environment，CASE)。

#### 1. CASE 产生的背景

CASE 的产生与软件工程的发展有着密切的关系，它是软件工程发展到一定时期的必然产物。长期以来，软件开发过程中一直存在许多问题，如软件的质量与用户的期望有较大的距离；不能按时完成软件系统开发等。由于软件开发周期长、效率低，软件产品交付用户使用时，用户的业务环境与需求可能已经发生了很大的变化。因此，"手工作坊"式的软件开发模式难以适应软件工业的发展需求。1968 年，在北大西洋公约组织科学委员会召开的一次研讨会上提出了软件工程的概念，软件工程的基本思想是把系统工程的原理应用到软件的开发和维护中，以期低成本、按计划和高效率地生产高质量的软件。20 世纪 60 年代后期产生的软件工程完成了软件生产的第一次变革，由"手工作坊"方式向"工程化"方式转化，在软件开发过程中引入软件生存周期的思想和结构化软件开发方法，使软件开发存在的问题得到了明显的改观。但是，软件工程理论的建立与应用并没有彻底解决软件开发过程中的问题，由于软件工程自身实施的复杂性和存在的实际困难，使得这一理论和方法难以在实践中发挥应有的作用，长期困扰和制约软件工程发展的瓶颈问题仍旧存在。软件开发人员逐步认识到，他们为用户的应用开发出各种各样的软件和信息系统，却没有支持软件开发人员自己使用的工具，要提高软件开发效率，一个有效的途径就是开发出支持开发人员工作的工具。因此，软件工作者利用计算机软件实现软件工程理论中的原理、方法和技术，提出了 CASE 的思想和方法，随着各种各样的软件开发工具的出现，计算机辅助软件工程的技术随之诞生。20 世纪 80 年代后期产生的 CASE 技术完成了软件生产的第二次变革，由"工程化"方式转向"自动化"方式。CASE 技术并不能完全解决软件开发过程中存在的所有问题，但它对软件的生产率提高确实起到了相当大的作用。CASE 技术现在仍然是一种相对年轻的技术，是一个发展中的概念。

计算机辅助软件工程法并不是一种真正意义上的开发方法，严格地说，CASE 只是一种开发环境而不是一种开发方法，它是对整个开发过程进行支持的一种技术。在实际开发一个系统的过程中，CASE 必须依赖具体的开发方法，例如结构化方法、原型法、面向对象方法等，为具体的开发方法提供开发环境，是一种支持开发的专门工具。

## 2. CASE 的功能

CASE 的功能是支持不同的开发方法(结构化生命周期法、原型法、面向对象方法等);支持软件开发生命周期的各个阶段,包括分析与设计、编码、测试、维护及项目管理;具有文档出版功能和文字、图形编辑功能;支持软件部分的重用;支持开发信息资源共享。

## 3. 典型的 CASE 工具

1) 图形工具

图形工具(diagramming tool)用图形和模型的方式描述信息系统所使用的各种技术,如构造过程模型、数据模型和对象模型。

2) 描述工具

描述工具(description tool)用于记录、删除、编辑和输出非图形化的信息和说明。例如,业务描述文件,输入和输出内容中的数据项的性质、处理过程和逻辑描述等。

3) 原型化工具

原型化工具(prototyping tool)用于输入、输出、屏幕或报表的分析和设计。

4) 质量管理工具

质量管理工具(quality management tool)用于分析图形、描述原型的一致性和完整性,检验系统的开发是否满足一些通用规则。

5) 文档出版工具

文档出版工具(documentation tool)用于将图形、资源库描述、原型以及质量保证报告组装成正式的文档。

6) 设计模型和程序代码生成工具

设计模型和程序代码生成工具(design models and program code tool)用于支持某些项目形式上的变换。例如,自动将面向业务的数据模型变换成为面向技术的、可实施的数据模型。

## 4. CASE 的优点

1) 提高生产率

CASE 将开发者从众多烦琐的文档编写工作中解脱出来。通过 CASE 工具的使用,大大减少了开发者完成某些工作需要的时间,如画图、编制规格说明等。通过 CASE 的使用,可以在很大程度上加快系统的开发速度,提高生产率。

2) 提高质量

通过 CASE 工具的使用,可以大大减少系统实施或支持过程中的失误。如果系统分析员、设计员和程序员运用正确的开发技术,通过 CASE 可以最大限度地提高信息系统的质量。

3) 提高文档的质量

编制高质量的文档是 CASE 最为明显的一个优点,CASE 工具还可以使文档的维护变得更加容易。

4) 减少系统维护的费用和精力

通过提高系统和文档的质量，可以大大减少系统维护的费用和精力，逐渐进行各种需求分析、功能分析、结构图表生成(如数据流图、结构图、实体联系图等)，进而成为支持整个系统开发全过程的一种大型综合系统。

**Microsoft Office visio 简介**

Office Visio 是 VISIO 公司在 1991 年推出的用于制作图表的软件(已被微软收购)，目前最高版本是 Microsoft Visio 2019(见图 3.4)。早期它主要用作商业图表制作，后来随着版本的不断提高，逐渐发展成功能强大的 case 工具软件。Office Visio 便于 IT 和商务专业人员就复杂信息、系统和流程进行可视化处理、分析和交流，可促进对系统和流程的了解并利用这些知识做出更好的业务决策，显著提高软件开发的生产率。

Office Visio 提供了各种模板：业务流程图、架构图、网络图、工作流图、日程表、数据库模型图和软件图，这些模板可用于可视简化业务流程、跟踪项目和资源、绘制组织结构图、映射网络、绘制建筑地图以及优化系统。

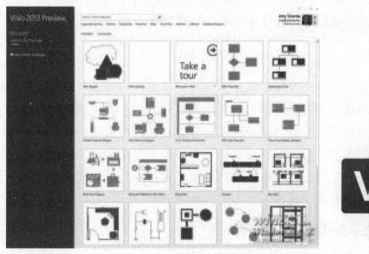

图 3.4　Microsoft Visio 2019

**Office Visio 特性**

(1) 可视化。使用 Office Visio 中的各种图表类型，可以有效地对流程、资源、系统及其幕后隐藏的数据进行可视化处理、分析和交流。

(2) 信息集成。数据与图表集成可以将不同源中复杂的可视信息、文本信息和数字信息组合在一起，提供数据的可视上下文。可以将图表连接到实时数据，以创建自动更新的流程图，提高工作效率。

(3) 分析信息。使用 Office Visio Professional 中的数据透视关系图模板，可以在显示数据组和合计的分层窗体中可视化和分析业务数据，轻松跟踪趋势、标识关键问题和标记异常，描述项目进度，深入了解复杂数据。

(4) 协作共享。使用 Office Visio 将数据制作成可轻松共享的安全图表，在"信任中心"中进行安全和隐私设置，可以在任何位置通过 Web 浏览器与多人共享及协作处理图表，提供对重要组织数据的高效访问。

(5) 自定义。可以根据特定行业的情况或独特的组织要求，通过编程方式或与其他应用程序集成来轻松扩展 Office Visio，开发企业自定义的解决方案。

(资料来源：Microsoft Office Visio-百度百科 https://baike.baidu.com/item/Microsoft%20Office%20Visio/7180347?fr=aladdin)

# 3.2 系统开发方式

## 3.2.1 自行开发方式

自行开发，即由用户依靠自己的力量独立完成系统开发的各项任务。采用自行开发的方式要求用户有较强的系统分析、设计和编程能力，对于拥有系统开发所需人才和技术的企业来说，自行开发是一种较好的选择。自行开发的优点是：费用低、易维护；开发人员熟悉企业情况，能较好地满足用户的要求；能培养企业自己的 MIS 人才。缺点是：开发周期比较长；成功率低；系统的技术水平和规范程度不高。

## 3.2.2 委托开发方式

企业将开发项目完全委托给开发单位，系统建成后再交付企业使用，这种委托系统集成商按照用户的需求承担开发任务的方式称为委托开发方式。采用这种方式的最大优点是省事。由于开发管理信息系统与企业的管理和企业的运作密切相关，开发单位很难对企业各个方面都有深入的了解，所开发的软件往往由于对用户的需求理解不足而不能满足企业的要求。委托开发方式还存在费用高、维护和扩展均依靠开发单位、不利于企业的人才培养等缺点，因此采用这种开发方式的企业不多。

### 案例3.3 河南移动通信委托开发客户管理系统

河南移动通信有限责任公司(以下简称河南移动)成立于 1999 年 8 月 16 日，同年 10 月 28 日在美国纽约、中国香港上市，成为中国移动(香港)有限公司的全资子公司。河南移动的网络覆盖全省 17 个市地、各县(市)、发达乡镇和交通干线以及主要旅游风景区，并与全国各省(市)、自治区及世界上 116 个国家和地区的近 200 家移动通信运营商开通了国际漫游业务。

随着移动通信市场竞争的日趋激烈，在移动集团"以客户为中心，获取较高的客户满意度和忠诚度"的方针指导下，建立客户管理系统成为河南移动高度重视的战略任务。客户管理系统特别要求实现向大客户提供"优质、优先、优惠"的差异化、个性化服务，同时加强大客户服务的规范管理，提高大客户服务方面的业务支撑能力和大客户的满意度与忠诚度。与此同时河南移动对项目的建设周期有很紧迫的要求，建设周期为三个月。

由于河南移动的客户管理系统建设周期短，不适合进行没有基础的全新开发。同时，项目在一般的客户管理需求以外，需要实现个性化的大客户管理需求，超过了标准客户管理软件的功能，也不能直接外购软件加以实施。所以该项目最终选择了外包的形式，将该项目承包给神州数码软件公司。神州数码凭借自身的从业经验，综合考虑该项目对功能、技术和开发效率的要求，决定选择基于控件的软件应用平台——普元 EOS，该平台具有很好的稳定性和灵活性，能够满足客户通用性、个性化和时效性的要求，可以实现与不断改变的商务需求保持同步，同时系统的维护成本远远低于传统的代码编程方式开发出来的系统。

通过项目的实施，河南移动很好地完成了最初的系统建设目标，取得了显著的成果，成为中西部地区第一个移动用户超千万的省份。

(资料来源：普元信息，http://www.primeton.com)

## 3.2.3　联合开发方式

由用户中精通管理业务、计算机技术的人员与有丰富经验的机构或专业 MIS 开发人员共同完成的方式，称为联合开发方式。用户参与系统分析、设计，并由用户承担系统转换及系统管理、维护工作。这种方式结合了以上两种方式的优点，有利于企业人员熟悉和维护系统。由于是企业与开发单位双方共同开发，开发过程中就存在合作与协调的问题。采用联合开发方式应注意选择合适的开发单位，必要时可以采用招标的方式选择开发伙伴。

### 案例3.4　校企联合开发推进高校信息化建设

高校在信息化建设中，大都采用招投标的方式委托符合要求的 IT 企业进行建设，产品质量和企业的售后服务水平严重制约着高校信息化的发展。为保障学校信息化软件建设的可持续健康稳定的发展，学校应培养一支自己的技术团队，但是软件开发技术日新月异，学校技术人员或教师没有或很少有机会参加软件项目的开发，他们大多具有丰富的理论知识，但缺乏大型项目的开发经验，以学校现有的技术力量难以胜任大型复杂的软件开发项目。为了快速培养自己的技术研发队伍，走校企联合开发的模式是一条行之有效的途径，可以快速学习企业先进的软件管理经验与软件开发技术。有了校方人员的全程参与，学校可提升自主研发能力，形成学校自己的知识品牌，大大降低软件的开发与维护成本，为学校信息化建设的可持续发展奠定基础。

**1. 寻找合适的软件开发企业**

软件行业竞争激烈，起伏不定，学校能找到合适的合作伙伴至关重要。首先，学校可从有合作关系的软件企业中进行筛选；其次，学校应建立软件公司资源库，动态制定评估指标，从排名靠前的企业中选择合作；第三，学校可跟多家软件公司建立校企合作关系，以减少企业因经营不善给校方带来的风险。

**2. 与企业签订校企联合软件开发协议**

以协议方式明确双方的利益和所必须承担的义务。在联合开发协议中要明确校方人员在实际软件开发过程中的参与程度；明确企业方要为校方人员提供哪些必要的帮助与培训；明确双方在共同管理项目时各自拥有的权限；明确软件源代码和数据字典对校方的开放范围；明确违约责任以及项目相关的保密内容；明确软件的知识产权及其他相关权益的所属问题，以及如何进行软件产品化及市场推广后双方利益分配比例等。

### 3. 成立"校企联合软件研发中心"与企业建立深度合作关系

为使高校信息化建设工作更加顺利进行、推广校企联合开发模式以及深化教育教学改革，提高学校科研水平，进行资源共享、优势互补，学校可与软件企业建立深度合作关系，学校与软件企业可成立校企联合软件研发中心，以增强校方的软件科研力量，弥补企业方技术力量，共同培养社会急需的软件类高技术技能型人才。

(资料来源：刘晓洪. 校企合作推进高校信息化建设——以信息化建设软件联合开发为例[J]. 中国高校科技，2014(5))

## 3.2.4　购买商品化软件方式

随着软件产业的迅速发展，购买商品化软件成为一种常用的开发方式。采用购买商品化软件的方式对功能单一、简单的小型系统很适合，既节省时间又能保证软件的质量，成功率比较高。但对规模较大、功能复杂、需求不确定性程度比较高的系统，所购买的软件有时难以满足企业的特殊要求，存在二次开发的问题。如果企业自己不具备二次开发的能力，就不宜采用购买商品化软件的方式。

## 3.2.5　租赁方式

使用系统的用户自己不开发，而是向提供系统的公司租用，双方用合同来规范各自的权利和义务，这种方式称为租赁方式。信息技术的发展使租赁成为可能，并形成多种租赁方式。互联网上灵活的 SaaS(software-as-a-service，软件即服务)服务就是自 21 世纪开始兴起的一种完全创新的软件应用模式。通过 Internet 提供软件的模式，厂商将应用软件统一部署在自己的服务器上，客户可以根据自己的实际需求，通过互联网向厂商订购所需的应用软件服务，按订购的服务多少和时间长短向厂商支付费用，并通过互联网获得厂商提供的服务。用户不用再购买软件，而改用向提供商租用基于 Web 的软件，来管理企业经营活动，且无须对软件进行维护，服务提供商会全权管理和维护软件。软件厂商在向客户提供互联网应用的同时，也提供软件的离线操作和本地数据存储，让用户随时随地都可以使用其订购的软件和服务。对于许多小型企业来说，SaaS 是采用先进技术的最好途径，它消除了企业购买、构建、维护基础设施和应用程序的需要。

**案例 3.5　SaaS 在新零售应用的深度，决定竞争壁垒的高度**

随着互联网和传统产业的深度融合，电商行业也在一次次上演着变革和升级。在零售商业历程中，SaaS 这种在线模式的软件给企业带来了真正的实效。在电商行业的早期阶段，SaaS 产品主要是采用开源的策略，以营销获客服务为主，担任电商企业流量生产工具的角色；在电商行业的升级阶段，SaaS 产品开始注重节流，主要聚焦"货"的流转升级等，核心是数据和供应链。

SaaS 对传统零售的改造，本质上改造的就是"人、场、货"，而 SaaS 全面赋能新零售，也是从"人、场、货"三个方面出发的，成熟的 SaaS 产品技术已经深入到新零售方方面面的具体环节。就"人"而言，主要体现为数据联通、全局赋能。新零售时代，主要是线上和线下深度融合，但是对于电商产业和用户来说，线上、线下的数据流通更为重要。就"场"而言，应用 SaaS 产品可以使场景立体、边界消失。就"货"而言，主要变现在供应链灵敏和加速人货见面时间。

### SaaS 是产业变革的驱动力和生产工具

既然 SaaS 产品已经深入到零售业的方方面面，不免有人询问，最终 SaaS 解决了客户的什么问题呢？这主要表现在 4 个方面。其一，精准营销。线上线下数据打通，可以准确描绘客户画像，挖掘客户真实需求。其二，新零售门店的绩效、ROI 成倍增长。其三，加速周转。SaaS 产品能够提供敏捷的供应链，提高周转效率，准确配置资源。其四，增强消费者体验。扩大了消费者的购物地域，缩短了物流到货时间，这些都可以提升消费体验。

层出不穷的新技术使朝阳行业转变为传统行业的速度加快，SaaS 也是产业竞争的关键竞争力。SaaS 在新零售应用的宽度，决定数据沉淀的深度，而 SaaS 在新零售应用的深度，决定竞争壁垒的高度。

### SaaS 赋能新零售

新零售的本质还是数据和供应链两个层面。在赋能新零售上，也从这两方面入手。在数据层面，过去线上数据和线下数据是相互割裂的，比如会员体系，线上的会员积分体系和线下会员积分体系不同，SaaS 产品能跨平台将线上线下数据打通，实现会员数据的统一识别和应用；在供应链层面，线下线上边界消失，基于 SaaS 的 ERP 产品能够满足新零售场景，实现线上全渠道订单的统一管理和仓储管理，实现快速的人货见面。

（资料来源：http://www.vsharing.com/k/SaaS/2018-5/723554.html）

# 思考题

## 一、客观题（扫描下方二维码进入练习）

邀请码：30090414
学习理由页右上角输入

## 二、主观题

1. 简述系统开发的任务与特点。

2. 管理信息系统开发一般应遵循哪些原则？

3. 什么是结构化生命周期法？试述管理信息系统生命周期的组成和各阶段的主要工作内容。

4. 简述生命周期法的优缺点。

5. 原型法的基本思想是什么？

6. 简述原型法的开发过程。

7. 简述原型法的优缺点。

8. 面向对象开发方法的基本思想是什么？

9. CASE 开发方法的主要特点是什么？

10. 试比较几种开发方法的优劣。

11. 系统的开发方式有哪些？

# 第 4 章
# 管理信息系统规划

系统规划是关于管理信息系统的长期计划，是系统开发的必要准备和总部署。系统规划阶段的工作是根据组织的目标和发展战略、信息系统建设的客观规律以及组织的内外环境，科学地制定信息系统的发展战略、实现策略和总体方案，确定子系统的开发顺序，规划信息资源配置，从而合理地安排系统建设的进程。系统规划是管理信息系统建设过程的第一步，其工作质量直接影响系统开发的成败，关系到企业的长远发展。

## 【引导案例】　　　　　　　　　企业信息化建设的风险

福克斯·梅亚公司曾经是美国最大的分销商之一，年营业收入超过 50 亿美元。为了提高竞争地位、保持快速增长，这家公司决定采用国际上非常流行的企业资源计划(ERP)系统。简单地说，这一系统就是将公司内外原本根本没有联系的职能部门用计算机软件整合在一起，以便使产品的装配和输送更加高效。

由于坚信 ERP 系统的潜在利益，在一家享有盛誉的系统集成厂商的帮助下，梅亚公司成了早期的 ERP 系统应用者。然而，在投入了两年半的时间和 1 亿美元之后，这家公司所达到的效果非常不理想，仅仅能够处理 2.4% 的当天订单，而这一目标即使用最早时期的方法也能达到。况且，就是这点业务也常常遭遇到信息处理上的问题。最终，梅亚公司宣告破产，仅以 8000 万美元被收购。它的托管方至今仍在控告那家 ERP系统供应商，将公司破产的原因归结为采用了 ERP 系统。

福克斯·梅亚公司的例子告诉我们，企业应用信息技术实际上也蕴含着巨大的风险。特别是随着信息技术(IT)应用的日益广泛和深入，系统日趋复杂，实施周期长，还涉及组织变革等方面，整个过程充满不确定性。国内外的调查研究表明，企业信息化建设中的风险主要表现在以下几个方面。

(1) 企业在管理信息系统设计和实施时，往往没有对自己的企业为什么要采用信息技术、如何有效地应用信息技术进行必要的考虑，没有合理规划管理信息系统建设，所实施的管理信息系统不能支持组织战略，导致 IT 投资失败。

(2) 管理信息系统的应用仅仅模仿手工业务流程，并没有进行业务流程的优化和重组，出现新技术迎合旧流程的现象，对管理与业务状况并无显著改善。

(3) 在选用应用软件时，往往关心某个单一的核心应用，没有考虑到不同应用系统之间的关系，项目实施也各自为政，导致"信息孤岛"的产生。

(4) 更为常见的是，随着信息化建设的深入，形成纷繁复杂的应用环境——互不兼容的系统、各式各样的设备，导致维护成本居高不下。而且，复杂的应用环境与多种应用系统之间的冲突正形成一个新的"IT黑洞"，出现新的"数据处理危机"问题。

企业的信息化建设具有综合性、系统性、变革性和持续性等特点，其对组织的影响不是一时性的。如何避免造成"信息孤岛"，避免陷入"IT黑洞"，避免IT投资的失败？这就要求企业在进行信息化建设时，要从战略的高度出发，确定面向长远、面向组织的发展目标，科学地制定管理信息系统规划。

# 4.1  管理信息系统规划概述

自20世纪60年代起，管理信息系统规划就受到企业界和学术界的高度重视，许多学者和组织在实践的基础上提出了不同的看法。但是，由于组织的特点、类型和对规划具体需求的多样性，导致在进行管理信息系统规划的过程中经常遇到各种各样的问题。因此，如何正确应用管理信息系统规划方法，针对组织的具体特点和需求来进行规划，成为企业管理信息系统建设中的重要问题。

## 4.1.1  系统规划的内涵

规划通常指关于一个组织的发展方向、长期目标、重大政策与策略等方面的长远计划。一个组织不仅在最高层有规划，而且在中层和基层也有规划，每层规划都应符合上层规划的约束。任何组织的规划都在动态中发展，而且在不同时期，可能需要根据环境条件和政策策略进行调整。

信息系统规划(information system planning, ISP)是关于管理信息系统长远发展的规划。它是将组织目标、支持组织目标所必需的信息、提供这些必需信息的信息系统以及这些信息系统的实施等诸要素集成的信息系统方案，是面向组织中管理信息系统发展远景的系统开发计划。信息系统规划既可以看成是企业战略规划的一个重要组成部分，也可以看成是企业战略规划下的一个专门性规划。

信息系统规划主要解决如下4个问题：

(1) 如何保证管理信息系统规划同它所服务的组织及其总体战略上的一致；

(2) 怎样为该组织设计出一个管理信息系统总体结构，并在此基础上设计、开发应用系统；

(3) 对相互竞争资源的应用系统，应如何拟定优先开发计划和运营资源的分配计划；

(4) 面对前三个阶段的工作，应怎样选择并应用行之有效的方法论。

管理信息系统的开发通常是一项耗资巨大、技术复杂、开发周期长的系统工程，它涉及由高层到低层、由整体到局部、由决策到执行等各个层次和多个管理部门，以及人、财、物等各种资源的合理配置等。如果没有一个总体规划来统筹安排和协调，盲目地进行开发，必将造成资源的浪费和开发的失败。好的信息系统规划可帮助组织充分利用信息系统及其潜能来规范组织内部管理，为组织获取竞争优势，实现组织的目标和战略。所以，管理信息系统的规划是非常重要的，尤其是对一些大型的项目开发更要做好系统规划。

## 4.1.2　系统规划的特点

系统规划阶段是管理信息系统总体框架形成的时期。系统规划的重点是高层的分析，它是面向高层的、面向全局的需求分析，其特点如下。

### 1. 全局性

系统规划是面向全局的、未来的、长远的关键问题，关系到整个组织的改革和发展进程，因此具有较强的不确定性，非结构化程度较高。

### 2. 高层次

系统规划是高层次的工作，高层管理人员(包括高层信息管理人员)是工作的主体。

### 3. 指导性

系统规划不宜过细，对系统的描述仅在宏观级上进行。系统规划的目的是为整个系统的建设确定目标、发展战略、总体结构和资源分配计划，而不是解决系统开发中的具体业务问题。在此阶段，系统结构着眼于子系统的划分，对数据的描述则着重于划分"数据类"，进一步的划分是后续工作的任务。

### 4. 管理与技术结合

系统规划是管理与技术相结合的过程，它需要应用现代信息技术有效地支持管理决策的总体方案。规划人员对管理和技术发展的见识、开创精神、务实态度，也是系统规划成功的关键因素。

### 5. 环境适应性

系统规划是企业总体发展规划的一部分，要服从企业总体发展规划，并且随着环境的发展而变化。

## 4.1.3　系统规划的组织

制定管理信息系统规划需要一个领导小组，并进行有关的人员培训，同时明确规划工作的进度。

管理信息系统规划既要考虑各项规划内容，也要对规划所提出的方方面面之间的相互关联做出规划。为了实现规划目标，首先必须组织一支在最高层领导的倡导、支持下强有力的规划队伍，通常称为信息系统规划领导小组，这个小组要在企业最高层管理者的直接领导之下，由一名负责全面规划工作的管理信息系统规划负责人和企业中有关部门的主要负责人组成，并通过一批用户分析员和广大的最终用户相联系。其中，有关部门的主要负责人应包括数据处理负责人、系统分析负责人、财务负责人、各业务经理等。管理信息系统规划负责人应掌握一套成熟的科学规划方法，这样的负责人最好来自企业内的最高层管理人员，也可以是外来的顾问，但将全部规划工作都由外来顾问处理是不合适的。信息系统的最终用户,是指那些直接使用计算机应用系统的各层管理人员,包括高层管理人员、中层管理人员和基层管理人员。这些人员中要抽出一部分人在系统规划期间代表所在的部门参加规划工作,这也就是前面所说的用户分析员。

在管理信息系统的规划完成以后,规划领导小组实际上就转成信息系统领导小组,由它来决定开发哪些管理信息系统的应用项目,并组织有关人员完成系统规划所提出的要求。在信息系统技术不断深入社会各领域的今天,企业中的管理信息系统领导小组应该成为一种长期性的组织机构。

一个企业准备进行系统规划,意味着要采用一套科学的方法进行管理信息系统的基础建设。为此,组织应对最高层管理人员、用户分析员以及规划领导小组的其他成员进行培训,使他们掌握制定管理信息系统规划的方法。

明确了规划方法之后,应该为规划工作给出一个大体上的时间限定,以便对规划过程进行严格管理,避免因过分拖延而丧失信誉或被迫放弃。

# 4.2　系统调查与系统规划

## 4.2.1　现行系统初步调查

管理信息系统项目一般开始于立项,并需要以"立项报告"的形式对项目的名称、性质、目标、意义和规模做出回答,以此对将要开展的信息化项目作概括性描述。

现行系统的初步调查也称为环境调查,调查的重点是企业与原信息系统的总体情况、企业的外部联系、企业能力、发展规划、各种资源条件和受到哪些外界条件的限制,系统初步调查使系统开发人员对现行系统的运行方式有比较全面的了解。具体地说,初步调查主要包括以下内容。

### 1. 企业概况

主要调查企业目标,目前规模,经营状况及效果,业务范围,管理水平,人员基本情况,组织的中长期计划及存在的主要困难等。

### 2. 系统目标

通过与用户的反复沟通协调,确认用户的整体需求,即用户希望系统达到的要求或具有的功能。

### 3. 现行 MIS 的一般状况

了解信息系统在企业中的地位和功能,应用水平,业务部门对信息系统的满意程度及工作中存在的问题,各职能组织所处理的数据等。

### 4. 与环境的关系

调查企业的内部环境和外部环境信息,包括与哪些企业合作,外部企业计算机化的现状和今后的打算等。

### 5. 企业领导和管理人员的信息意识

特别是企业主管对信息系统建设的认识、想法和决心。

### 6. 可提供的资源

企业的资源情况包括资金的来源是否到位、可靠，计算机应用人员的数量和素质，已有计算机设备的数量、功能和运营情况等。

### 7. 限制条件

主要是指在人员、资金、设备、处理时间、功能要求、性能要求等方面的限制条件和薄弱环节。

初步调查注重宏观上的内容，而不是具体的细节。通常调查不仅需要大量的定性材料，也需要大量的定量材料，但最终主要用定量数据说明问题。在系统初步调查阶段采用的方法常常是阅读资料以及同企业组织领导和有关部门领导进行面谈或座谈，也可根据情况设计各种调查表辅助调查。调查时所投入的人力不必太多，但要求这些人具有相当的工作经验。

## 4.2.2　信息系统规划的工作内容

系统规划阶段是在初步调查的基础上，制定管理信息系统的长期发展方案，决定管理信息系统在整个生命周期内的发展方向、规模以及发展进程。根据 B.Bowman 和 G.B.Davis 等人的研究，将管理信息系统规划分为制定管理信息系统的发展战略、制定管理信息系统的总体结构方案、制订管理信息系统建设的资源分配计划、可行性研究 4 个部分的工作。

### 1. 制定管理信息系统的发展战略

管理信息系统服务于企业管理，其发展战略必须与整个企业的战略目标协调一致。制定管理信息系统的发展战略，首先要调查分析企业的目标和发展战略，评价现行管理信息系统的功能、环境和应用状况。在此基础上确定管理信息系统的使命，制定管理信息系统的战略目标及相关政策。管理信息系统发展战略的规划包括 4 项重要内容。

(1) 管理信息系统的目标与约束，包括企业的战略目标、外部环境、内部约束条件、管理信息系统的总目标、计划等。其中，管理信息系统的总目标为管理信息系统的发展方向提供准则，而计划则是完成工作的具体衡量标准。

(2) 当前的能力状况，包括硬件情况、软件情况、应用系统及人员情况、硬件与软件人员及费用的使用情况、信息系统项目状况及评价等。

(3) 业务流程的现状、存在问题和不足，以及流程在新技术条件下的重组。根据信息技术的特点，对原方式下形成的工作流程进行分析、简化并重新设计。主要包括对业务流程的重新认识，以及为降低企业成本而重新审视企业原有的产品制造和服务过程等等。在后面的小节将对业务流程重组的问题进行讨论。

(4) 对影响计划的信息技术发展的预测。管理信息系统战略自然要受到当前和未来信息技术发展的影响，应能够准确觉察并在战略中有所反映。软件的可用性、方法论的变化、周围环境的发展以及它们对管理信息系统产生的影响也应该在所考虑的因素之中。

**2. 制定管理信息系统的总体结构方案**

在调查分析企业信息需求的基础上，提出管理信息系统的总体结构方案，根据发展战略和总体结构方案，确定系统和应用项目的开发次序及时间安排。这一环节可采用企业系统计划方法或战略信息规划方法等对信息需求进行认真地分析。工作的重点是：定义企业过程和数据模型，分析研究现行系统对企业的支持，研究管理部门对系统的要求，确定新系统的体系结构与子系统划分，确立新系统各开发项目的优先顺序。

**3. 制订管理信息系统建设的资源分配计划**

组织内各部分管理信息系统建设的需求与条件是不平衡的，应该针对这些应用项目的顺序对有限的开发资源给予合理分配，这就是项目计划与资源分配阶段的主要任务。这一阶段主要是为规划中的每个项目所需要的软硬件资源、数据通信设备、人员、技术、资金等进行估计，提出整个系统建设的概算，对开发资源和运营资源进行分配，并对即将到来的一段时期(如一年)做出相当具体的工作安排。

**4. 可行性研究**

系统规划的后期是进行可行性研究，分析系统建设的可行性，整体目标尤其是近期目标是否恰当，估计系统实现后的效果，这是项目开始后能顺利进行的必要保证。

在系统规划的指导下，在具备了所需的资源后，就可以进行具体项目(子系统)的开发了。当然对于较小的企业，只要信息需求已经很清楚，也可以直接开发其信息系统。管理信息系统的规划需要不断修改，必须组织有关专家对规划报告进行认证，根据认证意见制订或调整计划。

# 4.3　管理信息系统战略分析

管理信息系统战略是制定系统规划的起点和工具，企业要从使用管理信息系统中获得最大的收益并带来竞争优势必须具备两个条件：一是对要解决的商业问题或者想在其中产生竞争优势的商业形势有透彻的认识；二是对可获得的信息技术以及该怎样应用技术有较深的了解。

为了将管理信息系统作为竞争工具，必须了解在哪里可能为企业找到战略机会。迈克尔·波特教授创立了 5 种竞争力模型、三种基本战略和价值链模型等框架理论，广泛应用于识别管理信息系统所能够提供竞争优势的经营领域。波特教授指出网络时代的信息技术比上一代的信息技术更有利于帮助各公司建立独具特色的企业战略。

## 4.3.1　企业业务与信息系统战略

每个企业都有自己的核心业务，在业务发展上企业必须做出战略规划。业务层战略需要解决的问题是："在特定的产品/服务市场上，企业如何有效地与竞争对手进行竞争？"对于企业通常采用的三种基本竞争战略，管理信息系统的有效应用都可以提供有力的支持。

### 1. 管理信息系统与产品/服务差异战略

企业可使用管理信息系统来产生区别于竞争对手的新产品或服务，这类管理信息系统的应用可使企业不再需要响应竞争对手基于价格上的竞争。信息技术应用对差异化战略的支持往往多应用在服务企业中，如在线银行服务系统、航空公司的订票系统、联邦快递公司的包裹跟踪系统都是这种类型的管理信息系统。信息技术已经带来了很多新产品和服务，如表 4.1 所示。

表 4.1　基于信息技术的新产品/服务

| 新产品或服务 | 使用的技术 |
| --- | --- |
| 在线银行 | 专用的通信网络；Internet |
| 资产管理账户 | 全公司范围内的客户账户管理系统 |
| 投资管理(期权、期货等) | 交易工作站 |
| 全球和国内航空、宾馆以及汽车租赁预订 | 全球范围内基于通信的预订系统 |
| 物流运送跟踪 | 全球包裹跟踪 |
| 邮购管理 | 整个公司的客户数据库 |
| 声音邮件(呼叫服务器) | 数字通信系统 |
| ATM | 客户账户管理系统 |
| 定制 | 计算机辅助设计/制造 |

制造企业也可以利用管理信息系统来为客户提供特殊的服务，从而为企业赢得竞争优势，如戴尔公司的客户个性化产品定制系统。另外，还可利用信息技术进行生产过程的有效管理和控制，以给客户提供高质量的产品。

### 2. 管理信息系统与目标集聚战略

企业信息化在对目标集聚战略的支持上，其典型的方式是通过利用信息技术帮助企业识别出产品/服务的目标市场，然后再从信息系统的应用中得到回报而实现的。也就是利用管理信息系统收集大量的客户数据，然后对这些数据进行挖掘，确定产品/服务的主要目标市场，并进而针对不同类型的客户采用不同的广告和营销策略。

这类管理信息系统提供的信息使企业更好地协调销售和营销技术，从而给企业带来竞争优势。系统将市场信息作为可进一步挖掘以增加企业的利润和市场渗透力的资源，帮助企业分析客户的购买模式、品位和喜好。这方面最常用的信息技术就是数据挖掘软件工具，如数据挖掘可用来分析购买模式。对超市购买数据的分析发现，人们购买土豆片时，同时购买苏打的比例是 65%，而通过对货架的安排，该比例上升到 85%。数据挖掘技术在这方面更多的应用，如表 4.2 所示。

表 4.2　数据挖掘技术的应用

- 标识最有可能响应直接邮寄广告的个人或组织
- 确定会同时购买的产品或服务
- 预测可能转向竞争对手的客户
- 识别欺骗性的交易
- 标识购买同样产品的客户的共同特征
- 预测每个网站访问者最感兴趣的内容

### 3. 管理信息系统与成本领先战略

信息系统技术在企业内部的应用，可使企业在工程、设计、制造等方面提高生产率，同时降低成本。但信息系统技术对成本产生最大影响的应用则是利用信息系统技术进行交易过程的有效管理。

由于库存不能直接带来价值，许多企业都采用管理信息系统以减少仓库逾量的库存成本。例如，沃尔玛将结账系统与库存补充系统连接在一起，供应商可及时了解实时的库存情况，通过完整的供应链管理，使得其在满足客户需求的情况下，具有较低的库存水平。生产控制系统能够把原材料的浪费减至最低并控制生产成本，也同样支持成本领先战略。

上述分析说明，管理信息系统对业务层上的三种基本竞争战略都有可能提供支持。实际中，有些管理信息系统的使用可能给企业同时带来多方面的影响，如 UPS 的包裹跟踪系统一方面通过提供新的服务帮助公司进行差异化的竞争，同时又降低了公司的运行成本。

### 4. 业务层上信息技术战略应用的分析

业务层上最经常使用的分析工具是价值链模型。利用价值链模型可首先分析出企业中与竞争战略关联的活动，在此基础上，分析管理信息系统最有可能产生战略影响的应用领域，标识出在哪些特定的关键活动上应用信息技术可以最有效地改进企业竞争地位，也就是确定管理信息系统应用可能给企业经营战略提供最大程度支持的关键应用点。如可应用信息技术创造新产品和服务的活动，可增强市场渗透力的活动，可锁定客户和供应商的活动，可使企业有更低运行成本的活动等。

图 4.1 给出了价值链上的活动及信息系统战略应用的例子。例如，一个企业可通过让供应商每天向工厂供应货物来降低仓库维护和库存成本，这时可在内部后勤上应用信息系统以实现与供应商的连接。而计算机辅助设计系统则可以给技术活动提供支持，帮助企业在降低成本的同时设计出更具有竞争力的高质量的产品。这些系统对制造企业来说很可能具有战略影响，而办公自动化技术或电子化的日常安排和通信系统对咨询公司则更有战略价值。增值最大的价值活动可能因不同的组织而不同，如沃尔玛通过价值链的分析发现其可在内部后勤上获得竞争优势，不间断库存补充系统在此活动上的应用帮助公司赢得了竞争。

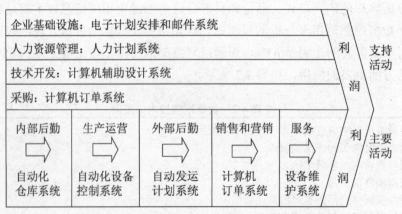

图 4.1　价值链上的活动及信息系统战略应用

**案例 4.1 美团点评：数字技术应用催生消费新模式**

北京三快在线科技有限公司(简称"美团点评")2010 年 3 月成立于北京，2018 年 9 月 20 日正式在港交所挂牌上市(股票代码：3690.HK)。美团点评是一家面向消费者的生活服务电子商务平台，旗下拥有美团、大众点评、美团外卖、摩拜单车等 App，服务涵盖餐饮、外卖、打车、共享单车、酒店旅游、电影、休闲娱乐等 200 多个品类，业务覆盖全国 2800 个县区市。美团点评聚焦 Food + Platform，以"吃"为核心，建设生活服务业从需求侧到供给侧的多层次科技服务平台，服务城市美好生活。

**1. 数字化技术应用，提升生活服务业经营管理效率**

美团点评不断探索新产业、新业态、新模式，将大数据、物联网等数字化技术广泛应用到服务业，通过数字化、智能化建设为消费者提供更好的服务，助力商户增强运营能力，推动产业转型升级与消费升级。

在餐饮行业，美团点评将大数据应用到消费者行为分析和餐饮企业运营优化上。首先，美团点评推出餐饮开放平台，将自身的业务能力开放给 ERP 供应商，为商家打通交易和数据，实现线上和线下服务产品的贯通，降本增效。其次，美团点评为所有商家免费开放全渠道会员，通过支付、扫码、POS(销售终端)、线上团购、外卖等多渠道订单的集成，精准记录会员行为，基于消费者行为分析满足用户个性化需求，实现从带客到留客的转化。最后，美团为商家提供小白盒、POS 机、SaaS(软件即服务)收银软件等工具支持，提供收银、支付、排队、预订等环节的一站式服务。

**2. 高效配送常态化，创新消费新模式**

美团点评基于超过 1 万人的工程师队伍，持续大力探索智能调度、无人配送等领先科技，帮助餐饮外卖提高配送履约能力，用"闪购"新模式促消费。

美团外卖智能配送调度系统，在用户超过 3 亿、商户超过 550 万、骑手超过 60 万、日均 1900 万个以上订单的大规模、高复杂度运营管理场景下，运用精准画像建模和配送特征预估、多目标实时优化调度、分布式配送仿真等创新技术手段，在极短的时间内通过数亿次的计算，规划出最优的路线，按照最优的方式分派订单，让美团外卖订单配送时长降至 30 分钟内。此外，美团点评还搭建无人配送协同创新开放平台，突破无人驾驶、人机混送智能调度、数据安全等共性关键技术，开始投入实际试点应用，填补了国内无人配送技术和商业应用的空白。美团现已迭代了多版本的自动驾驶机器人和无人机，初步搭建了一套开放的技术服务平台。

在构建强大即时配送能力的基础上，2018 年，美团点评正式推出"闪购"业务。"闪购"服务采用快零售的业务模式，为用户搭建一个 24 小时无间断、30 分钟内配送到货的生活卖场，同时对加入"闪购"平台的传统零售商加强营销、配送、科技等三方面服务，助其实现业态升级，更好地服务消费者。

**3. 多角度着力，助推生活服务业供给侧数字化**

餐饮等行业传统的中小企业在原材料供应等方面普遍缺乏专业化、精细化管理能力。为了帮助餐饮商家控制进货成本、品质和食品安全等问题，美团进一步深入餐饮产业上游，推出了"快驴进货"业务，为平台商家提供包括米面、粮油、餐具、纸巾、一次性用品、打印机、酒水饮料等产品进货服务。"快驴进货"通过聚合商户需求，最大程度缩短供应商到餐饮客户的中间链条，帮助中小微餐饮商家提高采购效率、降低采购成本。目前，美团"快驴进货"业务已经覆盖全国 38 个城市、350 个区县，服务超过 20 万家商户，月交易额超过 4 亿元。

针对生活服务业领域中小微企业在扩大经营、管理升级改造过程中面临的融资需求，美团推出"美团生意贷"等普惠金融服务，通过平台大数据与人工智能技术，为广大生活服务行业的小微商家和个体工商户提供无担保、方便快捷的信用贷款，助力解决普惠金融最后一公里问题。目前，美团"生意贷"业务已经覆盖全国 1556 个县域，其中包括 268 个贫困县，户均贷款额 8 万元，不良率低于 1%。

互联网与服务业的高速发展不断拉升服务行业对从业人员的技术及能力要求，人力资源结构对产业结构升级的不适应性凸显。美团持续开放共享平台的创新创业资源，为有创业意愿的劳动者提供创业培训，以经验介绍、案例分析、讨论交流、现场演练等形式帮助其创业，提升行业从业者能力水平，激发行业创新创业的活力。美团先后开设了袋鼠(外卖)学院、餐饮学院、美酒学院、丽人美业学院、亲子学院、结婚学院等 6 类职业培训平台，通过在线知识共享平台和线下培训课程，帮助生活服务业人才成长。截至 2018 年 8 月，六大学院拥有近 500 位专业讲师，累计培训超过 1100 万人次，已开发实操、运营、管理、行业动态等 2000 多门课程，线下课程培训覆盖全国超过 300 个城市。

(资料来源: http://dzsws.mofcom.gov.cn/anli18/detal_6.html)

### 4.3.2 行业层的信息系统战略

#### 1. 行业层战略

随着经济的全球化以及市场的迅速变化，仅依靠企业自身的资源和能力已经很难取得竞争优势。为此，越来越多的企业通过与其他企业建立各种各样的合作关系来增强自己的竞争力，在行业层面上寻找战略机会。行业层战略需要解决的关键问题是："企业什么时候、以什么方式与行业内企业或相关行业的企业进行竞争或合作？"

管理信息系统，特别是组织间的管理信息系统，是企业间各种合作关系运作的有效支持工具。例如，汽车制造商与供应商之间的管理信息系统的连接，为它们之间合作伙伴关系的运行提供了很方便的信息交换和信息传递方式。再如，美国航空公司与花旗银行之间的战略联盟关系也是在信息技术的支持下实现的。这类管理信息系统的使用可帮助企业获得新的客户，带来新的机会，使得企业间可共享计算机硬件和软件投资。

使用信息系统技术建立起一套整个行业范围内的信息交换标准，实现行业内电子化业务处理或建立起整个行业的客户服务系统，可提高整个行业的效率和效益，使替代产品不易进入市场，同时可提高进入成本，阻止新的进入者。整个行业范围内通信网络的建立可有效地协调整个行业的行为以应对行业间的竞争和来自境外的竞争。

#### 2. 行业层上信息技术战略应用分析

行业层上可以从竞争作用力模型出发考虑信息技术的战略应用。一个企业要获得竞争优势就必须处理好 5 个方面的竞争作用力，而信息技术的应用对 5 种竞争作用力都有可能产生影响。

(1) 客户。客户的讨价还价能力可能减少公司的利润，使用信息技术能通过引入转让成本来削弱客户的讨价还价能力。例如，美国医院用品供应公司的销售系统，当各医院使用订货登记系统时，公司就引入了转让成本，一旦医院学会了如何使用系统检验订货和付货情况，它们就不再愿意转向其他公司所提供的系统。因为这将需要进行新的软件安装和人员培训。

(2) 供应商。公司如果能够控制供应商的势力就将具有竞争力。例如，汽车制造商使用质量控制系统来检测供应商提供的货物，并进而控制供应商。

(3) 替代品。具有价格优势的替代品往往会造成公司利润的损失。公司可以通过降低自己产品和服务的成本或者提高产品的使用价值来阻止客户使用替代品。如 Merrill Lynch 公司的现金管理软件将经纪人的财务管理、货币运营管理、信用卡管理以及支票管理等各种金融服务集成到一个软件中，而一般公司只能针对某个独立的项目提供相应的金融服务，这种软件的使用使得客户很难找到替代品。当竞争对手开发出同类产品时，公司已在用户中建立了转让成本。

(4) 新加入者。由于新加入者从其他公司分取市场份额，所以行业中先行进入的公司总是千方百计地阻碍行业中的新进入者。所谓行业进入壁垒是指特定行业内客户期望的公司产品或服务所应具有的特色，行业壁垒使得竞争者要进入某一特定行业变得更加困难，信息系统技术的应用很可能成为一种阻止新加入者的壁垒。行业壁垒的一个很好的例子就是我们期望银行提供的特殊服务。客户要求自己所选择的银行能提供 ATM 卡，这个卡可以在当地很多地点甚至世界各地都能使用；也希望能够在网络上查询账户和付账单。如果某个地区的一家银行率先提供了这样的服务，那么他们就获得了竞争优势。其他银行则必须引进类似的系统，不然就会被采用先进技术的银行抢走自己的客户，而这种服务就是摆在想要开一家新银行的商家面前的行业壁垒。

(5) 竞争对手。所有行业的竞争者都存在对抗，竞争是有价值的，由于竞争能建立市场价格并使成功的企业赢得利润，行业中某个企业可以利用信息技术来更有效地对付竞争对手。例如，很多零售商都在打价格战，特别是当他们出售的产品属于日用品时。比如在一家便利商店或者一家特价连锁店都可以买到 1 箱 6 瓶装的百事可乐，其味道不会有什么差别，唯一可能不同的就是可乐的价格。特价连锁店的价格可能比便利店的价格低，而其价格低的原因就是因为特价连锁店应用管理信息系统使自己更加高效，拥有管理信息系统会使零售商获得高效率和低成本，进而以较低的价格获得明显的竞争优势。

某个行业的企业可以利用信息技术与其他行业中的竞争对手合作。某一行业中众多的小公司在信息技术的支持下也可以联合起来，同本行业的大公司进行竞争。一些小型航空公司已经开始联合资源，共同开发出预订系统，与大型航空公司的航班预订系统相抗衡。

为了利用信息技术获得竞争优势，公司必须正确评价影响其产业地位的各种竞争作用力，针对客户、供应商、替代品和竞争对手制定战略规划。

### 3. 企业生态系统

用于行业层的一个战略概念是企业生态系统。互联网和新生的数字企业带来了企业竞争力模型的一些修改。传统的波特模型假设有一个相对静态的竞争环境，相对清晰的行业边界和相对稳定的供应商、替代品和顾客。与单个行业有所不同，现在的某些企业参与一个行业群，即提供相关产品和服务的行业集合，企业生态系统(business econsystems)就是这些松弛连接但相互依赖的供应商、分销商、外包商、运输服务商和技术制造商的网络系统。

企业生态系统与价值网的区别在于合作是跨许多行业，而不只是许多企业。例如，沃尔玛和微软均提供信息系统、技术和服务组成的平台，不同行业的几千个企业用它提高自己的能力。微软估计有超过 4 万家企业用它的 Windows 服务器递送它们的产品，扩展了微软公司的价值。沃尔玛订货输入和库存管理系统被几千个供应商和顾客用作顾客需求、货物跟踪和库存控制信息的实时交换平台。

企业生态系统的特点是，它由一个或少数基础企业统领着这个生态系统并建造了被其他小企业应用的平台。个别企业应考虑的是如何通过 IT 的应用加入这些生态系统并获得利益。

## 4.3.3　企业战略与信息系统战略

现代信息系统是作为企业的战略资源而存在的。企业战略与信息系统战略的关系如图 4.2 所示。企业战略关注于实现企业的使命、愿景和目标，而信息系统(IS)战略关注于信息系统/信息技术(IS/IT)的应用，信息技术(IT)战略关注于技术基础设施。在一个企业中存在着各种不同的 IS/IT 应用，为了避免产生信息化应用孤岛，这些应用之间必须相互关联。图 4.2 中箭头 1、2 表示匹配(alignment)关系，即企业战略与 IS 战略、IS 战略与 IT 战略之间是 what 与 how 的关系；而箭头 3、4 表示影响(impact)关系，即现代信息技术对业务的潜在影响。

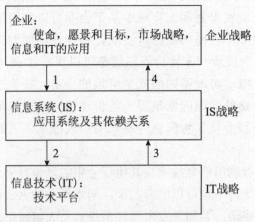

图 4.2　企业战略与信息系统战略的关系

企业战略主要的组成部分有使命，愿景和目标，市场战略，使用信息、信息系统和信息技术的一般方法。企业战略中有关信息和 IT 的部分也称为信息管理战略。IS 战略的主要组成部分有未来的 IS/IT 应用、未来的人力资源能力、未来的组织结构以及 IS/IT 功能的控制。其主要的工作是规划未来 IS/IT 应用的优先级,规划信息系统的开发或获取(制造或购买),考虑用户的需要及系统的安全策略,规划未来人力资源所需的知识技能,定义未来 IS/IT 组织的任务、角色、管理以及所需的外部资源等。IT 战略的主要组成部分有 IT 硬件、基础软件和网络的选择,以及这些组件如何交互成为一个技术平台,所需的安全级如何实现等。IT 平台包括硬件、系统软件、网络和通信、标准以及所选供应商的支持等。

广义的管理信息系统战略包括 IS 战略和 IT 战略,可简称 IS/IT 战略。一方面,IS/IT 战略必须服从企业的战略,为企业战略提供服务,只有支持企业战略的管理信息系统战略才能给企业带来长远的利益;另一方面,IS/IT 战略通过影响企业的业务运营模式、行业竞争态势,为企业带来变革,发展成为企业的战略信息应用,从而影响企业的战略。IS/IT 战略的框架,如图 4.3 所示。

图 4.3 IS/IT 战略的框架

在当前的竞争环境中,企业战略和管理信息系统战略之间的调整是一个动态的过程。战略一致性的分析有助于企业思考自身在企业战略与信息系统战略上的调整。另外,组织也可以通过反复使用上述这些不同的调整机制,来建立有效转型的动态能力,并积累组织特有的竞争能力。

**案例4.2** **美国民用航空业运用信息技术创造竞争优势**

企业的竞争优势日益与企业信息化程度密切相关,作为一个现代企业必须清楚地理解信息技术对企业发展的战略意义以及它如何能带来显著而持久的市场竞争力。美国航空业多年来充分表现了他们对运用信息技术创造竞争优势的精通。

1. 航空订票系统

航空行业最早明显地应用 IT 技术是从泛美航空公司(American Airlines)和美国联合航空公司(United Airlines)第一次引进航空订票系统 SABRE 和 Apollo 开始的。当两家公司划分了航空市场后,他们将订票系统推向了市场。当旅行代理商与他们签约后,便可得到一台能与 SABRE 或 APOLLO 系统连接的计算机终端。最具特色的是一家旅行代理商只能与一个系统归属的公司签约。没有自己订票系统的航空公司,如 Frontier 航空公司则可以支付租金的方式使用 SABRE 或 APOLLO,以便让他们的航班也能列在系统中,从而传递到旅行代理商一方。泛美航空公司和美国联合航空公司凭借自身拥有的订票系统获得了巨大的竞争优势。首先,该系统带来了丰厚的利润;其次,泛美航空公司和美国联合航空公司还可以获得竞争对手(如 Frontier 航空公司)的售票信息,因为这都在他们订票系统的信息库里。而如果 Frontier 航空公司想要特别的竞争分析的话,可以要求专门的报告,但必须支付费用。而且,SABRE 和 APOLLO 曾被他们的"联合使用者"控告"屏幕歧视",意指当旅行代理商输入请求查询符合条件的从芝加哥到圣弗朗西斯的客机时,首先显示的航班总是拥有系统所有权公司的航班,而联合使用者(如 Frontier 航空公司)的航班则排在后面。

### 2. 经常乘机者计划

航空公司推出经常乘机者计划的目的在于使他们最有价值的客户,即那些经常乘坐飞机的商务旅行人士,能够长期乘坐他们的飞机。在经常乘机者计划引进之前,很少有商务人员选择经常乘坐同一家航空公司的飞机。在经常乘机者计划推出后,乘机者开始发现有必要尽量乘坐一家航空公司的飞机了。因为长期乘坐可以得到免费乘机或者升级乘坐头等舱和商务舱的机会。经常乘机者计划变得非常流行,现在世界上的每家航空公司都有类似的服务。经常乘机者计划需要复杂的 IT 系统来处理所有的乘机记录。这是应用 IT 技术改变波特提出的五力要素,从而为航空公司提供服务的很好范例。该计划削弱了买方能力,使乘客选择其他航空公司的可能性减少;该计划通过提高转换成本降低了替代产品与服务的威胁,并树立了行业壁垒,使每家航空公司都必须在这样的计划下才能有效地进行竞争。

### 3. 收益管理系统

收益管理系统的设计目的在于使每架飞机产生的年收入最大化。基本上来说,就是在飞机起飞前根据已售出座位的数量和预估的数量比较的结果来随时调整可售座位价格。因此,如果只售出了较少的机票,那么就会有很多低价机票;如果售出的机票数量比预估的要高,那么低价机票就会没有或者很少。目的就在于让飞机能以尽可能高的座位均价达到满载。(航空公司宁可以较低的价格卖出一个座位,也不愿意让座位空着而什么也得不到。)

收益管理系统就是为什么有时你通过电话订票的价格可能比 1 小时后再订购时高出100 美元的原因。同样,也是为什么你千万不要问你的邻座的票价的原因,否则你会很失望的。这就是价值链如何应用 IT 技术通过销售前增加价值的极好范例。

### 4. 取消旅行代理中介的作用

美国旅行代理过去往往要从通过他们卖出的每一张票上抽取航空公司的一份佣金。航空公司逐渐发现,代理金是他们继工资和燃料费用后的第三大成本,于是决定慢慢减少并最终取消代理的中介作用。他们让顾客可以通过网络或一个免费的 800 电话来更加便利地订票。航空公司还通过以下措施鼓励经常乘机者们抛开代理机构:

(1) 对在网上订票的旅客赠送免费的航空里程,这相当于是对经常乘机者的奖励。

(2) 为经常乘机人员中的"精英者"准备了特定的 800 免费电话,享受更短的等待时间和经过专门训练的订票服务。

(3) 引进了电子机票,消除了对纸介质票据的需求。旅行代理的一个重要作用就是在登机前检查机票。而引进电子机票后,纸张票据消失了,转而被航空公司计算机系统中的数据记录所代替。

旅行代理商开始对他们提供的服务向顾客收费，以弥补失去的航空公司的佣金。很多乘客都不愿付费去接受旅行代理的服务，因为他们可以自己免费订票。结果是，旅行代理的收入大为减少，美国旅行代理商的数量也减少了。

### 5. 应用新兴技术

随着了解信息技术的企业家不断提出新的商业创意，航空旅行业的竞争局面继续发生着变化。以网络为基础的服务，如 Expedia、Travelocity 和 Trip.com 都进入了市场。Priccline.com 同样没有落后，顾客们可以在 Priccline.com 上自己为机票定价。Last-minute 负责在每周三向客户发出飞机客满的信息邮件。如果你曾经向航空公司网站询问什么时候是去纽约的打折机票出售时间，并允许航空公司向你发送这些电子邮件的话，你就能享受该网站的服务。特许行销就是当我们赋予商家给自己特殊报价的权力时发生的行销行为。另一种方式是像 bid4vacations.com 那样的拍卖网站。他们的拍卖利用无线技术。你只要签名后，就可以让自己所选的航空公司给你打电话，并告诉你打算乘坐的航班的最新情况，应用无线电设备很快就能让机械师找到飞机上的空闲座位。航空公司采用智能卡方案加速检票程序并提高安全保障。红外线扫描设备和人脸识别设备可以作为一种代方案。

由此，我们可以看到航空公司是如何使用波特教授提出的理论框架和本章中讨论过的其他方法的。他们应用的方法有：站在客户的角度看问题、发挥创造性解决问题、实现个性化、取消中介以及不断采用新方式与客户和供应者联系。

## 4.4 管理信息系统规划方法

以合理的模型与方法作为指导是提高管理信息系统规划的重要基础。模型刻画了管理信息系统规划过程中的指导模式，而方法描述了具体实施规划时的步骤。管理信息系统规划常用的模型和方法有诺兰阶段模型、关键成功因素法、战略目标集转化法以及业务系统规划法。此外，还有战略数据规划法、目的手段分析法、投资回收法、零点预算法等。这些方法都从某个侧面给人以必要的启示，帮助管理者进行正确的思考和分析，但没有哪一种方法能够直接得到企业 IT 发展的解决方案，需要根据实际情况灵活运用。

### 4.4.1 关键成功因素法

1970 年，哈佛大学的威廉·扎尼(William Zani)教授在 MIS 模型中用到了关键成功变量，这些变量是确定管理信息系统成败的因素。10 年后，麻省理工学院的约翰·罗克特(John Rockart)把关键成功因素法(critical success factors，CSF)提高为一种管理信息系统规划方法。关键成功因素法的主要思想是"抓主要矛盾"。借助这种方法，可以对企业成功的重要因素进行识别，确定组织的信息需求，规划开发能够满足这些需求的信息系统。

### 1. CSF 的基本概念

关键成功因素是指在一个组织中的若干能够决定组织在竞争中能否获胜的因素，它们也是企业最需要得到的决策信息，是值得管理者重点关注的活动因素。

通常，不同的企业、不同的部门、不同的业务活动中的关键成功因素都是不同的；即使是同一组织，在不同的时期，关键成功因素也有所不同。企业的关键成功因素应当根据具体情况来判断，包括企业所处的行业结构、企业的竞争策略、企业在该行业中的地位、市场和社会环境的变动等。例如，在汽车工业中，成本控制就是一项非常重要的关键成功因素；对于一家享有盛誉的百货公司，它会以优质的客户服务、商品的新潮款式以及质量控制作为竞争的关键成功因素。

可以说，关键成功因素在组织的目标和完成这些目标所需要的信息之间，起着一种引导和中间桥梁的作用。关键成功因素决定了组织所需的关键信息集合，信息系统必须对它们进行连续的控制和报告。

### 2. CSF 应用步骤

关键成功因素法包含以下几个步骤：

(1) 了解企业目标。

(2) 识别关键成功因素。

(3) 识别各关键成功因素的性能指标和标准。

(4) 识别测量性能指标的数据。

这 4 个步骤可以用图 4.4 来表示。

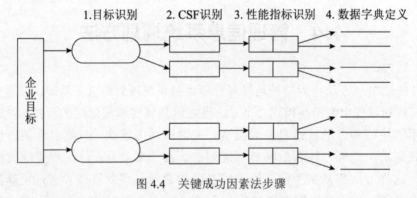

图 4.4　关键成功因素法步骤

关键成功因素法源自企业目标，通过目标分解和识别、关键成功因素识别、性能指标识别，一直到产生数据字典。

关键成功因素法就是要识别关于系统目标的主要数据类及其关系。识别关键成功因素所用的工具是树枝因果图。例如，某企业有一个目标是提高产品竞争力，可以用树枝因果图画出影响它的各种因素，以及影响这些因素的子因素，如图 4.5 所示。

如何评价这些因素中哪些因素是关键成功因素，不同的企业是不同的。对于一个习惯于高层人员决策的企业，主要由高层人员在图中直接选择。对于习惯于群体决策的企业，可以用德尔斐法或其他方法把不同人设想的关键因素综合起来。

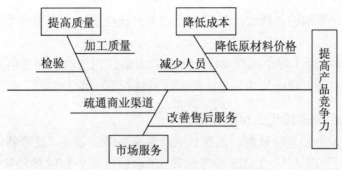

图 4.5　识别成功因素的树枝图

关键成功因素法的优点是它能使目标的识别突出重点,集中于获取高层领导的信息需求,并且进行信息需求调查所需的时间较少。该方法适用于为不同竞争战略而建立不同管理信息系统的各种产业结构,特别适合企业对管理报表系统、DSS 和 ESS 的开发。它的不足在于数据的汇总过程和数据分析都是一种随意的方式,缺乏严格的方法将诸多关键成功因素进行汇总。另外,也难以解决个人和组织的关键成功因素不一致问题。

## 4.4.2　战略目标集转化法

战略目标集转化法(strategy set transformation,SST)是由 William King 于 1978 年提出的,他把整个战略目标看成是一个"信息集合",由使命、目标、战略和其他战略变量(如管理复杂度、改革习惯以及重要的环境约束)等组成。管理信息系统的战略规划过程实际上就是把组织的战略目标转变为管理信息系统战略目标的过程,如图 4.6所示。

图 4.6　管理信息系统战略制定过程

SST 方法的应用包括以下两个步骤。

### 1. 识别组织的战略集

组织的战略集应在该组织长期计划的基础上进一步归纳形成。在很多情况下,组织的目标和战略没有书面的形式,或者它们的描述对管理信息系统的规划用处不大。为此,管理信息系统规划就需要一个明确的战略集元素的确定过程。这个过程可按如下步骤进行。

(1) 描述组织关联集团的结构。"关联集团"是与该组织利益相关的人员,如客户、股东、雇员、管理者、供应商等。

(2) 确定关联集团的要求。组织的使命、目标和战略就是反映每个关联集团的要求。

要对每个关联集团要求的特性作定性描述，还要对这些要求被满足程度的直接和间接度量给予说明。

(3) 定义组织相对于每个关联集团的任务和战略。识别组织的战略后，应立即交给企业组织负责人审阅，收集反馈信息，经修改后进行下一步工作。

### 2. 将组织的战略集转化成 MIS 战略集

MIS 战略集应包括系统目标、系统约束及系统战略计划等。这个转化过程先对组织战略集的每个元素识别相应的 MIS 战略约束，然后提出整个 MIS 的结构。最后，选出一个方案提交给组织领导。

SST 方法从另一个角度识别管理目标，它反映了各种人的要求，而且给出了按这种要求的分层，然后转化为管理信息系统的目标的结构化方法。它能保证目标比较全面，疏漏比较少，这是 CSF 方法做不到的，但它在突出重点方面不如前者。

图 4.7 给出了一个企业战略目标集转化的例子。

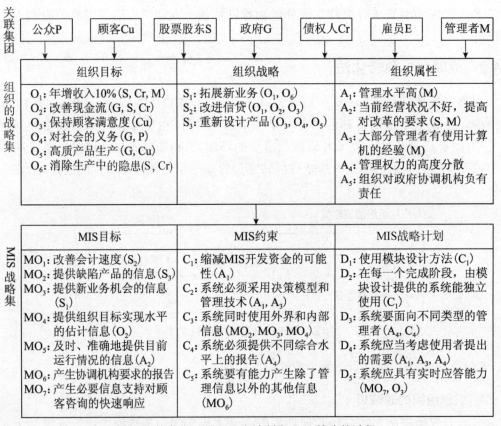

图 4.7 某企业运用 SST 方法制定 MIS 战略的过程

### 案例 4.3  运用 SST 方法制定 MIS 战略

图 4.7 的例子表明两个战略集的关系，指出它们由关联集团推导出来的过程。例如，MIS 目标中提供新业务机会的信息($MO_3$)是由组织的拓展新业务($S_1$)的战略导出的，这一战略又是组织目标中的年增收入 10%($O_1$)和消除生产中的隐患($O_6$)所要求的，其中年增收

入 10%($O_1$)是关联集团中股票股东、债券人和管理者要求的反映,消除生产中的隐患($O_6$)是关联集团股票股东和债权人要求的反映。又如,MIS 战略计划中的使用模块设计方法($D_1$)是由 MIS 约束中的缩减 MIS 开发资金的可能性($C_1$)导出的,缩减 MIS 开发资金的可能性($C_1$)与组织属性中的当前经营状况不好,提高对改革的要求($A_2$)有关,而这个组织属性又是关联集团股票股东和管理者要求的反映。要说明的是,在使用 SST 方法制定 MIS 战略和目标时,把两个战略集之间的关系完全表达出来是非常困难的。

### 4.4.3　企业系统计划法

企业系统计划法(business system planning,BSP)是 20 世纪 70 年代初 IBM 公司用于内部系统开发的一种方法,也称为业务系统规划法。它主要是基于用管理信息系统支持企业运行的思想。在总的思路上和前述的方法有许多类似之处,它也是先自上而下地识别系统目标,识别企业过程,识别数据,然后再自下而上地设计系统,以支持目标,如图 4.8 所示。

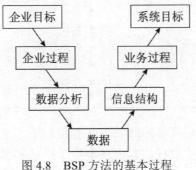

图 4.8　BSP 方法的基本过程

#### 1. BSP 方法的工作步骤

使用 BSP 方法进行系统规划是一项系统工程,其工作步骤如下。

1) 准备工作

准备工作包括接受任务和组织队伍,一般接受任务是由一个委员会承担。委员会应当由组织单位的主要领导牵头,并设立系统规划小组,专门负责此项工作。委员会成员思想上要明确"做什么"(what),"为什么做"(why),"如何做"(how),以及希望达到的目标是什么。要准备必要的条件:一个工作控制室、一个工作计划、一个调研计划、一个最终报告的纲领,还要有一些必要的经费。所有这些均落实后,即可按下述的工作步骤正式开始工作。

2) 定义业务过程(或称定义管理功能)

业务过程是指企业管理中逻辑相关的一组决策和活动的集合。定义业务过程的目的是了解信息系统的工作环境。业务过程的识别是一个非结构化的分析和综合过程,主要包括计划与控制、产品和服务、支持资源三个方面的识别过程,可以说任何企业的活动都是由这三个源泉衍生出来的。

计划与控制活动不是面向孤立的产品或资源,识别这类活动要依靠现有材料,分析研究,要和有经验的管理人员讨论商议。常见的活动如表 4.3 所示。

表 4.3　计划与控制活动

| 计　　划 | 管 理 控 制 |
|---|---|
| • 经济预测<br>• 组织计划<br>• 放弃/需求分析<br>• 预测管理<br>• 目标开发 | • 市场/产品预测<br>• 工作资金计划、运营计划<br>• 员工水平计划<br>• 预算<br>• 测量与评估 |

识别产品与服务过程是从其生命周期进行分析,因为任何一种产品或服务都有要求、获得、服务、离开 4 个阶段组成的生命周期,对于每一个阶段,都有一些活动对它进行管理,如表 4.4 所示。

表 4.4　产品与服务过程

| 要　　求 | 获　　得 | 服　　务 | 退　　出 |
|---|---|---|---|
| • 市场计划<br>• 市场研究<br>• 预测<br>• 定价<br>• 材料需求<br>• 能力计划 | • 工程设计开发<br>• 产品说明<br>• 工程记录<br>• 生产调度<br>• 生产运营<br>• 购买 | • 库存控制<br>• 接受<br>• 质量控制<br>• 包装存储<br>• 订单处理 | • 销售<br>• 订货服务<br>• 运输<br>• 运输管理 |

支持资源是指企业为完成其目标的消耗品和使用物,主要包括资金、人员、材料和设备等。识别支持资源的企业过程,其方法类似于产品和服务,由资源的生命周期出发来分析,如表 4.5 所示。

表 4.5　支持资源活动

| 资　　源 | 生命周期的 4 个阶段 | | | |
|---|---|---|---|---|
| | 要　　求 | 获　　得 | 服　　务 | 退　　出 |
| 资金 | 财务计划<br>成本控制 | 资金获取<br>应收款项 | 证券管理、银行业务<br>资产管理 | 会计支付 |
| 人事 | 人员计划<br>工资管理 | 招募<br>转业 | 福利报酬<br>专业开发 | 终止合同书<br>退休 |
| 材料 | 需求产生 | 采购<br>接收 | 库存控制 | 订货控制<br>运输 |
| 设备 | 设备计划 | 设备采购<br>建筑物管理 | 机器维护<br>装修 | 设备报损 |

在业务过程的定义中要结合业务流程重组的思想,对低效或不适合计算机信息处理的过程进行优化处理。对于最后确定的过程应写出简单的过程说明,以描述它们的职能。还要说明的是,系统规划阶段只是在宏观上对现行系统最主要的过程进行定义,为管理信息系统的结构划分提供基本依据。

3) 定义数据类

数据类是指支持业务过程所必需的逻辑相关的一组数据,即业务过程产生和利用的数据。识别数据类的目的在于了解企业目前的数据状况和数据要求,以及数据与企业实体、业务过程之间的联系，查明数据共享的情况。数据的分类可以用两种方法划分。

(1) 实体法。首先，识别系统的实体，如记账凭证、物资、产品等。其次，用计划、统计、存储和业务 4 种类型的数据类描述每个实体，把实体和数据类的关联呈现在一张表上。最后，得到如表 4.6 所示的实体/数据类表。

表 4.6　实体/数据类表

| 类型 | 产品 | 顾客 | 设备 | 物料 | 现金 | 人员 |
|---|---|---|---|---|---|---|
| 计划 | 产品计划 | 销售计划 | 设备使用计划、能力计划 | 材料需求生产调度 | 预算 | 人员需求规划 |
| 统计 | 产品需求 | 销售历史 | 设备利用率 | 材料耗用 | 财务统计 | 各类人员统计 |
| 存储 | 产品、成品、零件 | 顾客 | 设备维护使用记录 | 材料入库、出库记录，成本 | 会计总账 | 员工文件 |
| 业务 | 订货 | 销售 | 设备进出记录 | 采购订货、收发 | 接收、支付 | 调动、晋升记录 |

(2) 企业过程法/功能法。利用前面识别的企业过程，分析每个过程利用什么数据，产生什么数据，或者说每个过程的输入和输出数据是什么，然后用输入—处理—输出图来形象地表达，最后归纳出系统的数据类，一般为 30~60 个数据类。 图 4.9 是过程/功能法的例子。

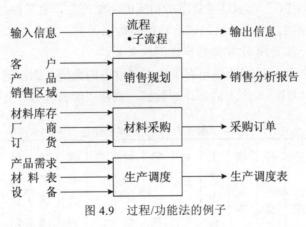

图 4.9　过程/功能法的例子

4) 定义信息系统总体结构

数据类和业务过程都被识别出来后，就可定义管理信息系统的总体结构。定义管理信息系统总体结构的目的是刻画未来管理信息系统的框架和相应的数据类，主要工作就是划分子系统，它是根据信息的产生和使用来划分子系统的。其思想就是尽量把信息产生的企业过程和使用的企业过程划分在一个子系统中，减少子系统之间的信息交换。具体实现可以使用功能/数据类(U/C)矩阵。

5) 确定总体结构中的优先顺序

由于资源的限制，系统的开发总有先后次序，而不可能全面进行。一般来说，确定项目的优先顺序应考虑如下四类标准。

(1) 潜在效益：在近期内项目的实施是否可节省开发费用，长期是否对投资回收有利，是否明显增强竞争优势。

(2) 对组织的影响：是否是组织的关键成功因素或待解决的主要问题。

(3) 成功的可能性：从技术、组织、实施时间、风险情况及可利用资源等方面，考虑项目成功的可能性。

(4) 需求：用户的需求、项目的价值以及它与其他项目间的关系。

6) 形成最终研究报告

BSP 工作最后提交的报告就是管理信息系统建设的具体方案，包括系统构架、子系统划分、系统的信息需求和数据结构、开发计划。根据此方案就可以进行下一步的设计与实施。

### 2. BSP 方法的分析工具——U/C 矩阵

在对实际系统的业务过程和数据类做出描述以后，就可在此基础上进行系统化的分析，以便整体考虑新系统的功能子系统和数据资源的合理分布。进行这种分析的有力工具之一就是功能/数据矩阵，即 U/C 矩阵，其中"U"表示使用(use)，"C"表示产生(create)。U/C 矩阵不仅适用于系统规划阶段，还可以在系统分析中借用它来分析数据的合理性和完备性等问题。

1) U/C 矩阵及其建立

表 4.7 所示的是一个 U/C 矩阵的例子。将数据类作为列，功能(或过程)作为行，功能与数据类交叉点上的"C"表示这类数据由相应的功能产生，交叉点上的"U"表示这类功能使用相应的数据类，空着不填的表示功能与数据无关。建立 U/C 矩阵时，要先逐个确定功能和数据类，然后填写功能/数据之间的关系。

例如，在表 4.7 中，若需要使用有关成本和财务的数据，则在这些数据下面的"经营计划"行上标记"U"；若产生的是计划数据，则在"经营计划"行上标记"C"。

表 4.7　U/C 矩阵的建立

| 功能　　　数据类 | 客户 | 产品 | 订货 | 成本 | 工艺流程 | 材料表 | 零件规格 | 材料库存 | 职工 | 成品库存 | 销售区域 | 财务计划 | 机器负荷 | 计划 | 工作令 | 材料供应 |
|---|---|---|---|---|---|---|---|---|---|---|---|---|---|---|---|---|
| 经营计划 | | | | U | | | | | | | | U | | C | | |
| 财务计划 | | | | U | | | | | U | | | U | | C | | |
| 资产规模 | | | | | | | | | | | | C | | | | |
| 产品预测 | U | U | | | | | | | | | | U | | U | | |
| 产品设计 | U | C | | | | U | C | | | | | | | | | |
| 产品工艺 | | U | | | | C | C | U | | | | | | | | |

(续表)

| 功能 ＼ 数据类 | 客户 | 产品 | 订货 | 成本 | 工艺流程 | 材料表 | 零件规格 | 材料库存 | 职工 | 成品库存 | 销售区域 | 财务计划 | 机器负荷 | 计划 | 工作令 | 材料供应 |
|---|---|---|---|---|---|---|---|---|---|---|---|---|---|---|---|---|
| 库存控制 | | | | | | | | C | | C | | | | | U | U |
| 调度 | | U | | | | | | | | | | | U | | C | |
| 生产能力计划 | | | | | U | | | | | | | | C | | | U |
| 材料需求 | | U | | | | | U | | | | | | | | | C |
| 操作顺序 | | | | | C | | | | | | | | U | | U | U |
| 销售管理 | C | U | U | | | | | | | | | | | | | |
| 市场分析 | U | U | U | | | | | | | | C | | | | | |
| 订货服务 | U | U | C | | | | | | | | | | | | | |
| 发运 | | U | U | | | | | | | U | | | | | | |
| 财务会计 | U | U | | | | | | | U | | | | | | | |
| 成本会计 | | | | U | C | | | | | | | | | | | |
| 人员计划 | | | | | | | | | C | | | | | | | |
| 绩效考核 | | | | | | | | | U | | | | | | | |

2) 正确性检验

建立 U/C 矩阵后要根据"数据守恒"原则进行正确性检验，这项检验可以使我们及时发现表中的功能或数据项的划分是否合理，以及"U""C"有无错填或漏填的现象发生。具体说来，U/C 矩阵的正确性检验可以从如下三个方面进行。

(1) 完备性检验。完备性检验是指对具体的数据项(或类)必须有一个产生者(即"C")和至少一个使用者(即"U")。功能则必须有产生或使用("U"或"C")发生，否则这个 U/C 矩阵的建立是不完备的。

如表 4.7 中的第 7 列数据无使用者，故第 6 行第 7 列"C"改为"U"。

(2) 一致性检验。一致性检验是指对具体的数据项/类必有且仅有一个产生者("C")。如果有多个产生者的情况出现，则产生了不一致的现象，其结果将会给后续开发工作带来混乱。

这种不一致现象的产生可能有如下两个原因：

没有产生者——漏填"C"或者是功能、数据的划分不当；

多个产生者——错填"C"或者是功能、数据的划分不独立，如表 4.7 中的第 7 列和第 14 列。故第 6 行第 7 列和第 2 行第 14 列的"C"应改为"U"。

(3) 无冗余性检验。无冗余性检验即表中不允许有空行空列。如果有空行空列发生，则可能是因为漏填了"C"或"U"，或者功能和数据项的划分是冗余的、没有必要的。

如表 4.8 中就没有冗余的功能和数据。

3) U/C 矩阵的调整

U/C 矩阵的调整过程就是对系统结构划分的优化过程。具体做法是：首先，将功能按功能组排列。功能组是指同类型的功能，如"经营计划""财务计划"和"资产规模"属于计划类型。然后，调换"数据类"的横向位置，使得矩阵中的"C"尽量地朝对角线靠近，如表 4.8 所示(注意：这里只能尽量地朝对角线靠近，但不可能全在对角线上)。

表 4.8  U/C 矩阵的调整过程

| 功　　　能 | 数　据　类 | | | | | | | | | | | | | | | |
|---|---|---|---|---|---|---|---|---|---|---|---|---|---|---|---|---|
| | 计划 | 财务计划 | 产品 | 零件规格 | 材料表 | 材料库存 | 成品库存 | 工作令 | 机器负荷 | 材料供应 | 工艺流程 | 客户 | 销售区域 | 订货 | 成本 | 职工 |
| 经营计划 | C | U | | | | | | | | | | | | | U | |
| 财务计划 | U | U | | | | | | | | | | | | | U | U |
| 资产规模 | | C | | | | | | | | | | | | | | |
| 产品预测 | U | | U | | | | | | | | | U | U | | | |
| 产品设计 | | | C | C | U | | | | | | | U | | | | |
| 产品工艺 | | | U | U | C | U | | | | | | | | | | |
| 库存控制 | | | | | | C | C | U | | U | | | | | | |
| 调度 | | | U | | | | | C | U | | | | | | | |
| 生产能力计划 | | | | | | | | | C | U | U | | | | | |
| 材料需求 | | | U | | U | | | | | C | | | | | | |
| 操作顺序 | | | | | | | | U | U | U | C | | | | | |
| 销售管理 | | | U | | | | | | | | | C | | U | | |
| 市场分析 | | | U | | | | | | | | | U | C | U | | |
| 订货服务 | | | U | | | | | | | | | U | | C | | |
| 发运 | | | U | | | | U | | | | | | | U | | |
| 财务会计 | | | U | | | | | | | | | U | | | | U |
| 成本会计 | | | | | | | | | | | | | | U | C | |
| 人员计划 | | | | | | | | | | | | | | | C | |
| 绩效考核 | | | | | | | | | | | | | | | | U |

4) U/C 矩阵的应用

调整 U/C 矩阵的目的是对系统进行逻辑功能划分，通过子系统之间的联系("U")可以确定子系统之间的共享数据，考虑今后数据资源的合理分布。

(1) 系统逻辑功能的划分。系统逻辑功能的划分是在调整后的 U/C 矩阵中以"C"为标准划分子系统，如表 4.9 所示。划分时应注意：

- 沿对角线一个接一个地画，既不能重叠，又不能漏掉任何一个数据和功能。
- 方框的划分是任意的，但必须将所有的"C"都包含在方框之内。给方框取一个名字，每个方框就是一个子系统。值得一提的是，对同一个 U/C 矩阵调整出来的结果，方框(子系统)的划分不是唯一的，如表 4.9 中实线和虚线所示。具体如何划分为好，要根据实际情况以及分析者个人经验来定。

表 4.9  划分子系统

| 功能 | 数据类 | 计划 | 财务计划 | 产品 | 零件规格 | 材料表 | 材料库存 | 成品库存 | 工作令 | 机器负荷 | 材料供应 | 工艺流程 | 客户 | 销售区域 | 订货 | 成本 | 职工 |
|---|---|---|---|---|---|---|---|---|---|---|---|---|---|---|---|---|---|
| 经营计划 | 经营计划 | C | U | | | | | | | | | | | | | U | |
| | 财务计划 | U | U | | | | | | | | | | | | | U | U |
| | 资产规模 | | C | | | | | | | | | | | | | | |
| 技术准备 | 产品预测 | U | | U | | | | | | | | | U | U | | | |
| | 产品设计 | | | C | C | U | | | | | | | | U | | | |
| | 产品工艺 | | | U | U | C | U | | | | | | | | | | |
| 生产制造 | 库存控制 | | | | | | C | C | U | | U | | | | | | |
| | 调度 | | | U | | | | | C | U | | | | | | | |
| | 生产能力计划 | | | | | | | | | C | U | U | | | | | |
| | 材料需求 | | | U | | U | | | | | C | | | | | | |
| | 操作顺序 | | | | | | | | U | U | U | C | | | | | |
| 销售 | 销售管理 | | | U | | | | | | | | | C | U | | | |
| | 市场分析 | | | U | | | | | | | | | U | C | U | | |
| | 订货服务 | | | U | | | | | | | | | U | | C | | |
| | 发运 | | | U | | | U | | | | | | | | U | | |
| 财会 | 财务会计 | | | U | | | | | | | | | U | | | | U |
| | 成本会计 | | | | | | | | | | | | | | U | C | |
| 人事 | 人员计划 | | | | | | | | | | | | | | | | C |
| | 绩效考核 | | | | | | | | | | | | | | | | U |

(2) 确定子系统之间的联系。子系统划分之后，在方框(子系统)外还有若干个"U"，

这就是今后子系统之间的数据联系，即共享的数据资源。将这些联系用箭头表示，从产生数据的子系统指向使用数据的子系统，如表 4.10 所示。例如，"计划"数据类由"经营计划"子系统产生，"技术准备"子系统将用到此数据类。

表 4.10　子系统之间的数据联系

| 功能 ＼ 数据类 | 计划 | 财务计划 | 产品 | 零件规格 | 材料表 | 材料库存 | 成品库存 | 工作令 | 机器负荷 | 材料供应 | 工艺流程 | 客户 | 销售区域 | 订货 | 成本 | 职工 |
|---|---|---|---|---|---|---|---|---|---|---|---|---|---|---|---|---|
| 经营计划 | 经营计划子系统 | | | | | | | | | | | | | | U | U |
| 技术准备 | U | 产品工艺子系统 | | | | | | | | | | U | U | | | |
| 生产制造 | | | U | U | 生产制造子系统 | | | | | | | | | | | |
| 销售 | | | U | | U | | | | | | 销售子系统 | | | | | |
| 财会 | | | U | | | | | | | | | U | U | | 1 | U |
| 人事 | | | | | | | | | | | | | | | | 2 |

注：1 为财会子系统；2 为人事子系统。

为了表达清楚，可将矩阵中的"U"和"C"去掉，即可得到简化的子系统结构图，使数据联系更加简明、直观。

BSP 方法是最易理解的管理信息系统规划技术之一，相对于其他方法的优势在于其强大的数据结构规划功能。它全面展示了组织状况、系统或数据应用情况及差距，可以帮助众多管理者和数据用户形成组织的一致性意见，并通过对信息需求调查来帮助组织找出在信息处理方面应该做什么。

BSP 方法的主要缺点在于，收集数据的成本较高，数据分析难度大，真正实施起来非常耗时、耗资。它被设计用来进行数据结构规划，而不是解决诸多管理信息系统组织以及规划管理和控制等问题。对 BSP 的批评包括，它不能够为新信息技术的有效使用确定时机，也不能将新技术与传统的数据处理系统进行有效的集成。

通过对以上三种规划方法的介绍，可以看到这三种方法各有利弊，在实际的规划工作中要根据企业和管理信息系统的实际情况来选择。此外，还可以把这三种方法综合起来使用，先用 CSF 方法和 SST 方法确定企业目标，并将这些目标转化为管理信息系统目标，用 BSP 方法校核两个目标，并确定管理信息系统的结构，这样就补充了单个方法的不足。当然，这也使整个方法过于复杂，而削弱了单个方法的灵活性。

# 4.5　业务流程重组

管理信息系统的规划不仅要关注计算机应用系统、组织的信息平台等技术性项目，更要关注这些项目对企业组织和流程的影响，以及潜在的信息技术应用所需要的组织和管理基础。

## 4.5.1　业务流程重组的概念

业务流程重组(business process reengineering，BPR)是 20 世纪 90 年代初由美国学者 Michael Hammer 和 James Champy 等提出的一种观念。BPR 的思想一经提出，即引起美国舆论的广泛注意，成为管理学界的一项重大成就。

业务流程重组就是对企业过程进行根本的再思考和彻底的再设计，以求企业关键的性能指标获得巨大的提高，如成本、质量、服务和速度。该定义包含了三个关键信息：根本的、彻底的和巨大的。

### 1. 根本的思考

"根本的"意思是指不是枝节的，不是表面的，而是本质的。也就是说，它是革命性的，是对现存系统进行彻底的怀疑，首先认为"现存的均是不合理的"。提出的问题是"我们为什么要做现在的事，为什么要以现在的方式做事，有没有别的工作方式"，而不是"如何把现在的事情做得更好"。在企业实施流程重组时，不需要任何条条框框的限制，同时还必须抛弃一般已经认可的习惯和假设，以事物发生的自然过程寻找解决问题的途径。

### 2. 彻底的重新设计

彻底的重新设计意味着追根溯源，从根本上重新设计企业的经营过程或业务流程，而不仅仅是做表面的改变或修补，是完全抛弃旧有的结构和过程，创造出新的工作方法。企业流程重组是彻底的、全方位的重组。它涉及企业的人、经营过程、技术、组织结构和企业文化等各个方面，包括观念的重组、流程的重组和组织的重组。其中信息技术的应用是流程重组的核心，它既是流程重组的出发点，同时也是流程重组最终目标的体现。

### 3. 巨大的业绩

进行企业流程重组的目标不是为了获得小的改善，而是取得业绩的巨大进步。如果企业只是需要对现有业绩有小的提高，即使不实施 BPR 也可以达到目标。因为有许多传统的方法可以采用。例如，激励员工的积极性或者扩大产品宣传力度，开展产品促销活动，等等。当企业需要彻底改变时，才可实施企业流程重组。因为实现企业流程重组是一件有风险、有阻力的重大改革。

业务流程重组较为成功的例子是 IBM 公司的信贷业务流程再造(见案例 4.4)。BPR 实现的手段是两个使能器(enabler):一个是 IT(信息技术),另一个是组织。BPR 之所以对企业的关键性能有重大的提高,就在于它充分地利用了信息技术的潜能来改变企业的业务过程;另一个方法就是变革组织结构,达到精简组织和提高效率的目的。

业务流程重组的要点在于简化和优化过程,它的主要思想是战略上精简分散的过程;职能上纠正错位的过程;执行上删除冗余的过程。BPR 在利用信息技术简化流程上有一些指导性原则,这些原则包括:横向集成,纵向集成,减少检查、校对和控制,单点对待顾客,单库提供信息,单条路径到达输出,并行工程和灵活选择过程连接等。表 4.11 给出了一些运用信息技术对业务流程进行创新的实例,它们改变了企业的一些传统过程。

表 4.11　信息技术对传统流程的改变

| 传 统 流 程 | 信 息 技 术 | 新 的 选 择 |
|---|---|---|
| 需要有办公室来存储、传输和接收信息 | 无线通信 | 人们可在任何地方传输和接收信息 |
| 信息只能在一个地方出现或只能出现一次 | 共享数据库 | 人们可在不同地方共享信息,共同完成一个项目 |
| 人们必须确定事情发生地点 | 自动识别跟踪技术 | 事情发生时自动告知自己的位置 |
| 要经常查看库存状态以防止发生缺货 | 远距离通讯网与 EDI 技术 | 准时交货制与无库存供应 |
| 用固定分工和技能专业化来提高绩效 | DSS | 支持灵活的工作任务,简化决策过程 |

## 4.5.2　业务流程重组与管理信息系统建设的关系

BPR 是与信息系统建设密切相关的一项活动。业务流程重组是一种管理思想、一种经营变革的理念。信息技术是一种技术,BPR 可独立于信息技术而存在。这种独立是相对的,在 BPR 由思想到现实的转变过程中,信息技术起到了良好的催化剂作用。从管理信息系统的角度来认识,BPR 主要是指利用信息技术,对组织内部或组织之间的工作流程和业务过程进行分析和再设计,用于减少业务的成本,缩短完成时间和提高服务质量。

在管理信息系统建设中,企业仅用计算机去模拟原手工管理的过程,并不能从根本上提高竞争能力,重要的应该是重组业务流程。按现代化信息处理的特点,对现有的业务流程进行重新设计,成为提高企业运行效率的重要途径。业务流程重组的本质在于根据新技术条件下信息处理的特点,在事物发生的自然过程中寻找解决问题的途径。

企业在实现信息化的过程中,一般是先实施 BPR,再利用信息技术促进 BPR 的实现。两项工作也可以同时进行,相互融合。这样的企业信息化过程,实际上也是管理创新的过程,需要处理好企业信息化和业务流程重组的关系,但不能把两者等同起来。企业信息化建设需要做好业务流程的重组工作,而信息技术对新业务流程的重组是有极大促进作用的。

## 4.5.3　业务流程重组的步骤

业务流程重组实际上是站在信息的高度,对企业流程的重新思考和再设计,是一个系统工程。为了有效地实施流程重组，专家们把实施的过程分成 5 个主要阶段。

### 1. 启动

此阶段的主要相关活动包括获得高层经理人员对业务重组的支持；定义重组的范围，确定重组的战略目标(如降低成本，加速新产品开发或使企业成为行业巨头)，组建并且培训重组团队的成员等。为了保证 BPR 的顺利进行，必须做好沟通工作，使企业的全体员工充分理解重组的必要性，达成共识。企业领导要给 BPR 营造一个好的环境，领导的决心和能力对 BPR 是非常重要的。

### 2. 选择需重新设计的流程

企业应找出几个最有可能产生极大回报的核心业务流程进行重新设计。选择需要再设计的流程时，一般从三个方面考虑：迫切性，即哪些流程遇到了最大的困难；重要性，即哪些流程对客户的影响最大；可行性，即哪些流程可以成功地进行重新设计。分析人员还应找出哪些组织职能和部门与该业务流程有关。

### 3. 分析并衡量现有流程的绩效

对需要重新设计的流程进行量化分析。如改进流程的目的是减少新产品开发或填写一份订单所需的时间和成本，那么组织就需要测出原有流程所花费的时间和成本。可以采用列表的方式进行业务流程重组的分析。

### 4. 确定应用信息技术的机会

重新设计企业流程常规的方法是先建立新的业务流程模型，确定新流程的信息需求，然后确定如何通过信息技术来支持这些需求。信息技术能够创造出新的设计，它能够应付那些束缚企业实现其长期目标的工作所提出的挑战。业务流程重组从开始就应该允许信息技术对企业流程设计产生影响。

### 5. 建立一个新的原型

组织应在实验的基础上设计这个新流程，在重新设计的流程获得批准之前，还要进行一系列的修订和改进。

需要说明的是，以上步骤只是重新设计企业流程的一般过程，并不意味着照这些步骤去做，就一定保证业务流程重组工程会成功。BPR 不像工程设计那样，总有一些明确的规则，只要正确地遵循它们，就能得到预期的结果。事实上，大多数 BPR 项目都没能取得重大的效果。流程重组只是组织变革的大目标中的一部分。这个大目标就是为使组织变革达到最大的效益，而引入包括信息技术在内的所有新的改革方法。对管理的变革既不能简单化也不能凭直觉。业务流程的再造，或者一个新的信息系统的建立不可避免地会引起原有的工作岗位、技能需求、工作流程和各部门原有的隶属关系发生变化，直接或间接地影响到一些人和部门的权、责、利。而对这种变革的畏惧会形成变革的阻力，甚至导致部分人有意识地去破坏这一变革，但是组织变革对管理信息系统的成功开发是非常重要的。

### 案例 4.4　IBM 信贷公司业务流程再造

IBM 信贷公司是 IBM 的一个子公司。它为 IBM 公司销售的计算机、软件提供融资服务，即为 IBM 的客户提供贷款服务。该公司早期的经营流程如图 4.10 所示。

整个流程平均耗费 7 天时间，遇特殊情况需要 2 周。从营销代表的角度看，这个流程实在太长了。这等于有 7 天时间让客户去寻找其他融资渠道，这些顾客可能被其他计算机卖主拉走而终止与 IBM 的交易。尽管营销代表一次次电话催问："我们的交易申请在什么地方？什么时候给我结果？"但没有线索，因为申请表已消失在过程链中。

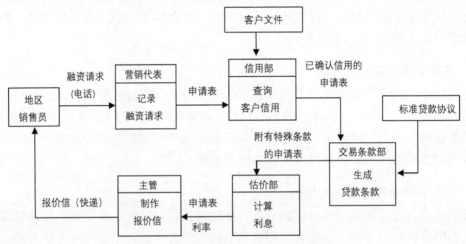

图 4.10　IBM 信贷公司早期经营流程

IBM 信贷公司曾试了几种方法来改进这个流程。例如，他们曾决定增设一个控制服务台以便回答营销代表的询问。这时，申请表不是由上一个部门送至下一个部门，而是每个部门把所完成的文件送返控制台，由控制台人员将完成情况记录在案之后再送至下一个部门。这样，控制台清楚掌握每份申请表的具体位置，可回答营销代表的询问。但是，整个流程的时间更长、代价更高。

IBM 信贷公司的两位高级管理人员进行了深入调查研究。他们亲自受理了一份融资申请，带着这份申请走遍了图 4.10 中出现的 5 个部门，让每个部门的职员放下手中的事情来处理这份特殊的申请。结果完成全部工作只需 90 分钟。这一发现使管理层关注整个贷款流程的核心问题，并进行更深入地思考，决心改变经营流程。最后，决定用熟悉多种业务的交易员取代信用审核员、定价员等专业人员，申请表不再从一个办公室送到另一个办公室，而是由交易员从头至尾负责全部工作，取消了申请表的多层传递。

原先的流程设计建立在一个根深蒂固的劳动分工的基础上，并假设每一次交易请求既独特又复杂，因而需要 4 个训练有素的专业人员分工处理。这种假设实际上是错误的。事实上，大多数贷款申请既简单又直截了当。高级管理人员发现，大多数人员都是不同程度地执行例行手续，如在数据库中查找借方的信用等级，在一张标准表格中填上数字，从一份文件中抽出几条特殊条款，等等。这些任务在一台计算机帮助下完全可以由一个人单独完成。因此，该公司开发了一种新型的信息系统来支持交易员工作。在大多数情况下，系统可以向交易员提供行动指南。在特殊情况下，交易员可以从信用审查和定价方面的专家那里得到帮助。即使在这种情况下，申请表也不用往返传递。因为他们都在同一小组或团队中工作。

IBM 公司对以上流程的重新设计带来了巨大的效益，流程周期由平均 7 天被减少到 4 小时。这一流程的重新设计使公司所处理的交易额增加了 100 倍。

这个例子清楚地说明了 BPR 的真正含义。BPR 就是对企业经营流程进行根本性的再思考和彻底的重新设计，它要抛弃运作已久的规程，对企业制造产品或服务的工作流程进行重新审视。这意味着要摈弃所有的陈规陋习，一切从头开始。

# 4.6　可行性研究

可行性研究又称为可行性分析或可行性设计。可行性研究是任何大型项目在正式投入建设之前都必须进行的一项工作，这对于保证资源的合理使用、避免浪费是十分必要的，也是项目开始以后能顺利进行的必要保证。对于管理信息系统开发而言，可行性研究的目的是解决新系统开发"是否可能"的问题，可行性研究是在对现行系统初步调查的基础上，根据组织当前的实际情况和环境条件，运用经济理论和技术方法，从各个方面对建立管理信息系统的可行性进行详细完整的分析讨论。可行性分析工作的长短取决于管理信息系统的规模。一般来说，可行性分析工作的成本是预期项目总成本的 5%～10%。

## 1. 管理信息系统的可行性分析

### 1) 经济可行性分析

经济可行性分析是指根据用户提出的系统功能、性能及实现系统的各项约束条件，从经济的角度研究实现系统的可能性。

成本效益分析(或费用效益分析)是经济可行性分析的重要方法，它用于评估管理信息系统的经济合理性，给出系统开发的成本论证，并将估算的成本与预期的收益进行对比。由于项目开发成本受项目的特性、规模所制约，事先很难直接估算管理信息系统的成本和收益，因此，得到完全精确的成本效益分析是十分困难的。但是，管理信息系统开发费用以及管理信息系统建成后预见的效益是领导层权衡决策时必须考虑的重要因素。权衡的原则是系统的效益费用比越大越好。

(1) 管理信息系统的成本。管理信息系统的成本是指建立和维护信息系统所需开支的经费总额，包括以下几个方面。

- 设备费：包括计算机的硬件、软件、空调设备、电源等的购置及机房的建设费用。
- 人工费用：指系统的开发费、人员的培训费用及测试执行等方面所需的费用。
- 运行维护费用：指系统投入使用以后的费用，主要有以下几种。①硬件维护费：计算机、外设、机房等设施的维护费用，场所与设备租金。②软件维护费：系统软件与应用软件的维护费用。③人员费用：管理人员工资、系统运营的维护人员工资。④系统的使用所需消耗的材料费用：打印纸、磁盘、光盘、色带、水电费等。
- 组织变革所导致的成本：信息技术应用都会导致组织内部发生一些变革，所有的变革都会有相应的成本支出，如用户培训、机构调整、专家咨询等费用也应考虑在内。

(2) 管理信息系统的效益。使用新系统以后所带来的效益估算可从直接经济效益、间接经济效益等方面进行分析。

- 直接经济效益主要表现在节省人员、压缩库存、产量增加、降低成本及减少废品等对利润有直接影响的方面，可直接折合成货币形式。
- 间接效益体现在决策质量的提高、管理效能的提高、市场竞争力的提高、改进服务和社会形象等所带来的企业整体效益上。

根据以上的费用、效益分析，确定系统开发的经济性，同时也可以算出整个系统的投资回收期。对管理信息系统开发的统计表明，管理信息系统的投资回收期一般为3~4年。这里还要强调的是，经济分析实际上贯穿系统开发的整个过程，在可行性分析以及系统分析中无疑应进行费用效益分析，系统设计结束时还要再次分析。开发初期的分析可能不十分精确，但随着工程的实施，成本、效益问题越来越具体，对它们的估计也越来越精确。

2) 技术可行性分析

技术可行性分析是根据用户提出的系统功能、性能及实现系统的各项约束条件，从技术角度研究实现系统的可能性。

技术可行性分析往往是系统开发过程中难度最大的工作。技术可行性分析包括：风险分析、资源分析和技术分析。

风险分析的任务是，在给定的约束条件下，判断能否设计并实现系统所需的功能和性能。资源分析的任务是，论证是否具备系统开发所需的各类人员(管理人员与技术人员)，计算机软、硬件和工作环境等，实际上，它是技术资源、人才资源、设备资源的综合分析。技术分析的任务是，分析当前信息技术是否支持系统开发的全过程。

在技术可行性分析过程中，系统分析人员应采集系统性能、可靠性、可维护性和可生产性方面的信息，分析实现系统功能和性能所需的各种设备、技术、方法和过程，分析项目开发在技术方面可能担负的风险，以及技术问题对开发成本的影响等。

3) 环境可行性分析

环境可行性是指所建立的管理信息系统能否在该组织实现，在当前操作环境下能否很好地开发和运行，即组织内外是否具备接受和使用新系统的条件。环境可行性包括的因素很多，例如领导是否支持，管理是否科学，组织机构是否健全，基础数据是否齐全，外部单位是否接受等。从组织内部来讲，管理信息系统的建立可能导致某些制度，甚至管理体制的变动。对于这些变动，组织的承受能力影响着系统的生存，尤其是从手工系统过渡到人机系统，这个因素的影响更大。领导者不积极参与、中下层的惰性或抵触情绪，都是系统失败的关键因素。从组织外部来讲，管理信息系统的开发时机是否成熟，是否具备有利于信息化发展的社会环境；管理信息系统运行后，报表、票证格式的改变，是否被有关部门认可和接受，将直接影响系统的运营情况；对于涉及社会经济现象的系统，还必须考虑原始数据的来源有无保证等。

**2. 开发方案的选择性研究**

在分析、评价的基础上，对所提出的各种系统开发方案进行综合性评估，从中选出一种方案用于项目开发。

由于每种方案对成本、时间、人员、技术、设备等都有不同的要求，因此，采用不同方案开发出来的系统在系统功能和性能方面会有很大差异。同时，在开发系统所用总成本一定的情况下，系统开发各阶段所用成本分配方案的不同也会对系统的功能和性能产生相当大的影响。另外，系统功能和性能也是由多种因素组成的，某些因素是彼此关联和制约的。以上充分说明，系统开发方案的选择性研究很大程度上是对系统开发活动中多种因素的权衡和折中。

# 4.7　系统规划报告

对于大规模的管理信息系统，系统规划报告包括总体规划文档和可行性研究，该报告大致由如下几方面的内容组成。

### 1. 引言
说明新系统的名称、目标和功能，项目的产生，系统建设的背景和意义以及本报告中使用的专业术语及其定义等。

### 2. 对现行系统的分析
主要包括企业的性质、经营规模等，企业发展战略，现行管理的状况，MIS 系统的应用情况，业务流程的现状和改进建议，可供利用的资源及限制条件，存在的主要问题及薄弱环节等基本情况。

### 3. 系统总体规划
系统总体规划文档是系统规划报告的主体，具体包括以下几方面。

(1) 企业的管理信息系统战略，即对管理信息系统的发展阶段做出判断，提出管理信息系统总体目标和发展策略。

(2) 管理信息系统的总体结构，分为应用架构和技术架构两个方面。在管理信息系统总体目标的指导下，通过现状分析和对将来的预测，产生整个企业的组织功能模型和数据模型，提出一个应用架构规划，即企业执行其业务功能所需的管理信息系统的描述。技术架构是为了实施规划的管理信息系统所需要的硬件、软件和通信网络的描述。

(3) 实施顺序，说明了管理信息系统总体构架的实施方案、子系统优先级与时间计划、资源计划、人员培训计划以及财务预算等。

### 4. 拟建新系统的方案
根据系统现状和环境约束条件，提出拟建新系统的候选方案，包括新系统应达到的目标、主要功能、项目范围、商业收益、新系统运营对管理模式的影响、新系统研制计划等，为进行资金预算、人员准备等提出依据。

### 5. 可行性研究
可行性研究包括开发新系统的经济可行性、投资收益比、投资回收期、技术上的可行性、组织环境上的可行性等。最后应明确写上可行性分析的结果，一般结论分为三种：第一种结论是条件成熟，可以立即进行新系统的研制开发工作；第二种结论是暂缓开发新系统，原因是需要追加投资资金或等到某些条件成熟后才能开始开发工作，或是要对系统目标做某些修改后再进行系统开发；第三种结论是因条件不具备，或经济上不合算，或技术条件不成熟，或上级领导不支持，或现行系统还可以使用，而不能或没有必要进行新系统的开发工作。

系统规划报告是系统规划阶段工作的结论，一旦正式通过，就成为用户单位主管、管理人员和系统开发人员的共识，并初步规定了系统目标，以及所需的资源条件，并成为下一阶段工作的依据。

# 思考题

## 一、客观题(扫描下方二维码进入练习)

邀请码: 30090414
学习通首页右上角输入

## 二、主观题

1. 为什么要对信息系统的开发进行规划？

2. 系统初步调查的内容是什么？

3. 简述信息系统规划的工作内容和特点。

4. 三种基本的竞争战略是什么？信息系统如何帮助公司实现这些战略？

5. 如何利用5种竞争力模型分析信息系统对企业业务发展的战略支持？

6. 互联网时代共享经济流行，请问它对企业信息系统战略规划有哪些影响？

7. 制定信息系统规划时采用的CSF、SST和BSP法的优缺点分别是什么？

8. 什么是BSP法？简述BSP法的主要步骤。

9. 试述U/C矩阵的建立方法及其在系统规划中的作用。

10. 什么是业务流程重组？它与MIS之间有何关系？

11. 如何理解"IT(信息技术)和组织是BPR实现的两个使能器"？

12. 对管理信息系统进行可行性分析时，应对哪些方面进行分析？

13. 系统规划报告中包括哪些内容？

# 第 5 章
# 管理信息系统的系统分析

系统分析是管理信息系统开发过程中一个非常重要的环节。系统分析阶段的工作是在系统规划的基础上,对现行系统进行全面详细的调查,并分析系统的现状和存在的问题,真正弄清楚所开发的新系统必须要"做什么",提出新的管理信息系统的逻辑模型,为下一阶段的系统设计工作提供依据。

## 5.1 系统分析概述

系统分析阶段工作的实质在于确定系统必须"做什么",是管理信息系统开发过程工作量最大、涉及部门和人员最多的一个阶段。系统分析的结果是系统设计和系统实施的基础,系统分析没有做好,整个管理信息系统的开发工作要取得成功是不可能的。系统分析阶段的工作质量决定后面的系统设计和系统实施能否顺利进行,关系到管理信息系统开发工作的成败,因此,系统分析是整个管理信息系统开发工作的一个重要阶段。

### 5.1.1 系统分析的任务

系统分析是在系统规划的指导下,运用系统的观点和方法,对系统进行深入详细的调查研究,通过问题识别、系统调查、系统化分析等工作来确定新系统的逻辑模型。系统分析(system analysis)也称为逻辑设计(logical design),逻辑设计是指在逻辑上构造新系统的功能,解决系统"做什么"的问题。系统分析的主要任务是定义新系统应该"做什么"的问题,至于新系统的功能如何实现,即"怎么做"的问题,那是下一工作阶段——系统设计的任务,我们将在第 6 章进行讨论。

系统分析是确定新系统逻辑设计方案的关键阶段,要完成这个目标,系统分析必须从现行系统入手,调查系统的组织结构和各机构间的内在联系,分析组织的职能,详细了解每个业务过程和业务活动的工作流程及信息处理流程,理解用户对信息系统的需求,包括对系统功能、性能方面的需求,以及对硬件配置、开发周期、开发方式等方面的意向。在详细调查的基础上,系统分析员运用各种系统的开发理论、开发方法和开发技术,确定系统应具有的逻辑功能,经过与用户反复讨论、分析和修改后产生一个用户比较满意的总体设计，再用一系列图表和文字表示出来，形成符合用户需求的系统逻辑模型，为下一阶段的系统设计提供依据。

### 5.1.2 系统分析的基本步骤

系统分析阶段的工作内容主要包括如下几个方面。

#### 1. 现行系统的详细调查

现行系统的详细调查是通过各种方式和方法对现行系统做详细、充分和全面的调查，弄清现行系统的边界、组织机构、人员分工、业务流程、各种计划、单据和报表的格式、处理过程、企业资源及约束情况等，使系统开发人员对现行系统有一个比较深刻的认识，为新系统开发做好原始资料的准备工作。

#### 2. 组织结构与业务流程分析

在详细调查的基础上，用图表和文字对现行系统进行描述，详细了解各级组织的职能和有关人员的工作职责、决策内容对新系统的要求，业务流程各环节的处理业务及信息的来龙去脉。其目的是把系统的内在关系分析清楚，以便确定形成新系统的逻辑模型。

#### 3. 系统数据流程分析

在对业务流程分析的基础上，分析数据的流动、传递、处理与存储过程，用数据流程图进行描述，建立数据字典。

#### 4. 建立新系统的逻辑模型

在系统调查和系统化分析的基础上建立新系统的逻辑模型，采用一组图表工具来表达和描述新系统的逻辑模型，使新系统的概貌清晰地呈现在用户面前，方便分析人员和用户对模型进行交流讨论，在与用户充分的交流下使新系统的逻辑模型得到完善。

#### 5. 提出系统分析报告

对前面的分析结果进行总结，编制系统分析阶段的成果文档，完成系统分析报告。系统分析报告是系统分析阶段的成果和总结，是向开发单位有关领导提交的正式书面报告，也是下一工作阶段系统设计的工作依据。

在系统分析阶段，应牢牢记住开发出来的新系统最终是要交付用户使用的，用户才是新系统的使用者，因此在系统分析过程中，一定要从用户的需求出发，做大量细致的工作。用户对开发的系统是否满意取决于系统是否满足用户的需求，因此，需求分析是系统分析阶段一项非常重要的工作，是整个信息系统开发的基础。过去发生的大量实践表明，管理信息系统发生的许多错误都是由于需求定义不准确或者需求定义错误造成的。用户具备的是本企业经营管理和业务方面的知识，系统开发人员具备的则是信息系统开发技术方面的知识，两者之间存在着鸿沟，开发人员如果不重视用户的参与，在系统分析阶段对用户的需求理解不准确或理解错误，开发出来的系统就不能满足用户的需求，为修改这些错误将要付出昂贵的代价。系统分析深入的程度将是影响管理信息系统成败的关键问题，要深刻地理解和体会用户需求的途径是与用户进行充分的交流，从很大程度上说，系统分析过程是一个系统开发人员与用户的交流的过程，双方的交流是系统分析的一个重要组成部分。

分析阶段工作的质量是系统开发成功与否的关键阶段，因此，必须扎扎实实做好系统分析阶段的工作，为系统的开发打下良好的基础。

# 5.2　系统详细调查

系统的详细调查是在可行性研究的基础上进一步对现行系统进行全面的调查和分析，弄清楚现行系统的运行状况，发现其薄弱环节。初步调查只是在宏观上对现行系统进行调查，不是很细致，调查的目的是论证企业是否有必要开发新系统，因此调查工作是一种概括的、粗略的调查，调查所掌握的资料不足以满足新系统逻辑设计的需要。系统分析阶段的详细调查，涉及企业各个部门的各个方面，是一项深入、细致、详尽的调查，必须从上而下，从粗到细，由表及里地对现行系统的基本功能和信息流程进行详细调查。详细调查的过程是大量原始素材的汇集过程，分析员通过对这些大量的材料进行整理、研究和分析，与用户进行反复讨论和研究，力求在短期内对现行系统有全面详细的认识。

## 5.2.1　详细调查的范围及内容

详细调查的范围应该是围绕组织内部信息流所涉及领域的各个方面。但应该注意的是，信息流是通过物流而产生的，物流和信息流又都是在组织中流动的，因此我们所调查的范围就不能仅局限于信息和信息流，应该包括企业的生产、经营、管理等各个方面。

系统开发小组的分析员，要向企业用户的各级领导、业务人员，以及其他有关人员进行多种调查，调查内容大致从以下几方面进行。

### 1. 组织结构调查

调查现行系统的组织机构构成、相互关系、业务分工等情况和人员配置情况等。除此之外，还应详细地了解各级组织的职能和相关人员的工作职责、决策内容、存在问题以及对新系统的要求等。组织结构调查的最终目的是以组织结构为线索，通过这些机构的职责来掌握系统的功能，从总体上分解这个系统。

### 2. 功能结构调查

系统有一个总目标，为达到这个目标，必须要完成各子系统的功能，而各子系统功能的完成，又依赖于下面各项更具体的功能的执行，功能结构调查的任务就是要了解或确定系统的这种功能构造。

功能要依靠组织结构来具体实现，因此，在理想的情况下，功能和组织应当是一致的。但是由于客观情况的复杂性，在当前系统中，功能体系和组织结构并不一定一一对应，这就要求在进行调查时认真分析、加以划分。

### 3. 业务流程调查

在对系统的组织结构和功能体系有所了解的基础上，还需要从实际业务流程的角度将有关资料联系起来，以便于对企业现有的工作过程有一个动态的了解。对业务流程的调查通常可按业务活动的信息流动过程，逐个调查当前系统中每个环节的处理任务、处理顺序等情况，弄清每个环节的信息来源和去向。

### 4. 数据流程调查

实际上在业务调查中已涉及了数据流程的问题。业务流程调查的工作重点是将组织和功能匹配起来，将功能和功能关联起来。而数据是管理信息系统的主要原材料，因此必须对数据流程进行专门、详细的调查。对数据流程的调查过程就要收集和分析现行系统中存在的各类计划、单据和报表，对现行系统收集、输入、存储、加工和输出环节等做进一步的研究，为今后的详细设计提供依据。为了确定合理有效的信息处理方式，还应对数据使用的时间要求、现行数据和处理手段以及具体的信息需求进行详细的调查，以便得到完整的信息流程。

### 5. 其他情况调查

除了上述的调查内容外，还要调查了解现行企业系统的物资、资金、设备、建筑平面布置和其他各项资源的情况；调查了解现行系统在人员、资金、设备、处理时间以及处理方式等各方面的限制条件和规定；调查了解现行系统的薄弱环节。调查中最为关心的主要问题是新系统目标的主要组成部分。在调查中，要注意收集用户的各种要求，善于发现问题并找到问题的关键所在。

## 5.2.2 详细调查的方法

对现行系统的调查研究是一项烦琐而艰巨的任务，要求系统分析员在比较短的时间内，全面、准确地获取现行系统的各个方面的资料。为了使调查工作能顺利进行并获得预期成效，需要掌握有关的方法、要领和一定的技巧。在实践中，常用的调查方法具体如下。

### 1. 问卷调查

问卷调查可以用来调查系统普遍性的问题。问卷调查方式是针对所需调查的各项内容，绘制出相应各种形式的图表(问卷)，通过这些图表对企业管理岗位上的工作人员进行全面的需求调查，然后分析整理这些图表，逐步得出需要调查和研究的内容。

采用问卷调查方式进行调查，可以缩短调查时间，应根据所需调查的内容，设计多种调查表。

### 2. 个别访谈

个别访谈是指系统分析员通过口头提问的方式与特定的用户代表进行座谈，进而了解用户的意见。关于某些特殊问题或细节的调查，可对有关的业务人员做专题访问，仔细了解每个步骤、方法等细节。这是最直接的需求获取方法。其主要目的是了解现有的组织架构、业务流程、硬件环境、软件环境、现有的运行系统等真实、客观、全面的信息。

### 3. 跟班作业

通过问卷和访谈方式进行调查之后，要及时整理调查的结果。如果在整理中发现各个不同工作岗位上的调查结果不一致或前后矛盾时，就必须带着问题深入到具体的工作岗位去做实际调查，摸清详细的业务和数据流程以及具体的工作细节，弄清问题之所在，并予以解决。

### 4. 开调查会

开调查会是一种集中征询意见的方法，适合于对系统的定性调查，有助于互相补充大家的见解，以便形成较为完整的意见。

### 5. 查阅资料

每个企业都有大量的资料，如企业制定的与各个部门业务相关的标准和规范、下发的各类文件、各部门的工作总结、工作标准和规章制度、工作计划和统计报表等。这些资料是系统分析员了解现行系统的素材，在详细调查过程中，系统分析员可以通过阅读这些资料了解企业的各个方面。

调查的方法多种多样，可以根据系统调查的具体需要确定调查方法。不管采用何种调查方法，都是以了解清楚企业现状为最终目标的。分析员通过对详细调查的内容进行整理、研究和分析，形成描述现行信息系统的文字材料，并将有关内容绘制成描述现行系统的各种图表，与各级用户进行反复讨论、研究、修改，力求真实准确，以便在短期内对现行信息系统有全面详细的了解。

## 5.3  组织结构与功能分析

组织机构与功能结构的调查分析是系统分析工作中的一个环节，这个环节的工作内容是通过调查了解企业各机构间的内在联系，绘出企业的组织结构图；对机构的职能进行分析，分析各机构设置是否合理，是否真正发挥其应有的职能作用，找出存在的问题；根据基于计算机管理的要求，提出调整机构设置的意见。

### 5.3.1  组织结构图

现行系统中的信息流动是以组织结构为基础的。因为各部门之间存在着各种信息和物质的交换关系，只有理顺了各种组织关系，才能使系统分析工作找到头绪。有了调查问题的突破口，才能使我们按照系统工程的方法自顶向下地进行分析。

组织结构图是对组织机构调查的结果，将在详细调查中得到的关于企业组织的资料进行整理，用图的形式反映企业内部组织各部门之间的隶属关系。组织结构图是用来描述组织的总体结构及组织内部各部分之间的联系，它把企业组织分成若干部分，按级别、分层次构成的，以树型结构显示，是一张反映组织内部之间隶属关系的树状结构图。通常用矩形框表示组织机构，用箭头表示隶属关系。例如，图 5.1 是某企业的行政组织结构图，从图中可见，该企业的组织分为三层：企业领导决策层、业务管理层和业务执行层。企业领导决策层由正副厂长、总工程师、总经济师和总会计师组成，主要职能是决定企业目标、确定经营方针、做出生产经营的具体决策。业务管理层包括计划科、财务科、生产科和销售科等机构，其主要职能是按照经营方针，在规定的职权范围内对各项业务进行管理。业务执行层由车间、班组等生产第一线的组织机构组成，完成日常的生产、业务和调度。

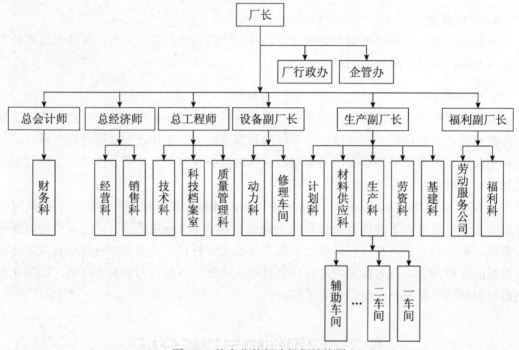

图 5.1　某企业的行政组织结构图

在绘制组织结构图时应注意，与企业生产、经营、管理环境直接关系的部门一定要全面、准确地反映出来，有时候会出现有些部门的名称和实际工作性质存在较大差异的情况，要通过详细的调查搞清楚这些部门与其他部门之间的关系，详细、准确地画出组织结构图。

### 5.3.2　功能结构图

系统都有一个总的目标，为了达到这个目标，必须要完成各子系统的功能，而各子系统功能的完成，又依赖于下面各项更具体功能的执行。系统功能结构调查的任务，就是要了解或确定系统的目标、系统功能的结构以及它们的关系。

功能指的是完成某项工作的能力。每个系统都具有一定的功能，对调查资料进行整理，归纳出企业的部门与业务层次的功能，用树型图的形式描绘出来，就是功能结构图。功能要依靠组织机构来具体实现。因此，在理想情况下，功能和组织应该是一致的。但是由于客观情况的复杂性，在现行系统中，功能结构和组织机构并不能一一对应，这就要求我们在进行调查时要认真分析，加以划分。例如，图 5.2 就是与图 5.1 相对应的功能结构图，这里仅画出了有关生产管理的内容。

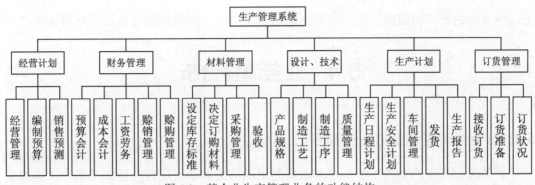

图 5.2 某企业生产管理业务的功能结构

### 5.3.3 组织/业务联系表

组织结构图反映了组织内部的上下级关系，但是对于组织内部各部分之间的联系程度，组织各部分的主要业务职能和它们在业务过程中所承担的工作等却不能反映出来，这将给后续的业务、数据流程分析和过程/数据分析等带来困难。为了弥补这方面的不足，通常增设组织/业务联系表来反映组织各部分在承担业务时的关系，如表 5.1 所示。

通常习惯将组织/业务联系表同组织结构图画在一张图上，以便对照、比较、分析它们之间的各种联系。

运用组织/业务联系表可以对组织/业务进行调整和分析。分析的内容有：

- 现行系统中的组织结构是否合理，不合理的地方在哪里？
- 不合理的部分对组织整体目标的影响有哪些？表现在哪些方面？
- 不合理现象产生的历史原因是什么？
- 哪些部门需要整改？改进措施是什么？
- 对整改涉及的部门和有关人员的利益会产生哪些影响？

表 5.1 某企业的组织/业务联系表

| 序号 | 组织 / 联系程度 / 业务功能 | 计划科 | 总工室 | 技术科 | 生产科 | 供应科 | 设备科 | 销售科 | 质检科 | 人事科 | 研究所 | 仓库 | …… |
|---|---|---|---|---|---|---|---|---|---|---|---|---|---|
| 1 | 计划 | ○ | √ | | △ | △ | △ | △ | | | | △ | |
| 2 | 销售 | | | | | | | ○ | √ | | | △ | |
| 3 | 供应 | √ | | | △ | ○ | | | | | | √ | |
| 4 | 人事 | | | | | | | | | ○ | | | |
| 5 | 生产 | √ | ○ | △ | △ | △ | △ | √ | △ | | | √ | |
| 6 | 设备更新 | | √ | | △ | | ○ | | | | √ | | |
| | …… | | | | | | | | | | | | |

注："○"表示该项业务是对应组织的主要业务(即主持工作的单位)；"△"表示该单位是参加协调该项业务的辅助单位；"√"表示该单位是该项业务的相关单位。

通过组织/业务分析，目的是要找出现行系统中组织结构和功能存在的问题，研究解决这些问题的方法和措施，进一步理顺组织的功能，让组织和信息系统更好地适应。

# 5.4 业务流程分析

## 5.4.1 业务流程调查的任务及方法

业务流程调查的主要任务是在对系统的组织结构和功能进行分析的基础上，调查系统中各环节的业务活动，掌握业务的内容、作用及信息的输入、输出、数据存储和信息的处理方法及过程等，对原系统业务处理过程的有关资料进行整理，用流程图的方式把企业的具体管理活动和业务的处理过程绘制出来。

业务流程调查一般是顺着原系统信息流动的过程逐步地进行，内容包括企业各工作环节的业务活动。由于业务流程调查的工作量很大，而且非常烦琐，因此在系统调查过程中，系统开发人员与用户彼此之间需要进行良好的沟通，保持密切的联系，做耐心细致的工作，才能真正掌握现行系统的业务活动状况。通常用业务流程图(transaction flow diagram，TFD)反映现实的业务活动。

## 5.4.2 业务流程图

业务流程图是业务流程的描述工具，是用规定的符号及连线来表示某个具体业务处理过程。绘制业务流程图是管理信息系统开发过程中分析业务处理过程的重要步骤，业务流程图是按照业务的实际处理步骤和过程进行绘制。

### 1. 业务流程图的符号及含义

业务流程图的画法目前还没有统一的标准，但都大同小异，只是在一些具体的规定和所用的图形符号方面有所不同。不管采用什么标准和什么符号，目的都是为了准确明了地反映业务流程。在同一个系统开发过程中，要采用统一的图形符号和标准来描述系统业务处理的具体方法、规程与过程。图5.3是绘制业务流程图常用的符号。

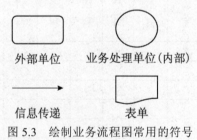

图5.3 绘制业务流程图常用的符号

### 2. 业务流程图的绘制步骤

业务流程图是一种用尽可能少、尽可能简单的方式来描述业务处理过程的方法。由于业务流程图的符号简单明了，使阅读者非常容易阅读和理解企业的业务流程。图5.4是业务流程图的绘制步骤。

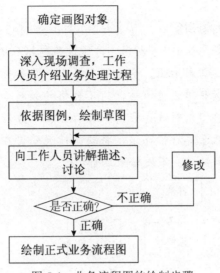

图 5.4　业务流程图的绘制步骤

### 5.4.3　业务流程分析

对业务流程进行分析的目的是发现现行系统中存在的问题和不合理的地方，优化业务处理过程，以便在新系统建设中予以克服或改进。对业务流程进行分析是掌握现行系统状况，确立新系统逻辑模型不可缺少的一个重要环节。

系统中存在问题的原因可能是管理思想和方法落后，也可能是因为在手工状态下或在原系统的技术水平下，业务流程虽不尽合理但只能这么处理。例如，银行在信息化建设之前，银行下属的各储蓄所之间没有联网，储户到储蓄所办理存钱业务，储蓄所给储户开户，办了个存折，那么，这个存折与储蓄所是一一对应的，即储户在哪个储蓄所办的存折，要用这个存折存钱或取钱就只能在那个储蓄所办理。这对储户来说当然很不方便，也很不利于银行开展各种金融服务，但在当时的条件下，业务流程只能这么运行。现在，各商业银行都建设了管理信息系统，不仅银行下属的各储蓄所之间联网，银行与银行之间也联网。储户不管在哪个银行的储蓄所开户，不仅可以在这个银行的各个储蓄所办理业务，还可以享受跨行的服务。可见，计算机信息系统的建设为优化业务流程提供了可能性。在对业务流程进行分析的时候，不仅要找出现行业务流程不合理的地方，还要充分考虑信息系统的建设为业务流程的优化带来的可能性，在对现行业务流程进行认真、细致分析的基础上进行业务流程重组，产生新的更为合理的业务流程。

业务流程分析过程包括以下内容：

首先，对现行流程进行分析。对现行系统业务流程的各处理过程进行分析讨论，看看现行的业务流程是否合理？产生不合理的业务流程的历史原因是什么？

其次，对现行业务流程进行优化。现行业务流程中哪些过程可以按计算机信息处理的要求进行优化，改进措施有哪些，改进会涉及哪些方面，流程的优化可以带来什么好处。

最后，确定新的业务流程。也就是画出新系统的业务流程图。

**案例 5.1** **订货系统的业务流程图**

订货系统的业务流程图,如图 5.5 所示。订货过程包括从填写材料申请表开始,到处理材料出库事务、产生订货需求为止。企业的生产、销售各部门提出材料领用申请,仓库负责人根据用料计划对领料单进行审核,将不合格的领料单退回各部门,仓库保管员收到已批准的领料单后,核实材料库存账,如库存充足,办理领料手续,并变更材料库存账;如变更后的库存量低于库存临界值,将缺货情况登记在缺货账中,并产生订货报表送交有关领导。经领导审批后,下发给采购部。

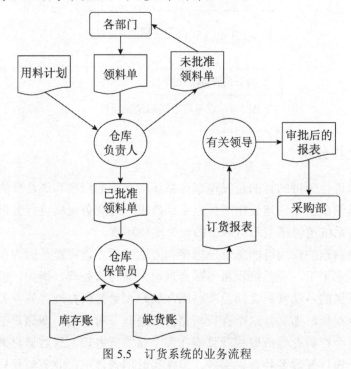

图 5.5 订货系统的业务流程

# 5.5 数据流程分析

业务流程图虽然形象地描述了企业业务活动的过程,但仍然没有摆脱一些物质的因素,在业务流程图里有材料、资金和产品等具体的物质。我们建立基于计算机的管理信息系统,目的是用管理信息系统对企业的信息进行收集、传递、存储、加工、维护和使用。那么,信息在企业中是怎么传递、加工和使用的呢?在系统分析过程中,必须对数据与数据流程进行详细的调查和分析讨论,即舍去组织机构,具体的作业处理,物流、材料、资金等具体背景,把数据在现行系统内部的流动、存储与变换的情况抽象出来,考察实际业务的信息流动模式。

数据流程是指数据在系统中产生、传输、加工处理、使用、存储的过程。数据流程分析主要包括对数据信息的流动、变换、存储等的分析,其目的是尽量地发现数据流动中存在的问题,如数据流程不通畅,前后数据不匹配,数据处理过程不合理等问题,并找出解决方法，优化数据流程。

## 5.5.1　数据的收集与分析

系统数据流程分析的基础是数据或资料的收集和分析。数据收集和数据分析工作没有明显的界线，数据收集常伴随着分析，而数据分析又常需要补充收集数据。

### 1. 数据收集

数据收集实际上在系统调查阶段资料收集时就已经开始了，数据收集工作量很大，故要求系统研制人员应耐心细致地深入实际，协同业务人员收集与系统有关的一切数据。

数据收集的渠道主要有现行的组织机构；现行系统的业务流程；现行的决策方式；各种报表、报告、图示。在收集数据的过程中，应尽量全面地收集企业现行系统的各类数据，收集的资料包括：原系统全部输入单据，如入库单、收据、凭证等；输出报表和数据存储介质，如账本、清单等。在上述各种单据、报表、账本的样品上注明制作单位、报送单位、存放地点、发生频度(如每月制作几张)、发生的高峰时间及发生量等内容，并注明各项数据的类型(如数字型、字符型)、数据的长度、取值范围。还应收集各个处理环节对数据的处理方法和计算方法。

### 2. 数据分析

收集上来的数据是"原材料"，其中有些数据不能用作系统设计的依据，要把这些原材料加工成系统设计可用的资料，就必须进行数据分析工作。数据分析包括以下几个方面。

(1) 围绕系统目标进行分析。先从业务处理角度来看，为了满足正常的信息处理业务，需要哪些信息，哪些信息是冗余的，哪些信息暂缺，有待于进一步收集。

再从管理角度来看，为了满足科学管理的需要，应该分析这些信息的精度如何，能否满足管理的需要；信息的及时性如何，可行的处理区间如何，能否满足对生产过程及时进行处理的需求；对于一些定量化的分析(如预测、控制等)能否提供数据支持等。

(2) 弄清信息源周围的环境。对数据进行分析就必须分清，这些信息是从现存组织结构中哪个部门来的，目前用途为何，受周围哪些环境影响较大(如有的信息受具体统计人员的计算方法影响较大；有的信息受检测手段的影响较大；有的信息受外界条件影响起伏变化较大)，它的上一级(或称层次)信息结构是什么，下一级信息结构是什么，等等。

(3) 围绕现行的业务流程进行分析。分析现有报表的数据是否全面，是否满足管理的需要，是否正确反映业务实物流；分析业务流程，现行的业务流程有哪些弊病，需要做出哪些改进；做出这些改进以后对信息与信息流应该做出什么样的相应改进，对信息的收集、加工、处理有哪些新要求等；根据业务流程分析，确定哪些信息是多余的，哪些是系统内部可以产生的，哪些需要长期保存。

(4) 数据特征分析。数据特征分析是下一步设计工作的准备工作。特征分析包括以下几方面的内容。

- 数据的类型以及长度：是数字型还是字符型，是定长的还是变长的，长度是多少(字节数)，以及有何特殊要求(如精度、正负号)等。
- 合理的取值范围：这对于将来设计校验和审核功能都是十分必要的。

● 数据所属业务：哪些业务要用到这个数据。

● 数据业务量：每天、每周、每月的业务量(包括平均数量、最低的可能值、最高的可能值)，以及要存储的量有多少，要输入、输出的频率有多大。

● 数据重要程度和保密程度：重要程度即对于检验功能的要求有多高，对后备储存的必要性如何。保密程度即是否需要有加密措施，它的读、写、改、看权限如何等。

### 5.5.2 数据流程图

数据流程图(data flow diagram，DFD)是一种能全面地描述系统数据流程的主要工具，它用一组符号来描述整个系统中数据的全貌，综合地反映数据在系统中的流动、处理和存储情况。

数据流程图有两个特征：抽象性和概括性。抽象性指的是数据流程图把具体的组织机构、工作场所、物质流都去掉，只剩下数据和数据存储、流动、使用以及加工情况。概括性则是指数据流程图把系统对各种业务的处理过程联系起来考虑，形成一个总体。

#### 1. 数据流程图的基本符号

1) 外部实体

外部实体定义了系统的边界，用来表示与系统有关的人员或单位，他们向系统提供输入，接收系统产生的输出。如超市管理信息系统中的顾客、供应商都是外部实体。在绘制某一子系统的数据流程图时，凡是本子系统之外的人和单位，都被列为外部实体，如图5.6所示。

图5.6 外部实体的画法

2) 数据流

数据流由一组确定的数据组成。例如"发票"为一个数据流，它由品名、规格、单位、单价、数量等数据组成。数据流用带有名字的具有箭头的线段表示，名字称为数据流名，表示流经的数据，箭头表示流向。数据流可以从加工流向加工，也可以从加工流进、流出文件，还可以从源点流向加工或从加工流向终点，如图5.7所示。

图5.7 数据流的画法

3) 处理逻辑

处理逻辑是对数据进行的操作，它把流入的数据流转换为流出的数据流。在数据流程图中处理逻辑用矩形表示，由于处理逻辑表示对数据的加工处理，因此处理逻辑名称一般都是由动词和宾语表示，动词表示加工处理的动作，宾语表示被加工处理的数据。一张数据流程图中一般有多个处理逻辑，因此要用编号来标示，不同处理逻辑使用不同的编号。在表示处理逻辑的矩形里加一条直线，直线上方标示该处理逻辑的编号，直线下方标示该处理逻辑的名称，如图5.8所示。

图 5.8　处理逻辑的画法

4) 数据存储

数据存储是数据的仓库，用来标示需要暂时存储或长久保存的数据类，表示系统产生的数据存放的地方。数据存储是对数据文件的读写处理，通过数据流与处理逻辑和外部实体发生联系，当数据流的箭头指向数据存储时，表示将数据流的数据写入数据存储，反之，则表示从数据存储读取数据流的数据。数据存储用图 5.9 所示的右边不封口的长方形并在里面加一条竖线来表示，左边标示数据存储的编号，右边标示数据存储的名称。

图 5.9　数据存储的画法

### 2. 数据流程图的绘制

1) 绘制数据流程图的原则

一般遵循"由外向里"的原则，即先确定系统的边界或范围，再考虑系统的内部，先画加工的输入和输出，再画加工的内部。具体流程如下：

(1) 识别系统的输入和输出；

(2) 从输入端至输出端画数据流和加工，并同时加上数据存储；

(3) 加工的分解"由外向里"进行分解；

(4) 数据流的命名要确切，能反映整体；

(5) 各种符号布置要合理，分布均匀，尽量避免交叉线；

(6) 先考虑稳定态，后考虑瞬间态。如系统启动后先考虑在正常工作状态，稍后再考虑系统的启动和终止状态。

2) 绘制数据流程图的基本步骤

(1) 识别系统的输入和输出，画出顶层图。即确定系统的边界。在系统分析初期，系统的功能需求等还不是很明确，为了防止遗漏，不妨先将范围定得大一些。系统边界确定后，那么越过边界的数据流就是系统的输入或输出，将输入与输出用加工符号连接起来，并加上输入数据来源和输出数据去向就形成了顶层图。

(2) 画系统内部的数据流、加工与文件，画出一级细化图。从系统输入端到输出端(或反之)，逐步用数据流和加工连接起来，当数据流的结构或值发生变化时，就在该处画一个"加工"符号。画数据流图时还应同时画上数据存储，以反映各种数据的存储处，并表明数据流是流入还是流出文件。最后，再次检查系统的边界，补上遗漏但有用的输入输出数据流，删去那些没被系统使用的数据流。

(3) 加工的进一步分解，画出二级细化图。同样运用"由外向里"方式对每个加工进行分析,如果在该加工内部还有数据流,则可将该加工分成若干个子加工,并用一些数据流把子加工连接起来,即可画出二级细化图。二级细化图可在一级细化图的基础上画出,也可单独画出该加工的二级细化图,二级细化图也称为该加工的子图。

(4) 其他注意事项。①一般应先给数据流命名,再根据输入/输出数据流名的含义为加工命名。名字含义要确切,要能反映相应的整体。若碰到难以命名的情况,则很可能是分解不恰当造成的,应考虑重新分解。②从左至右画数据流程图。通常左侧、右侧分别是数据源和终点,中间是一系列加工和文件。正式的数据流程图应尽量避免线条交叉,必要时可用重复的数据源、终点和文件符号。此外,数据流程图中各种符号布置要合理,分布应均匀。

当画出分层数据流程图,并为数据流程图中各个成分编写词典条目或加工说明后,就获得了目标系统的初步逻辑模型。

## 案例5.2 订货系统的数据流程图

以"订货系统"为例介绍数据流程图的绘制方法。数据流程图实质上是对业务流程图进行分析的结果,当考虑运用信息系统来完成订货业务的处理时,要从现行业务中抽取能够由计算机完成的那一部分业务活动,根据计算机特点进行分析。假设仓库保管员通过仓库的计算机接收领料单,报告给订货系统,如图5.10所示。各部门填写材料申请表的审核工作并不在系统中记录,因此不必在数据流程图中体现出来。另外,领导对订货报表的审批过程在信息系统中也不能实现,所以在数据流程图中也不反映出来。具体绘制过程如下。

(1) 考虑数据的源点和终点,确定系统的边界。从上面对订货业务的描述可以知道,采购部每天需要一张订货报表,仓库保管员通过终端把领料需求报告给订货系统。所以,采购员是数据的终点,而仓库保管员是数据的源点。

(2) 考虑处理。问题给出"采购部需要报表",因此必须有一个用于产生报表的处理。领料单处理后改变材料库存量,然而任何改变数据的操作都是处理,因此对领料单进行的加工是另一个处理。

(3) 考虑数据流。系统把订货报表送给采购部,因此订货报表是一个数据流;领料单需要送到系统中,显然领料单是另一个数据流。

(4) 考虑数据存储。从问题的阐述中,可以看出产生报表和处理领料单这两个处理在时间上明显不匹配,每当有一张领料单发生时就必须立即处理,而每天只产生一次订货报表。因此,用来产生订货报表的数据必须存放一段时间,也就是应该有一个数据存储。另外,"当某种材料的库存数量少于库存量临界值时就应该再次订货",这个事实意味着必须在某个地方有材料库存量和库存量临界值这样的数据。因此,需要有一个保存清单的数据存储。

一旦把数据流程图中的4种成分都分离出来之后,就可着手绘制系统的数据流程图了。数据流程图的绘制也是采用"由外向里""自顶向下"的方法,由粗到细,逐层细化,最后形成一套完整的拟建系统的数据流程图,如图5.10所示。

(a) 订货系统的顶层数据流程图

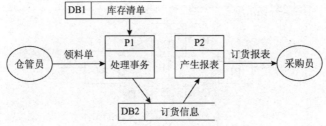

(b) 订货系统的第一层数据流程图

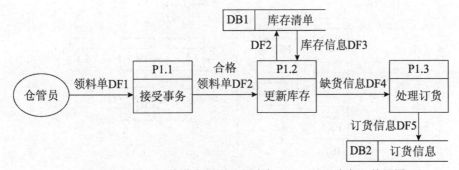

(c) 订货系统的第二层数据流程图(b 图中加工 1 "处理事务" 的子图)

图 5.10　系统的数据流程

3) 画分层数据流程图时应注意的问题

下面从几个方面讨论画分层数据流程图时应注意的问题。

(1) 合理编号。分层数据流程图的顶层是第一层的父图，而第一层既是顶层图的子图，又是第二层图的父图，以此类推。由于父图中有的加工可能就是功能单元，不能再分解，因此父图拥有的子图数少于或等于父图中的加工个数。

为了便于管理，应按下列规则为数据流程图中的加工编号：顶层图可不编号，从第一层图开始，子图中的编号为父图号和子加工的编号组成；子图的父图号就是父图中相应加工的编号。

(2) 注意子图与父图的平衡。子图与父图的数据流必须平衡，这是分层数据流的重要性质。这里的平衡指的是子图的输入、输出数据流必须与父图中对应加工的输入、输出数据流相同。但下列两种情况是允许的，一种是子图的输入/输出流比父图中相应加工的输入/输出流表达得更细；另一种是考虑平衡时，可以忽略枝节性的数据流。

## 案例 5.3　父子图平衡原则的应用

图 5.11(a)父图中，加工 3 有一个输入数据流，有两个输出数据流。图 5.11(b)子图中，加工 3 有一个外部输入数据流，两个对外输出流，这说明父图与子图是平衡的。在图 5.11(c)中，子图与父图中的加工 4 相比，增加了外部输入数据流 K 及对外输出数据流 L，父图

子图不平衡，加工 4 分解的子图是错误的。

父图数据流分解后是否无损，要根据对数据流的定义来判断。如图 5.11(d)所示，如果在父图 3 号加工的输入数据流"考生信息"是由考生姓名、准考证号、考试成绩、通信地址组成的，则两者是平衡的，否则是不平衡的。

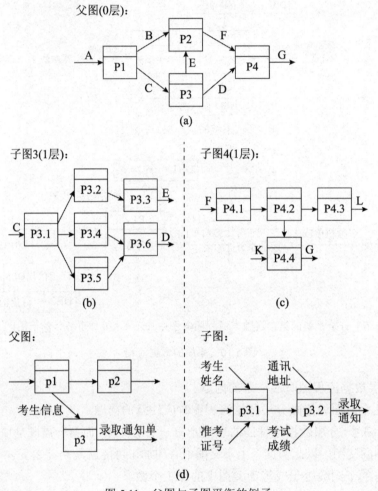

图 5.11　父图与子图平衡的例子

(3) 分解的程度。对于规模较大的系统的分层数据流程图，如果一下子把加工直接分解成基本加工单元，一张图上画出过多的加工将使人难以理解，也增加了分解的复杂性。然而，如果每次分解产生的子加工太少，会使分解层次过多而增加做图的工作量，阅读也不方便。经验表明，一般说来一个加工每次分解量最多不要超过 7 个为宜。同时，分解时应遵循以下原则：

- 分解应自然，概念上要合理、清晰。
- 上层可分解得快些(即分解成的子加工个数多些)，这是因为上层是综合性描述，对可读性得影响小，而下层应分解得慢些。
- 在不影响可读性的前提下，应适当地多分解成几部分，以减少分解层数。
- 一般来说，当加工只有单一输入/输出数据流时(出错处理不包括在内)，就应停止对该加工的分解。例如，图 5.10(b)中的加工 2 "产生报表"。另外，对数据流程图中不再做分解的加工(即功能单元)，必须做出详细的加工说明，并且每个加工说明的编号必须与功能单元的编号一致。

### 5.5.3　数据字典

数据流程图用形象直观、容易理解的简单符号表示了相关的系统用 "什么数据" 去 "做什么"，概括了系统中数据的流动、存储与变换的过程。但许多具体细节无法在图上表示清楚，数据流程图并没有表明数据的具体内容，这就产生了一个问题，不同的人员对同一数据的理解是否相同？因此，有必要对数据流程图的所有数据建立一个共同的词汇表来表述这些数据的名称和组成，这就是数据字典(data dictionary)。数据字典是在数据流程图的基础上，对数据流程图中的各个元素进行详细的定义与描述，起到对数据流程图进行补充说明的作用。数据流程图是系统的大框架，而数据字典以及下面将要介绍的加工说明则是对数据流程图中每个成分的精确描述，它们有着密切的联系，必须结合使用。

数据字典的内容包括：数据项、数据结构、数据流、数据存储、处理逻辑和外部实体。下面分别讨论各条目的描述方法。

#### 1. 数据项

数据项也称数据元素，是最基本的数据组成单位，也就是不能再分解的数据单位，如学号、姓名等。表 5.2 是数据项描述的一个实例。

由于系统的数据项个数很多，因此必须给予每个数据项一个唯一的编号。数据项的名称是数据项的标识，它的命名应该符合管理业务的要求，最好采用相关的术语，而且能唯一地标识一个数据项。在实际工作中，对于公共的数据项，不同的业务部门或不同的场合可能有多种叫法，对这些不同的叫法，都应该列入到别名中。数据项的简述是对相关数据的进一步解释。数据项的长度需要按最大可能的值来确定，取值是指数据项的取值范围。

表 5.2　数据项描述实例

| |
| --- |
| 数据项编号：DI0001 |
| 数据项名称：学号 |
| 简　　　述：学籍信息管理系统中的学生编号 |
| 别　　　名：学生编码 |
| 类　　　型：char |
| 长　　　度：8 |
| 取值 /含义：aabbcddd，aa-入学年度，bb-学院编号，c-系号，ddd-流水号 |
| 编写：胡杨　日期：2017.07.28　　　　审核：纪宇　日期：2017.07.29 |

#### 2. 数据结构

数据项是不能分解的数据，而数据结构是可以进一步分解的数据包。数据结构是由两个或者两个以上相互关联的数据项或者其他数据结构组成的。一个数据结构可以由若干个数据项组成，也可以由若干个数据结构组成，还可以由若干个数据项和数据结构组成。例如，教师情况是由教师代码、教师名称、地址、电话、电子邮件等数据项组成的数据结构，企业用户订单的数据结构是由订单标识、用户情况和配件情况三个数据结构组成的数据结构，其中订单标识由订单编号和日期两个数据项组成，用户情况由用户代码、用户名称、用户地址、用户姓名、电话、开户银行和账号等数据项组成，配件情况由配件代码、配件名称、配件规格和订货数量等数据项组成。表 5.3 是数据结构描述的一个实例。数据结构编号必须唯一地标识一个数据结构，数据结构的名称以相关管理工作的术语命名，不同的数据结构应采用不同的名称。对于只有数据项组成的数据结构，直接列出所包含的数据项，并在其后用中括号注明此数据项的类型和长度；对于包含了数据结构的数据结构，则只需列出所包含数据结构的名称或编号。凡是用到的数据结构，在数据字典中都应该给予描述。

表 5.3　数据结构描述实例

数据结构编号：DS0001

数据结构名称：学生基本信息

简述：描述学生固有的属性

别名：学生情况

数据结构组成：DI0001+姓名(char/8)+性别(logic/1)+出生日期(date/8)+民族(char/8)+家庭地址(char/28)

有关的数据流或数据结构：DF0003，DS0005

有关的处理逻辑：P0002，P0005

编写：胡杨　日期：2017.07.28　　　　审核：纪宇　　日期：2017.07.29

### 3. 数据流

数据流是数据结构在系统内传输的路径。数据流的组成可以是一个已定义的数据结构，也可以由若干数据项和数据结构组成。如果是已定义的数据结构，可以直接在描述栏写上该数据结构的编号和名称；如果是由若干数据项和数据结构组成，则必须按数据结构组成的描述方式来描述该数据流的组成。表 5.4 是数据流描述的一个实例。数据流来源说明该数据流来自哪个过程，数据流去向说明该数据流将流向哪个过程。数据流量是指该数据流在单位时间内(每天、每周、每月、每年)的传出次数，它是反映系统运行状态的一个重要参数，高峰期及流量是指在产生该数据流高峰时期的时间和流量。

表 5.4　数据流描述实例

数据流编号：DF0001

数据流名称：新生登记表

简述：描述入学新生的基本信息

数据流来源：学生

数据流去向：建立档案

数据流组成：DS0001+学生简历

数据流量：6000 张/年

高峰期及流量：1000 张/2 月，5000 张 /9 月

编写：胡杨　日期：2017.07.28　　　　审核：纪宇　　日期：2017.07.29

#### 4. 数据存储

数据存储是数据结构停留或保存的地方，也是数据流的来源和去向之一。在数据字典中，只描述数据存储的逻辑结构，而不涉及它的物理结构。表5.5是数据存储描述的实例。

数据存储的编号和名称应具有唯一性，且与数据流程图中表示的编号和名称是一致的，在不同数据流程图中出现的同一数据存储应该标识相同的编号和名称。其中，关键词标识是唯一确定一条记录的数据项。

**表5.5　数据存储描述实例**

数据存储编号：DB0001
数据存储名称：学习成绩表
简述：描述学生各科学习成绩
别名：成绩一览表
组成：班级+科目编号+科目名称+考试时间+DI0001+姓名+成绩
关键词：科目编号/DI0001
记录长度：98B
记录数：60 000 条
容量：5 880kB
有关的处理逻辑：P0001

编写：胡杨　日期：2017.07.28　　　　审核：纪宇　日期：2017.07.29

#### 5. 外部实体

外部实体是数据的来源和去向，外部实体主要说明外部实体产生的数据流、接收到的数据流以及该外部实体的数量。在学籍管理系统中，学生、家长、教师、教务处、学生处和用人单位等都是外部实体。外部实体定义包括外部实体编号、外部实体名称、简述、输入数据流和输出数据流等。表5.6是外部实体描述的实例。

外部实体编号和外部实体名称是唯一的，且与数据流程图中外部实体标识的编号和名称是一致的。输入数据流是指外部实体发出的信息，输出数据流是指外部实体获得的信息。

**表5.6　外部实体描述实例**

外部实体编号：E0001
外部实体名称：学生
简述：在学校接受教育的对象
输入数据流：新生名单
输出数据流：成绩单

编写：胡杨　日期：2017.07.28　　　　审核：纪宇　日期：2017.07.29

#### 6. 处理逻辑

处理逻辑描述数据流程图中数据的基本处理过程，比较复杂，在数据字典中仅对数据流程图中最底层的处理逻辑加以说明。例如，销售公司用信誉度来确定是否接受用户的赊账订单，用订货的数量来确定给用户的优惠折扣；学校用学生平时作业成绩、出勤率、实验成绩和期末试卷成绩的权重来确定学生的期末成绩。表5.7是描述处理逻辑的实例。

**表 5.7 处理逻辑描述实例**

处理逻辑编号：P0001

处理逻辑名称：计算学生成绩

层次号：P4.2

简述：依据学生平时作业成绩、出勤率、实验成绩和期末试卷成绩所占的权重计算学生成绩

输入数据流：平时作业成绩单、考勤表、实验成绩单、期末试卷成绩单

输出数据流：成绩单

处理：平时作业成绩占15%，出勤率占5%，实验成绩占10%，期末试卷成绩占70%

处理过程：

根据平时作业的次数、成绩和考勤的次数确定平时作业成绩和出勤率的成绩；

根据平时实验次数和每次的成绩确定实验成绩；

根据试卷确定试卷成绩。

计算公式：

学生成绩=平时作业成绩×15%+出勤率的成绩×5%+实验成绩×10%+期末试卷成绩×70%；

按学生成绩的计算公式计算每一位学生的成绩，填写学生成绩单。

编写：胡杨　　日期：2017.07.28　　　　审核：纪宇　　日期：2017.07.29

处理逻辑编号和处理逻辑名称应与数据流程图中的编号和名称保持一致，处理是对处理逻辑的功能进行概括性的描述。

## 案例5.4 订货系统的数据字典

前面我们已画出订货系统的数据流程图，如图5.10(c)所示，对数据流程图中的每一个元素进行详细的定义与描述如下。

### 1. 数据文件(存储)条目

| 编号 | 名 称 | 流入数据流 | 流出数据流 | 组 成 | 组织形式 |
|------|-------|-----------|-----------|-------|---------|
| DB1 | 库存清单文件 | DF2 | DF3 | 材料编号、材料名称、单价、数量 | 按材料类别排序 |
| DB2 | 订货信息文件 | DF5 | DF6 | 时间、材料编号、材料名称、订货数量、目前价格、主要供应者、次要供应者 | 按时间和材料类别排序 |

### 2. 数据流条目

| 编号 | 名 称 | 来 源 | 去 处 | 组 成 | 流 量 | 说 明 |
|------|-------|-------|-------|-------|-------|-------|
| DF1 | 领料单 | 仓管员 | 接收事务 | 日期、材料编号、材料名称、单价、数量 | 每天60份 | |

(续表)

| 编号 | 名 称 | 来 源 | 去 处 | 组 成 | 流 量 | 说 明 |
|---|---|---|---|---|---|---|
| DF2 | 合格领料单 | 接收事务 | 更新库存 | 日期、材料编号、材料名称、单价、数量 | 每天60份 | |
| DF3 | 库存信息 | 更新库存 | 库存清单 | 材料编号、材料名称、单价、数量 | | 处理与库存双向流动 |
| DF4 | 缺货信息 | 更新库存 | 处理订货 | 日期、材料编号、材料名称、单价、库存数量 | | 低于库存临界的库存数量 |
| DF5 | 订货信息 | 处理订货 | 订货信息文件 | 时间、材料编号、材料名称、订货数量、目前价格、主要供应者、次要供应者 | | |
| DF6 | 订货汇总信息 | 订货信息文件 | 产生报表 | 时间、材料编号、材料名称、订货数量、目前价格、主要供应者、次要供应者 | | |
| DF7 | 订货报表 | 产生报表 | 采购部 | 时间、材料编号、材料名称、订货数量、目前价格、主要供应者、次要供应者 | 每天1份 | |

### 3. 数据项条目

| 编 号 | 名 称 | 数据类型 | 长 度 | 小 数 位 | 取值范围 | 说 明 |
|---|---|---|---|---|---|---|
| DI01 | 日期 | D | 08 | | | |
| DI02 | 材料编号 | C | 04 | | 0000~9999 | |
| DI03 | 材料名称 | C | 20 | | | |
| DI04 | 单价 | N | 08 | 03 | | |
| DI05 | 库存数量 | N | 08 | 02 | | |
| DI06 | 订货数量 | N | 08 | 02 | | |
| DI07 | 目前价格 | N | 08 | 03 | | |
| DI08 | 主要供应者 | C | 20 | | | |
| DI09 | 次要供应者 | C | 20 | | | |

### 4. 数据处理条目

| 编号 | 名 称 | 输 入 | 处理逻辑 | 输 出 |
|---|---|---|---|---|
| P1.1 | 接收事务 | 领料单 | 提供一个领料单的录入界面 | 合格领料单 |
| P1.2 | 更新库存 | 合格领料单 | 库存量=现库存量 - 领料量；若库存量<库存临界量，则产生缺货信息 | 领料信息<br>缺货信息 |
| P1.3 | 处理订货 | 缺货信息 | 根据缺货信息处理订货 | 订货信息 |
| P2 | 产生报表 | 订货汇总信息 | 根据处理订货的请求，生成订货报表，并打印 | 订货报表 |

### 5. 外部实体条目

| 编　号 | 名　称 | 简　述 | 输入数据流 | 输出数据流 |
|---|---|---|---|---|
| E01 | 仓管员 | 对材料的领用进行登记 | 领料单 | 无 |
| E02 | 采购部 | 根据订货报表进行订货 | 无 | 订货报表 |

## 5.5.4　描述处理逻辑的工具

数据流程图中的处理逻辑有的比较简单，有的则比较复杂。对于比较简单的处理逻辑，有数据字典中的处理逻辑描述就很清楚了；但对于比较复杂的处理逻辑，用文字描述就存在着不足之处，如文字描述内容过长，不容易一目了然地看清楚所叙述的内容；有时语义比较含糊，容易造成理解的二义性。处理逻辑的描述关系到程序员是否能准确地利用计算机程序来实现处理过程，其描述是否准确、容易理解是至关重要的。因此，对于比较复杂的处理逻辑有必要运用一些描述处理逻辑的工具来进行更为详细、易懂的说明。

常用的描述处理逻辑的工具有判断树、判断表和结构化语言等方法，这些描述处理逻辑的工具又称为加工说明和处理逻辑小说明。下面对这三种方法进行介绍。

### 1. 判断树

判断树也称决策树，是采用树型结构来表示处理逻辑的一种方法。判断树是用来描述在一组不同的条件下，决策的行动是根据不同条件来选择的处理过程。判断树是一种图形，从图形上可以一目了然地看清用户的业务在什么条件下应采取什么样的处理方式，一个树枝代表一组条件的组合和相对应的一种处理方式。

例如，某企业对不同交易额、不同信誉的新老客户采取不同的优惠待遇，具体销售策略为：每年的交易额小于等于 5 万元的客户不给优惠；每年的交易额大于 5 万元的客户，如无欠款，给 15% 的折扣率；如有欠款，还应考虑客户与本企业的交易时间，交易时间大于 20 年，折扣率为 10%，交易时间小于等于 20 年，折扣率为 5%。那么，该企业的客户订货优惠处理判断树如图 5.12 所示。

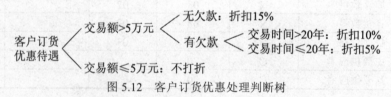

图 5.12　客户订货优惠处理判断树

图中的三个分叉分别表示了三个条件。第一分叉表示交易额，第二分叉表示顾客的信誉，第三分叉表示交易时间。客户订货优惠待遇判断树清楚地显示了企业销售部门根据顾客的不同情况采取的不同优惠措施，简洁地描述了销售人员在计算顾客订货金额时的判断和决策过程。判断树的优点是直观清晰，易于检查和修改，寓意明确，没有二义性，但是对于复杂的条件组合关系的表达不太适合。复杂的条件组合关系的表达可以用判断表来解决。

### 2. 判断表

如果判断树的条件较多，各个条件又相互组合，相应的决策比较多，在这种情况下用判断树就比较复杂，可以考虑用判断表。判断表也称决策表，可在复杂的情况下，用二维表格直观地表达具体条件、决策规则和应当采取的行动策略之间的逻辑关系。判断表的内容由条件说明、行动说明、条件组合和行动选择构成，用"Y"表示条件满足，用"N"表示条件不满足，用"#"或"√"等符号表示采取的行动。

上述示例中企业的判断表，如表 5.8 所示。

表5.8　客户优惠待遇判断表

| 条件和行动 | | 1 | 2 | 3 | 4 | 5 | 6 | 7 | 8 |
|---|---|---|---|---|---|---|---|---|---|
| 条<br>件 | 交易额>5 万 | Y | Y | Y | Y | N | N | N | N |
| | 无欠款 | Y | Y | N | N | Y | Y | N | N |
| | 与本公司交易时间>20 年 | Y | N | Y | N | Y | N | Y | N |
| 行<br><br>动 | 折扣率 15% | √ | √ | | | | | | |
| | 折扣率 10% | | | √ | | | | | |
| | 折扣率 5% | | | | √ | | | | |
| | 无折扣 | | | | | √ | √ | √ | √ |

从上面的判断表可以看出，有些条件的组合有相同的行动，有的条件组合则没有实际意义。对于那些有相同行动的条件组合，可以采取合并的方式；对于没有意义的条件组合则采取删除的方式，达到优化判断表的目的。因此，在原判断表的基础上，要进行一系列的整理和综合分析工作，最后得到简单明了、具有实际意义的判断表。表 5.9 是优化后的判断表，表中的"—"的意思既可以是"Y"，也可以是"N"，表示与相应的条件无关。

表5.9　优化后的判断表

| 条件和行动 | | 1 | 2 | 3 | 4 |
|---|---|---|---|---|---|
| 条件<br>组合 | 交易额>5 万元 | Y | Y | Y | N |
| | 无欠款 | Y | N | N | — |
| | 与本公司交易时间>20 年 | — | Y | N | — |
| 行<br><br>动 | 折扣率 15% | √ | | | |
| | 折扣率 10% | | √ | | |
| | 折扣率 5% | | | √ | |
| | 无折扣 | | | | √ |

### 3. 结构化语言

结构化语言是一种介于自然语言和计算机程序设计语言之间的一种语言，没有严格的语法，采用很简单的词汇来表述处理逻辑，既可以用英语表达，也可以用汉语表达。它像根据结构化程序设计的思想，采用顺序结构、选择结构和循环结构三种基本逻辑结构来描述处理逻辑。

1) 顺序结构

顺序结构是按出现的先后顺序执行的一种结构。顺序结构是由一个个的祈使句构成的，每一个祈使句至少要有一个动词，表明要执行的动作，还至少应有一个名词作为宾语，表示动作的对象。祈使句必须尽量简短、清楚和易懂，构造祈使句时，应该注意使用的动词要能够准确地表达相应的动作，所用的宾语应该准确地表示动作的对象，不要使用形容词和副词。

如"工资计算"处理逻辑，可用表 5.10 描述。

**表 5.10　"工资计算"处理逻辑**

| |
| --- |
| 输入职工号 |
| 读基本工资文件 |
| 读考勤表文件 |
| 读扣款文件 |
| 计算应付工资 |
| 计算代扣工资 |
| 计算实发工资 |

2) 选择结构

处理逻辑在对数据的加工中，常常要按不同的条件状况分别执行不同的处理功能，这种情况通常采用选择结构来描述。前文示例中的客户优惠待遇，可用表 5.11 描述。

**表 5.11　"客户优惠待遇"处理逻辑**

| |
| --- |
| IF　每年交易额 > 5 万元 |
| 　THEN　IF　无欠款 |
| 　　　　　　THEN　折扣率=15% |
| 　　　　　ELSE　IF　与本公司交易>20 年 |
| 　　　　　　　　THEN 折扣率=10% |
| 　　　　　　　　ELSE 折扣率=5% |
| ELSE　无折扣 |

3) 循环结构

循环结构是指在某种情况下，反复执行某一相同处理功能的一种结构。例如，在"学生成绩处理"中，需要将某个班级全部学生的某一门成绩输入并保存，这就需要循环语句。表 5.12 是对"学生成绩管理"处理逻辑的描述。

**表 5.12　"学生成绩管理"处理逻辑**

| |
| --- |
| 对每个学生循环处理 |
| 输入学生学号 |
| 输入课程编号 |
| 在"学生选课"数据存储中查找该生记录 |
| 如果找到 |
| 则输入成绩 |
| 将学生成绩存入成绩档案中 |
| 直到全部学生的成绩处理完毕 |

#### 4. 几种表达工具的比较

以上介绍的三种用于描述加工说明的工具各自具有不同的优点和不足，它们之间的比较，如表 5.13 所示。通过比较可以看出它们的适用范围。

表 5.13　几种表达工具的比较

| 比 较 指 标 | 判 断 树 | 判 断 表 | 结构化语言 |
| --- | --- | --- | --- |
| 逻辑检查 | 一般 | 很好 | 好 |
| 表示逻辑结构 | 很好(仅是决策方面) | 一般(仅是决策方面) | 好(所有方面) |
| 使用方便性 | 很好 | 一般 | 一般 |
| 用户检查 | 好 | 不好 | 不好 |
| 程序说明 | 一般 | 很好 | 很好 |
| 机器可读性 | 不好 | 很好 | 很好 |
| 机器可编辑性 | 不好 | 很好 | 一般(要求句法) |
| 可变性 | 一般 | 不好(除简单组合变化) | 好 |

从表 5.13 中我们可得出如下的结论：结构化语言最适用于涉及具有判断或循环动作组合顺序的问题；判断树较适用于含有 5~6 个条件的复杂组合，条件组合过于庞大则将造成不便；判断表适用于行动在 10~15 之间的一般复杂程度的决策，必要时可将判断树上的规则转换成判断表，以便于用户使用；判断表和判断树也可用于系统开发的其他阶段，并被广泛地应用于其他学科。

# 5.6　建立新系统的逻辑模型

通过系统调查，对现行系统的业务流程、数据流程、处理逻辑等进行深入的分析，并对原有系统进行了大量的分析和优化，这个分析和优化的结果就是新系统拟采用的信息处理方案。因而对原系统分析之后就应该提出系统的建设方案，即建立新系统的逻辑模型。建立逻辑模型是系统分析中重要的任务之一，它是系统分析阶段的重要成果，也是下一个阶段工作的主要依据。

新系统的逻辑模型主要包括新系统的目标、新系统的业务处理流程、数据处理流程、新系统的总体功能结构及子系统的划分和功能结构等，是系统分析阶段系统分析结果的综合体现。

## 5.6.1　确定系统目标

系统目标是指达到系统目的所要完成的具体事项。在对现行系统做详细调查的基础上，根据详细调查结果对系统规划报告中提出的系统目标进行再次考查，对项目的可行性和必要性进行重新考量，并根据对系统建设的环境和条件的调查修正系统目标，使系统目标适应组织的管理需求和战略目标。系统目标主要包括：系统功能目标、系统技术目标和系统经济目标。

### 1. 系统功能目标

系统功能目标是指系统所能处理的特定业务和处理这些业务的质量。管理信息系统为管理者提供信息的数量和质量，管理者对管理信息系统所提供信息的满意程度，有了管理信息系统后能为管理者提供哪些原来所无法提供的便利等都是衡量系统功能目标的依据。

### 2. 系统技术目标

系统技术目标是指系统应具有的技术性能和应达到的技术水平。常用的衡量技术的指标有运行效率、响应速度、吞吐量、可靠性、灵活性、可维护性、审核能力、操作使用方便性等。

### 3. 系统经济目标

系统经济目标是指系统开发的预期投资费用和预期经济效益。预期投资费用可分别从研制阶段和运行维护投资两方面进行估算。预期经济效益则应从直接经济效益和间接经济效益两方面进行预测。直接经济效益可以用货币额来度量，间接经济效益不容易量化，主要从提高管理水平、优化管理方法、提高客户的满意度等方面考虑。

## 5.6.2 确定新系统的业务流程

新系统的业务流程不仅是对企业业务过程进行描述，还是企业业务过程的重组与优化的过程。在业务流程分析的过程中，已经对原系统的业务流程进行了分析与优化，在确定新系统的逻辑模型时，还应再次分析讨论。

确定新系统业务流程的具体内容包括：

(1) 对企业的业务流程进行分析讨论，找出业务流程中仍不合理的地方；

(2) 对业务流程中不合理的过程进行优化，分析优化后将带来的益处；

(3) 确定新系统的业务流程。

## 5.6.3 确定新系统的数据和数据流程

新系统的数据流程图是系统"做什么"的逻辑基础，在数据流程分析的过程中，已经对原系统的数据流程进行了分析与优化，在确定新系统的逻辑模型时，还应再次分析讨论。

确定新系统的数据和数据流程，其具体内容包括：

(1) 与用户讨论数据指标体系是否全面合理，数据精度是否满足要求等有关内容，确认最终的数据指标体系和数据字典；

(2) 对数据流程进行分析讨论，找出数据流程中仍不合理的地方；

(3) 对数据流程中不合理的过程进行优化，分析优化后将带来的益处；

(4) 确定新系统的数据流程。

## 5.6.4 确定新系统的功能模型

确定新系统的功能模型就是对新系统进行子系统的划分。在进行组织结构与功能分析时，对系统必须具有的功能做了详细的调查和分析，通过对子系统的划分，建立了系统的功能模型。在确定新系统逻辑模型时，必须再次进行分析讨论，最后确定新系统总的功能模型。对于大系统来说，划分子系统的工作通常在系统规划阶段进行，常用的工具是 U/C 矩阵。

## 5.6.5　确定新系统的数据资源分布

在系统功能分析和子系统划分之后，应该确定数据资源在新系统中的存放位置，即哪些数据资源存储在本系统的内部设备上，哪些是存储在网络或主机上的。

## 5.6.6　确定新系统中的管理模型

管理模型是系统在每个具体管理环节上所采用的管理方法的抽象，在计算机技术支持下，一些较复杂的现代管理方法的应用具有了实现的可能。系统分析中要根据数据流程图对每个处理过程进行认真分析，研究每个管理过程的信息处理特点，找出相适应的管理模型。

常用的管理模型，如表 5.14 所示。

表 5.14　常用的管理模型

| 模 型 大 类 | 模 型 小 类 | 模 型 作 用 | 常 用 模 型 |
|---|---|---|---|
| 综合计划模型 | 综合发展模型 | 这是企业的近期发展目标模型，包括盈利指标、生产规模等 | 企业中长期计划模型、目标分解模型、新产品开发和生产结构调整模型、中期计划滚动模型 |
| | 资源限制模型 | 反映了企业各种资源对企业发展模型的制约 | 数学规划模型、资源分配限制模型 |
| 生产计划管理模型 | 生产计划大纲模型 | 主要安排与综合生产计划有关的生产指标 | 优化生产计划模型、物料需求计划模型、能力需求计划模型、投入产出模型 |
| | 作业计划模型 | 具体安排了生产产品数量、加工路线、加工进度、材料供应、能力平衡等 | 投入产出矩阵、网络计划模型、关键路径模型、排序模型、物料需求模型、设备能力平衡模型 |
| 库存管理模型 | 库存管理模型 | 用于安排库存数量 | 库存物资分类法、库存管理模型、最佳经济批量模型 |
| 财务成本管理模型 | 成本核算模型 | 包括直接生产过程的消耗计算和间接费用的分配 | 品种法、分步法、逐步结转法、平行结转法、定额差异法等 |
| | | | 完全成本法和变动成本法 |
| | 成本预测模型 | | 数量经济模型、投入产出模型、回归分析模型 |
| | 成本分析模型 | | 实际成本与定额成本比较模型、本期成本与历史同期可比成本比较模型、产品成本与计划指标比较模型、产品成本差额管理模型、量本利分析模型 |
| 统计分析与预测模型 | 统计分析与预测模型 | 一般用来反映销售、市场、质量、财务状况等的变化情况及未来发展的趋势 | 多元回归预测模型、时间序列预测模型、普通类比外推模型 |

# 5.7 系统分析报告

系统分析阶段的成果就是系统分析报告，它反映了这一阶段调查分析的全部情况，是下一步设计与实现系统的基础。系统分析报告不仅能够展示系统调查的结果，而且还能反映系统分析的结果——新系统逻辑方案。经过上述过程，我们已经完成了建立新系统逻辑模型的任务，即已经完成了整个系统分析阶段的工作。作为该阶段的一个工作成果，应提交一份完整的系统分析说明书。

系统分析报告形成后，必须组织各方面的人员，即组织的领导、管理人员、专业技术人员、系统分析人员等一起对已经形成的逻辑方案进行论证，尽可能地发现其中的问题、误解和疏漏。对于问题、疏漏要及时纠正，对于有争论的问题要重新核实当初的原始调查资料或进一步地深入调查研究，对于重大的问题甚至可能需要调整或修改系统目标，重新进行系统分析。

系统分析报告一经确认由用户认可接受后，就成为具有约束力的指导性文件，成为下一阶段系统设计工作的依据和今后验收目标系统的检验标准。

系统分析报告一般包括以下几个方面。

## 1. 系统概述

系统概述主要对组织的基本情况进行简单介绍，包括组织的结构，组织的工作过程和性质，外部环境，与其他单位之间的物质、信息交换关系以及新系统的目标、主要功能、背景等。

## 2. 现行系统状况

现行系统状况主要介绍详细调查的结果，包括以下两方面。

(1) 现行系统现状调查说明：通过现行系统的组织/业务联系表、业务流程图、数据流图等图表，说明现行系统的目标、规模、主要功能、业务流程、数据存储和数据流，以及存在的薄弱环节。

(2) 系统需求说明：用户要求以及现行系统主要存在的问题等。

## 3. 新系统的逻辑设计

新系统的逻辑设计结果是系统分析报告的主体，具体包括如下几方面。

(1) 系统功能及分析，提出明确的功能目标，并与现行系统进行比较分析，重点要突出计算机处理的优越性。

(2) 系统逻辑模型，各个层次的数据流图、数据字典和加工说明，在各个业务处理环节拟采用的管理模型。

(3) 其他特性要求，如系统的输入输出格式、启动和退出等。

(4) 遗留问题，是根据目前条件，暂时不能满足的一些用户要求或设想，并提出今后解决的措施和途径。

### 4. 系统实施的初步计划

这部分内容因系统而异，通常包括与新系统相配套的管理制度、运行体制的建立，以及系统开发资源与时间进度估计、开发费用预算等。

在系统分析说明书中，数据流程图、数据字典和加工说明这三部分是主体，是系统分析说明书中必不可少的组成部分。而其他各部分内容，则应根据所开发目标系统的规模、性质等具体情况酌情选用，不必生搬硬套。总之，系统分析说明书必须简明扼要，抓住本质，反映出目标系统的全貌和开发人员的设想。

系统分析报告描述了目标系统的逻辑模型，是开发人员进行系统设计和实施的基础；是用户和开发人员之间的协议或合同，为双方的交流和监督提供基础；是目标系统验收和评价的依据。因此，系统分析报告是系统开发过程中的一份重要文档，要求该文档必须完整、一致、精确且简明易懂，易于维护。

# 5.8　信息系统分析实例——考试管理信息系统的系统分析

本节以大家比较熟悉的考试管理系统为例进行介绍。该系统的开发过程较好地体现了结构化方法的思想和原则，有关文档比较规范。为了突出开发方法的应用，对系统背景做了一些合理的简化。本节讨论系统分析部分，第 6 章介绍系统设计的有关知识。

## 5.8.1　系统开发概况

随着教育体制改革的深入和发展，某学院的教学改革也在扎实地进行，招生规模不断扩大，使学院的考试管理工作越来越复杂。为了把工作人员从繁重、低效的工作中解脱出来，建立考试管理信息系统是非常必要的。

经过初步调查，了解到该学院的考试管理情况如下。学院现设 4 个专业，学生人数约 3 000 人。学院每学期都要组织学生进行各种考试来检验一个学期以来学校的教学质量和学生的学习情况，学院的师生对这些考试都很重视，这也是教学工作的重要组成部分。但该学院的考试管理一直依靠手工方式，投入了较多的人力、物力。而且，手工管理容易造成失误、出错的情况，不能及时向老师和学生提供各类有关考试的情况，从一定程度上影响了教学管理改革的进程。因此，学院领导决定拨出专款建设考试管理信息系统。考试管理信息系统能及时反映学生在校期间的各种信息及其变化，并对这些信息进行各种统计分析，使管理者能从不同角度对学生个体和群体的成绩情况做出快速准确的分析判断。同时通过对学生学习质量的分析，还可以为综合评价教师的教学质量提供依据。

## 5.8.2　现行系统的调查与分析

### 1. 组织机构和管理功能

该学院考试管理工作的组织结构，如图 5.13 所示。在图中只介绍了与考试管理相关的部分，其他的业务部门没有列出。

图 5.13　考试管理工作的组织结构

为了实现系统目标,现行系统的考试管理功能设置,如图 5.14 所示。

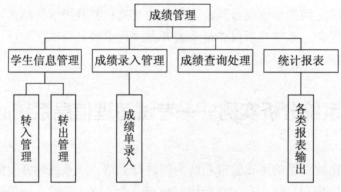

图 5.14　考试管理功能设置

在实际管理活动中,各种各样的查询请求随时都可能发生。例如:

(1) 根据学号可以查询成绩。

(2) 根据学生人员变动名单的学号可以查询最新的人员变动情况。

(3) 根据成绩统计报表的班级代码可以了解各班的成绩在整个学校的水平。

### 2. 业务流程分析

(1) 系统的业务流程调查。学院考试管理包括学生信息管理和成绩管理两部分工作。

学生信息管理的过程是,当学生人员发生变动时,学生信息管理人员应对变动人员进行添加或修改。每年新生入学时,由学生工作办公室提供新生信息,并由教务科存档以备用。学生毕业前,应将毕业生信息删除。其他学生的变动信息应及时更新,经过检查的变动名单由学生信息管理人员进行整理,并存入学生库中。

学生成绩管理的过程是,每当考试完毕后,任课教师把成绩单一式三份分别送教务科、各系部和学生工作办公室,成绩录入人员将整理后的成绩输入到学生成绩库中。录入成绩完毕后,统计分析人员应根据学生库文件和学生成绩库文件汇总出各班总成绩、各科总成绩和学生总成绩等资料,并把这些累计汇总后的资料报送有关人员。考试管理业务流程图如图 5.15 所示。

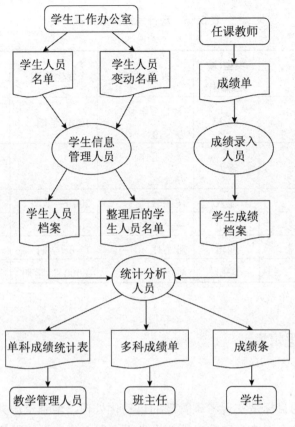

图 5.15　考试管理业务流程

(2) 业务流程分析。根据计算机信息处理的特点,还应对业务流程进行分析,找出不合理的环节和冗余的业务信息,然后在新系统中加以改进。本系统对业务流程的改进如下:

- 去掉不增值的活动。学生信息处理人员根据学生人员名单和变动名单产生一份整理后的学生人员名单,这份名单没有实际的用途,可将整理名单这个步骤去掉。
- 消除冗余信息。在原系统中教师要抄送三份成绩单,加大了教师的工作量,在建立新系统逻辑模型时应去掉不必要的数据冗余,改由学院教务科建档统一管理。

### 3. 数据流程调查和分析

这项工作的任务是收集和分析原系统全部单据、报表、账册等信息需求,并把数据的流动情况抽象独立出来,绘制现行系统的数据流程图。

结合业务流程分析,可以对收集的数据进行分析及汇总处理,本系统的输入数据有学生名单、学生变动名单、各科成绩单,输出报表为单科成绩统计表、班级成绩统计表、成绩条。

表 5.15 是现行系统的数据调查表。

表 5.15　现行系统的数据调查表

单位名称：

| 序号 | 名　　称 | 类型(输入/输出) | 来源/去向 | 发生频率 | 保密要求 | 保存时间 |
|---|---|---|---|---|---|---|
| 1 | 学生名单 | 输入 | 学生工作办公室 | 10 份/学期 | 无 | 5 年 |
| 2 | 学生变动名单 | 输入 | 学生工作办公室 | 2 份/月 | 无 | 3 年 |
| 3 | 成绩单 | 输入 | 任课教师 | 200 份/学期 | 有 | 2 年 |
| 4 | 单科成绩统计表 | 输出 | 教学管理人员 | 30 份/学期 | 有 | 2 年 |
| 5 | 班级成绩统计表 | 输出 | 班主任 | 18 份/学期 | 无 | 2 年 |
| 6 | 成绩条 | 输出 | 学生 | 3 000 张/学期 | 无 | 2 年 |

制表人：　　　　审核人：　　　　　　　　　日期：　　　第　　页

### 5.8.3　新系统的逻辑模型

#### 1. 系统目标

考试管理系统的目标是实现考试管理的自动化处理，增强资源共享，减少人员和管理费用，加快信息的查询速度和准确性，提供更方便、更全面的服务。

#### 2. 系统数据流程图

通过对现行系统的全面调查与分析，本系统数据流向基本合理，系统功能可以满足实际管理工作的需要。新系统的处理分为学生基本信息维护、成绩录入处理、统计报表三部分。系统的主要外部实体有学生、任课教师、学生工作办公室、班主任、教学管理人员等。

顶层数据流程图反映了系统边界，如图 5.16 所示。

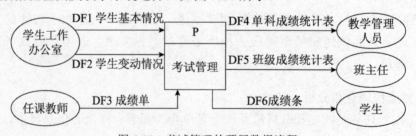

图 5.16　考试管理的顶层数据流程

第一层数据流程图中明确了新系统的功能划分，及各功能之间的数据联系，如图 5.17 所示。

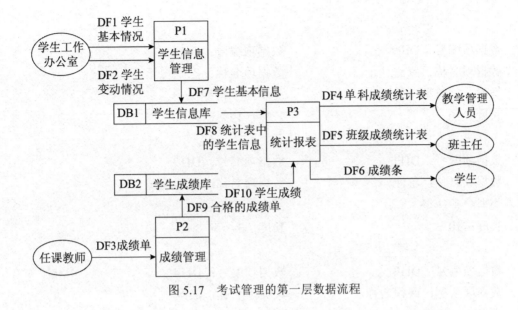

图 5.17 考试管理的第一层数据流程

### 3. 数据字典

数据字典对 DFD 中的所有元素做出了严格定义，是此后数据库设计的基础。以下是考试管理系统的数据字典。

1) 数据项的定义

数据项编号：DI01
数据项名称：学号
类型：字符型
长度：7

数据项编号：DI02
数据项名称：班级代码
类型：字符型
长度：4

数据项编号：DI03
数据项名称：班级名称
类型：字符型
长度：8

数据项编号：DI04
数据项名称：姓名
类型：字符型
长度：8

数据项编号：DI05
数据项名称：性别
类型：字符型
长度：2

数据项编号：DI06
数据项名称：出生年月
类型：日期型
长度：8

数据项编号：DI07
数据项名称：籍贯
类型：字符型
长度：20

数据项编号：DI08
数据项名称：家庭情况
简述：学生家庭的基本情况
类型：字符型
长度：40

数据项编号：DI09　　　　　　　数据项编号：DI10

数据项名称：家庭住址　　　　　数据项名称：家庭电话

类型：字符型　　　　　　　　　类型：字符型

长度：20　　　　　　　　　　　长度：12


数据项编号：DI11　　　　　　　数据项编号：DI12

数据项名称：备注　　　　　　　数据项名称：课程编号

类型：备注型　　　　　　　　　类型：字符型

长度：10　　　　　　　　　　　长度：3


数据项编号：DI13　　　　　　　数据项编号：DI14

数据项名称：课程名称　　　　　数据项名称：成绩

类型：字符型　　　　　　　　　类型：数值型

长度：10　　　　　　　　　　　长度：5

　　　　　　　　　　　　　　　小数字：1

　　　　　　　　　　　　　　　取值范围：0~100


数据项编号：DI15　　　　　　　数据项编号：DI16

数据项名称：学期　　　　　　　数据项名称：变动班级

类型：字符型　　　　　　　　　类型：字符型

长度：1　　　　　　　　　　　　长度：4

取值范围：1~8　　　　　　　　取值/含义：　0—— 毕业

　　　　　　　　　　　　　　　　　　　　　-1—— 退学

　　　　　　　　　　　　　　　　　新班级代码—— 转专业；

　　　　　　　　　　　　　　　　　　　　　　　　　留级；

　　　　　　　　　　　　　　　　　　　　　　　　　跳级


数据项编号：DI17

数据项名称：变动时间

类型：日期型

长度：8


2) 数据流的定义

数据流编号：DF1

数据流名称：学生基本情况

简述：学生的基本情况

数据流来源：学生工作办公室

数据流去向：学生基本信息维护功能(P1)

数据流组成：学号+班级代码+班级名称+姓名+性别+出生年月+籍贯+家庭情况+家庭住址+家庭电话+备注

流通量：10 份/学期

数据流编号：DF2

数据流名称：学生变动情况

简述：学生的变动情况

数据流来源：学生工作办公室

数据流去向：学生基本信息维护功能(P1)

数据流组成：学号+班级代码+班级名称+姓名+变动班级+变动时间+备注

流通量：2 份/月

数据流编号：DF3

数据流名称：成绩单

简述：学生各科考试成绩

数据流来源：任课教师

数据流去向：成绩录入处理功能(P2)

数据流组成：课程名+班级代码+班级名称+{姓名+成绩}

流通量：200 张/学期

数据流编号：DF4

数据流名称：单科成绩统计表

简述：按班级汇总的单科成绩

数据流来源：统计报表功能(P3)

数据流去向：教学管理人员

数据流组成：课程名+学期+{班级代码+班级名称+平均成绩+排名}

流通量：30 份/学期

数据流编号：DF5

数据流名称：班级成绩统计表

简述：给班主任的成绩

数据流来源：统计报表功能(P3)

数据流去向：班主任

数据流组成：班级代码+班级名称+学期+{学号+姓名+{课程名+成绩}+平均成绩}

流通量：18 份/学期

数据流编号：DF6

数据流名称：成绩条

简述：学生的各科成绩

数据流来源：统计报表功能(P3)

数据流去向：学生

数据流组成：学号+班级代码+班级名称+姓名+学期+家庭地址+{课程+成绩}+平均成绩

流通量：3 000 份/学期

数据流编号：DF7

数据流名称：学生基本信息

简述：变动后的学生基本情况

数据流来源：学生基本信息维护功能(P1)

数据流去向：学生信息库

数据流组成：学号+班级代码+班级名称+姓名+性别+出生年月+籍贯+家庭情况+家庭住址+家庭电话+变动班级+变动时间+备注

流通量：1000 条/学期

数据流编号：DF8

数据流名称：统计表中的学生信息

简述：提供学生情况进行成绩汇总分析

数据流来源：学生信息库

数据流去向：统计报表功能(P3)

数据流组成：学号+班级代码+班级名称+姓名+家庭住址

流通量：3 000 条/学期

数据流编号：DF9

数据流名称：合格的成绩单

简述：学生各科考试成绩

数据流来源：成绩录入处理功能(P2)

数据流去向：学生成绩库

数据流组成：同 F3

数据流编号：DF10

数据流名称：学生成绩

简述：学生各科考试成绩

数据流来源：学生成绩库

数据流去向：统计报表功能(P3)

数据流组成：同 DF3

3) 数据存储的定义

数据存储编号：DB1

数据存储名称：学生信息库

简述：学生的学号、姓名等信息

数据存储结构：学号+班级代码+班级名称+姓名+性别+出生年月+籍贯+家庭情况+家庭住址+家庭电话+变动班级+变动时间+备注

关键词：学号

相关的处理：P1、P3

数据存储编号：DB2

数据存储名称：学生成绩库

简述：记录学生各科成绩信息

数据存储结构：学号+班级代码+班级名称+姓名+学期+{课程名+成绩}

关键词：学号

相关的处理：P2、P3

4) 处理逻辑的定义

处理逻辑编号：P1

处理逻辑名称：修改学生基本信息

输入：数据流 DF1、DF2，来自学生工作办公室

输出：数据流 DF7，去向学生信息库

描述：将学生情况和变动情况录入和更新，以备后用

激发条件：新生入学、毕业或学籍变动的情况时发生

处理逻辑编号：P2

处理逻辑名称：成绩输入

输入：数据流 DF3，来自任课教师

输出：数据流 DF9，去向学生成绩库

描述：考试后将学生成绩整理输入到学生成绩库中

激发条件：考试后阅完卷发生

处理逻辑编号：P3

处理逻辑名称：统计报表

输入：数据流 DF8、DF10，分别来自学生信息库、学生成绩库

输出：数据流 DF4、DF5、DF6，分别去向教学管理人员、班主任、学生

描述：把阅卷后的成绩进行分析，整理后制作成报表分发给各科老师、班主任、学生

激发条件：考试成绩输入完毕后发生

5) 外部实体的定义

| | |
|---|---|
| 外部实体编号：E1 | 外部实体编号：E2 |
| 外部实体名称：学生工作办公室 | 外部实体名称：任课教师 |
| 输出的数据流：DF1、DF2 | 输出的数据流：DF3 |

| | |
|---|---|
| 外部实体编号：E3 | 外部实体编号：E4 |
| 外部实体名称：教学管理人员 | 外部实体名称：班主任 |
| 输入的数据流：DF4 | 输入的数据流：DF5 |

外部实体编号：E5
外部实体名称：学生
输入的数据流：DF6

# 思考题

## 一、客观题(扫描下方二维码进入练习)

邀请码：30090414
学习通首页右上角输入

## 二、主观题

1. 系统分析的主要任务是什么？

2. 系统分析有哪几个主要步骤？

3. 管理信息系统分析为什么要对组织结构进行调查和分析？

4. 详细调查的任务是什么？

5. 简述详细调查的原则。

6. 什么是组织结构图？画出自己熟悉的部门的组织结构图。

7. 什么是业务流程图？画出自己熟悉的组织的业务流程图。

8. 业务流程分析的任务和内容是什么？

9. 什么是数据流程图？数据流程图具有哪些特征？

10. 简述绘制数据流程图的原则。

11. 简述绘制数据流程图的主要步骤。

12. 简述数据字典的内容。

13. 简述判断树描述处理逻辑的优缺点。

14. 系统分析中采用哪些描述处理逻辑的工具?

15. 系统分析报告中应写入哪些内容?

16. 去图书馆借书的过程是:借书人先查图书卡片;填写借书条;交给图书管理人员;管理人员入库查书;找到后由借书人填写借书卡片;管理员核对卡片;将书交给借阅者;将借书卡内容记入计算机。试画出该业务流程图,并考虑到"找不到书""卡片填错""过期不还书"等情况的中断处理。

17. 某公司生产加班申报及核对流程描述如下:各车间组长每天在加班前填写本车间人员加班申报表,统一交到人事部门,由经理签字批准后提交给行政助理修改加班记录。行政助理在每周三上报上周加班情况,并填写加班汇总表提交给人事经理,人事经理再根据汇总表核对员工考勤记录情况,制作异常加班情况表交给行政助理核对,并修改加班记录。请根据以上描述绘制出"加班管理"的业务流程图。

18. 物资部门的采购人员从库房收到缺货通知单以后,查阅订货合同单,若已订货,向供货单位发出催货请求,否则,填写订货单交给供货单位。供货单位发出货物后,立即向采购员发出取货通知单。采购员取货后,发出入库单给库房。库房进行验货入库处理,如发现有不合格货品,发出验收不合格通知单给采购员,采购员据此填写退货单给供货单位。请根据物资订货管理的过程画出它的数据流程图。

19. 前进汽车配件公司向顾客供应汽车配件,顾客是汽车用户或是汽车修配厂,配件公司的货源来自各种不同的配件制造工厂或批发商。顾客可以当时购买,也可以预先订货,公司负责托运。该公司拥有顾客 7 000 多户,经营的汽车配件有 8 000 多种,每一品种有若干种规格,总计约有 2 万种规格,如果考虑同品种、同规格,但是不同厂家制造的零配件,则有 6 万多种。这家汽车配件公司年销售额 1.5 亿元,职工 600 余人。请依据上述情况画出数据流程图,要求画至第二层数据流程图。

20. 某翻译公司的英文笔译收费标准如下:

若欲翻译的文档的字数在 2 000 字(含 2 000 字)以内,类型为一般读物的,每千字为 180 元,类型为专业读物的,每千字为 220 元;

若欲翻译的文档的字数大于 2 000 字小于等于 8 000 字,类型为一般读物的,每千字为 160 元,类型为专业读物的,每千字为 200 元;

若欲翻译的文档的字数在 8 000 字以上,不管是哪种类型的读物,每千字均为 150 元。

请用判断树和判断表描述之。

# 第 6 章
# 管理信息系统的系统设计

系统分析阶段是为了解决系统"做什么",建立新系统的逻辑模型,从具体到抽象的过程。而系统设计阶段是为了解决系统"怎么做",建立目标系统的物理模型,从抽象到具体的过程。系统设计的主要任务是根据系统分析报告确定系统的具体设计方案,即确定新系统的总体结构,提出各个细节处理方案。系统设计阶段的工作通常可分为总体设计和详细设计。本章主要介绍结构化系统设计的方法、模块化设计、系统的平台设计、代码设计、人机界面设计、数据库设计、处理流程设计等内容。

## 6.1  系统设计概述

### 6.1.1  系统设计的目的与任务

管理信息系统设计阶段的主要目的是,将系统分析阶段所提出的、充分反映用户信息需求的新系统逻辑模型转换成可以实施的、基于计算机与网络技术的物理模型。系统模型分为逻辑模型和物理模型。逻辑模型主要确定系统"做什么",而物理模型则主要解决系统"怎样做"的问题。

这一阶段的主要任务是从信息系统的总体目标出发,根据系统分析阶段对系统的逻辑功能的要求,并考虑到经济、技术和运行环境等方面的条件,确定系统的总体结构和系统各组成部分的技术方案,合理选择计算机和通信的软、硬件设备,提出系统的实施计划。系统设计阶段的工作包括如下主要活动。

#### 1. 总体设计

系统的总体设计主要包括功能结构设计和系统运行平台方案设计。功能结构设计将整个系统划分为具有独立性的模块,以便系统实施阶段的程序设计;系统运行平台方案设计的目的是构建一个信息系统实现及运行的物理平台。

#### 2. 详细设计

系统的详细设计是系统总体设计的深入,对总体设计中各个具体的任务选择适当的技术手段和处理方法。详细设计主要包括：代码设计、数据库设计、输出设计、输入设计、对话设计、处理流程设计、制定设计规范等。

### 3. 编写系统设计说明书

系统设计说明书是系统设计阶段的成果，它从系统设计的主要方面说明系统设计的指导思想、采用的技术方法和设计成果，是系统实施阶段工作的主要依据。

面对规模庞大、结构复杂、设计因素众多的系统，确定其技术方案是一项复杂的系统工程，必须依据科学的原则与方法，严格遵守有关标准与规范，才有可能实现预定的目标。

## 6.1.2　系统设计的原则

系统设计是在系统分析的基础上由抽象到具体的过程，系统设计人员必须严格按照系统分析阶段的成果——系统分析说明书所规定的目标、任务和逻辑功能进行设计工作。同时，还应该考虑到现行技术、用户需求、系统实现的内外环境和主客观条件。

根据系统开发的经验和教训，在系统设计中应遵循以下主要原则。

(1) 系统性原则。系统是作为一个整体存在的。因此，在系统设计中要从整个系统的角度进行考虑，注意保证系统的一致性和完整性。系统的代码要统一，设计规范要标准，传递语言要尽可能一致，数据采集要做到输出一致，全局共享，使一次输入能得到多次使用。

(2) 灵活性原则。为保持系统的长久生命力，要求系统具有很强的环境适应性。对于一个复杂的大系统，在系统总体设计时，首先应该考虑它的层次特征，最好的办法就是把系统分解成若干个模块，把这些模块组织在自顶向下扩展的、具有层次关系的系统结构中，并且尽可能使每一个模块具有最大的独立性，减少模块间的数据耦合，以使整个系统易于调试、易于实现、易于维护、易于扩充，这就能增加系统的灵活性和应变能力，以适应系统环境的变化。

(3) 可靠性原则。可靠性是指系统抵御外界干扰的能力，以及受外界干扰时的恢复能力。一个成功的管理信息系统必须具有较高的可靠性，如安全保密性、检错及纠错能力、抗病毒能力等。

(4) 经济性原则。经济性是指在满足系统需求的前提下，尽可能减小系统的开销。一方面，在硬件投资上不能盲目追求技术上的先进，而应以满足应用需要为前提；另一方面，在系统设计中应尽量简洁，以便缩短处理流程、减少处理费用。

# 6.2　系统功能结构设计

系统功能结构设计的主要任务，就是根据系统的总体目标和功能将整个系统合理划分成若干个功能模块，正确地处理模块之间的调用关系和数据联系，并根据评价标准对模块结构进行优化等。

系统的功能结构是在遵循结构化和模块化设计思想的基础上，以信息系统模块结构图(SD 图)来表示的。模块化是通过一系列标准的方法和技术将整个系统分解成相对独立的若干模块，强调自顶向下、逐层分解，即上层模块只规定下层模块做什么和所属模块间的协调关系，但不规定怎么做，以保证各模块的相对独立性和内部结构的合理性，每个模块必须功能明确、接口明确、消除多重功能和无用接口。

完成功能结构设计的任务已经有许多成功的设计方法，如结构化设计方法(structured design，SD)、Jackson 方法、Parnas 方法等。这些方法都采用了模块化、自顶向下、逐步求精等基本方法，其差别在于构成模块的原则不同。

## 6.2.1 结构化设计方法

结构化设计方法是 1974 年由美国 IBM 公司的 W.Stevens 等人首先提出的，是应用最为广泛的一种方法，它可以同结构化分析和结构化程序设计方法前后衔接起来使用。结构化系统设计的思想是以数据流程图为基础，采用自顶向下、逐层分解的方法，把系统划分为若干子系统，子系统又划分为若干功能模块，模块又划分为子模块，层层划分直到每一个模块是相对独立、功能单一的独立程序为止，最后构造出模块结构图。

SD 方法采用一组标准的准则和工具设计系统的模块结构，主要考虑以下几个问题：

- 每个子系统如何划分成多个模块；
- 如何确定子系统之间、模块之间传送的数据及其调用关系；
- 如何评价并改进模块结构的质量；
- 如何从数据流程图导出模块结构图。

结构化设计的宗旨是要使设计工作简单化、标准化。SD 方法强调系统要有一个良好的结构，在研究了系统分解所产生的模块间的关系的基础上提出了基本的设计策略——数据流分析技术，以及评价模块结构的标准——"耦合小、内聚大"的设计原则。

## 6.2.2 模块结构设计

### 1. 模块结构图

模块结构图又称控制结构图或系统结构图，是用一组特殊的图形符号按一定的规则描述系统整体结构的图形，它是系统设计中反映系统功能模块层次分解关系、调用关系、数据流和控制信息流传递关系的一种重要工具。模块结构图由模块、调用、数据、控制信息 4 种基本符号组成，如图 6.1 所示。

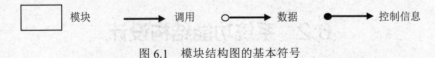

图 6.1　模块结构图的基本符号

### 2. 模块

模块是系统中有名称的、具有一定状态和方法的一个实体，是组成系统的基本元素。模块通常用一组程序设计语言的语句来实现，它类似于 C 语言中的一个函数。在模块结构图中，模块用方框表示，方框中写上模块名字，反映了这个模块的功能。

模块具有输入输出、处理功能、内部数据和程序代码等属性。输入输出和处理功能构成模块的外部特征，内部数据和程序代码构成模块的内部特征。输入输出属性是模块与外部调用的交换。正常情况下，一个模块从它的调用者那里获得输入，把处理后产生的结果再传递给为模块提供输入的调用者。处理功能的属性描述了模块能够做什么事，具有什么功能，即对于输入信息能够加工成什么样的输出信息。内部数据属性是模块运行时该模块内部引用的数据。程序代码属性是用于完成模块处理功能的代码部分。在总体设计时主要关心的是模块的外部特征，即研究模块能完成什么样的功能，对其内部特征只做必要的了解。

### 3. 调用

在模块结构图中，用连接两个模块的箭头表示调用。箭头总是由调用模块指向被调用模块，但是应该理解成被调用模块执行后又返回到调用模块。

如果一个模块是否调用一个从属模块决定于调用模块内部的判断条件，则该调用称为模块间的判断调用，采用菱形符号表示。如果一个模块通过其内部的循环功能循环调用一个或多个从属模块，则该调用称为循环调用，用弧形箭头表示。图 6.2 为调用、判断调用和循环调用的示意图。

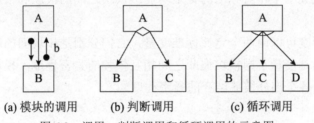

(a) 模块的调用　　(b) 判断调用　　(c) 循环调用

图 6.2　调用、判断调用和循环调用的示意图

### 4. 数据

当一个模块调用另一个模块时，调用模块可把数据传送到被调用模块进行处理，而被调用模块又可以将处理的结果数据送回调用模块。在模块之间传送的数据，使用带空心圆的箭头表示，并在旁边标上数据名，箭头的方向为数据传送的方向。例如，图 6.3(a)表示模块 A 调用模块 B 时，A 将数据 X、Y 传送给 B，B 将处理结果数据 Z 返回给 A。

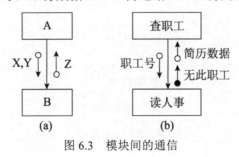

图 6.3　模块间的通信

### 5. 控制信息

为了指导程序下一步的执行，模块间有时还必须传送某些控制信息。例如，数据输入完成后给出的结束标志，文件读到末尾所产生的文件结束标志等。控制信息与数据的

主要区别是前者只反映数据的某种状态，不必进行处理。在模块结构图中，用带实心圆点的箭头表示控制信息。例如，图 6.3(b)中"无此职工"就是表示送来的职工号有误的控制信息。

一个信息系统软件具有过程性(处理动作的顺序)和层次性(系统各组成部分的管理范围)特征。模块结构图描述的是系统的层次性，而通常的程序流程图描述的则是系统的过程性。在系统设计阶段，关心的是系统的层次结构，只有到了具体编程阶段时，才要考虑系统的过程性。

### 6.2.3*  模块化

模块化就是把系统划分为若干个模块，每个模块完成一个特定的功能，然后将这些模块汇集起来组成一个整体，完成指定功能的一种方法。采用模块化设计原理可以使整个系统设计简易、结构清晰，可读性、可维护性强，提高系统的可行性，同时也有助于管理信息系统开发和组织管理。

结构化方法强调把一个系统设计成具有层次的模块化结构，我们希望获得这样一种系统：每个模块完成一个相对独立的特定功能；模块之间的关联和依赖程度尽量小；接口简单。

模块的独立程度可以由两个定性标准度量，它们分别是模块间的联系和模块内的联系。模块间的联系是度量不同模块彼此之间相互依赖的紧密程度，模块内的联系则是衡量一个模块内部的各个部分彼此结合的紧密程度。

#### 1. 块间耦合

块间耦合(coupling)是一个系统内不同模块之间互联程度的度量。耦合的强弱取决于模块间接口的复杂程度，模块间的耦合度越低，说明模块的独立性越好；耦合度越高，模块的独立性越弱。模块间的耦合形式有数据耦合、控制耦合、公共耦合和内容耦合。

(1) 数据耦合。如果两个模块之间通过数据交换信息，且每一个参数均为数据，那么这种模块间的耦合称为数据耦合。如图 6.4 所示，模块之间传递的是数据信息，因此是一种数据耦合。

图 6.4  数据耦合

数据耦合是系统中必不可少的联结方式，其耦合程度很低，对系统的执行过程没有大的影响。但传递的参数个数应尽量少，从而降低复杂性。通常我们尽可能采用这种耦合方式。

(2) 控制耦合。如果两个存在调用关系的模块之间，一个模块通过开关量、标志、名字等控制信息，明显地控制另一模块的功能，它们之间即为控制耦合或逻辑耦合。如 6.5(a)所示，模块 A 调用模块 B 时，须先传递控制信号(平均分/最高分)，以决定 B 中所需的操作。控制模块必须知道被控模块的内部逻辑，增强了模块间的相互依赖。

这种耦合对系统的影响较大，它直接影响到接受控制信号模块的内部运行，并有可能造成系统或某个模块内部处理规则的改变，因此应该尽量避免其出现。可以通过适当的方式把这种联结转化为数据耦合，如模块的再分解，可把 6.5(a)转换成 6.5(b)而成为数据耦合。但是在特殊的场合下，控制耦合还是有一定的存在必要的。

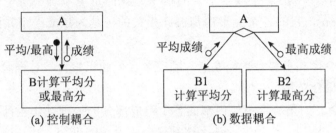

图 6.5　控制耦合和数据耦合

(3) 公共耦合。如果两个模块之间通过一个公共的数据区域传递信息，则称为公共耦合或公共数据域耦合。公共数据区是指全局数据结构、共享通讯区或内存公共覆盖区等。如图 6.6 所示，模块 A、B、C 共用公共数据区内的元素，因此，这是一种公共耦合。

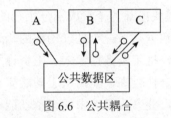

图 6.6　公共耦合

公共耦合是一种不好的链接形式，主要存在以下问题：模块之间存在错综复杂的联系，使系统的可理解性降低；修改变量名或属性困难，系统的可维护性差；公共数据区及全局变量无保护措施，系统的可靠性差。但是公共耦合可以作为数据耦合的一种补充，如果当一个模块与另一个模块需要传递大量的数据时，采用公共耦合比全部传递参数的数据耦合要方便。

(4) 内容耦合。当一个模块需要使用另一个模块的内部信息时，或者转移进入另一个模块中时，这种联系方式则称为内容耦合。发生内容耦合的情形主要有：一个模块直接访问另一个模块的内部数据；一个模块不通过正常入口转到另一个模块内；两个模块有一部分代码重叠；一个模块有多个入口或出口。

内容耦合方式是改进模块时发生连锁错误的主要来源，所以要不惜一切代价消除内容耦合。

在对一个系统进行模块化设计时，我们的目标是建立模块间耦合度松散的系统，因此应遵循下列原则：

- 模块间尽量使用数据耦合；

- 必要时才采用控制耦合;
- 限制公共耦合的范围;
- 坚决避免使用内容耦合。

### 2. 块内聚合

决定系统结构的另一个重要因素是模块内部元素的联系,也就是模块内的聚合。模块内的聚合用来衡量一个模块内部各成分之间彼此结合的紧密程度。所谓模块内部元素是指该模块程序中的一条或若干条的指令。我们希望系统中每个模块都有高度的块内聚合(cohesion),它的各个元素都是彼此相关的,是为完成一个共同的功能而结合在一起的。

模块内的聚合形式主要有功能聚合、顺序聚合、通讯聚合、过程聚合、时间聚合、逻辑聚合、偶然聚合 7 种。

(1) 功能聚合。如果一个模块内部的各个组成部分的处理动作全都为执行同一个功能而存在,并且只执行一个功能,那么这种聚合称为功能聚合。功能聚合的模块聚合性最高,与其他模块的耦合程度也很低。例如,"编制库存月报""修改总账""计算实发工资"等模块都属于功能聚合模块。一般来说,如果模块的名称只由一个动词和一个名词组成,只有一个明确的任务,那么它应该是功能聚合模块。在模块设计时应尽可能地追求功能聚合。

(2) 顺序聚合。如果一个模块内部各个组成部分执行的几个处理动作有这样的特征:前一个处理动作所产生的输出数据是下一个处理动作的输入数据,那么这种聚合称为顺序聚合。例如,在工资处理时,把工资数据输入、工资计算和工资打印这三部分的处理作为一个模块。顺序聚合的聚合性较高,但略次于功能聚合,维护起来不如功能聚合模块方便。对顺序聚合模块而言,要修改模块中的一个功能,会影响到在同一模块中的其他功能。所以必须弄清模块中的全部内容后才能考虑进行修改,而且在修改某一功能时,必须考虑对其他功能的影响。顺序聚合模块可以再划分为各具单一功能的功能聚合模块。

(3) 通讯聚合。如果一个模块内各组成部分的处理动作都使用相同的输入数据或相同的输出数据,那么这种聚合称为通讯聚合。例如,一个报表生成模块,可以产生日报表、周报表和月报表,生成这三种报表都要使用同一数据——日产量。与顺序聚合模块相比,通讯聚合模块中的各个动作执行次序并没有一个先后关系,所以其聚合性略低于顺序聚合模块。

(4) 过程聚合。如果一个模块内部的各个组成部分的处理动作彼此间没什么关系,但必须以特定的次序(控制流)执行,则称之为过程聚合。例如,在设计账务处理系统时,划分了账务处理和账务生成两大模块,而这两个模块中都需要查询功能,如果把这两个模块中的查询部分抽出来形成一个独立的模块,这就是过程聚合模块。过程聚合模块中的处理可以说是不完全相同的,只能是部分类似,所以这种模块修改起来比较困难。

(5) 时间聚合。把几个执行时间相同的动作组合在一起形成的模块称为时间聚合模块。例如,初始化模块包含变量和累加器清零、初始化寄存器、打开或关闭文件等操作。这些操作的执行顺序并不重要,相互之间也没有逻辑上的必然联系,只是按时间的要求归并在一起。时间聚合的模块聚合性较低，可修改性低，维护也比较困难。

(6) 逻辑聚合。如果一个模块内部各个组成部分的处理动作在逻辑上相似，但功能互不相同或无关，那么这种聚合称为逻辑聚合。例如，"计算平均分或最高分"模块包含的两个动作都要使用相同的成绩数据，再分别进行求平均值或求最大值处理。把这两个动作放在同一个模块，有公共代码段，还有根据开关量(平均或最高)决定的不同代码，其他模块对它的调用要由传给模块的参数确定执行哪种功能。由于这种模块表面上似乎有明显的功能，实际上处理多个对象，以致使各组成部分的聚合受到限制，不易修改。逻辑聚合的模块聚合性很低。

(7) 偶然聚合。如果模块中各个组成部分没有任何的关系，只是为了节省空间把它们凑在一起，这种聚合称为偶然聚合。偶然聚合模块的内部聚合性最低。如果要修改它的功能，必须完全了解它的内部属性，维护也非常困难。

模块内的聚合性比较，如表 6.1 所示。

表 6.1　模块内的聚合性比较

| 模块内的聚合 | 链 接 形 式 | 可 修 改 性 | 可 读 性 | 通 用 性 | 联 系 程 度 |
|---|---|---|---|---|---|
| 功能聚合 | 好 | 好 | 好 | 好 | 高 |
| 顺序聚合 | 好 | 好 | 好 | 中 | |
| 通讯聚合 | 中 | 中 | 中 | 不好 | |
| 过程聚合 | 中 | 中 | 中 | 不好 | |
| 时间聚合 | 不好 | 不好 | 中 | 较差 | |
| 逻辑聚合 | 较差 | 较差 | 不好 | 较差 | 低 |
| 偶然聚合 | 较差 | 较差 | 较差 | 较差 | |

块间耦合和块内聚合是相辅相成的两个原则，是进行模块化设计的有力工具，模块内元素的紧密联系往往意味着模块之间的松散耦合。如果所有模块的聚合都很强，模块之间的耦合自然就很低，模块的独立性就强，反之亦然。实践表明，块内聚合更为重要，设计者应把更多的注意力集中到提高模块内部要素的联系上。

## 6.2.4*　从数据流程图导出初始结构图

在系统分析阶段，我们用结构化分析方法获得了用数据流程图等描述的系统逻辑模型，结构化设计的方法则以数据流程图为基础设计系统的模块化结构图，产生系统的物理模型。

从数据流程图导出系统的初始结构图，首先要区分数据流程图的结构类型，然后再根据不同的类型采用不同的方法把数据流程图转换成相应的模块结构图。转换方法是建立在数据流程图(DFD)与模块结构图(SC)之间关系的基础上的。

### 1. 数据流程图的结构类型

数据流程图一般有两种典型的结构类型：变换型和事务型。这两种类型的数据流程图具有明显不同的特征。

1) 变换型 DFD

如果一个数据流程图可以明显地分成输入、处理和输出三部分，那么这种流程图就是变换型的。在变换型的数据流程图中，尽管输入部分和输出部分也有一些处理功能，但实质性的处理功能是在处理部分完成的。因此，处理部分是"变换中心"。图 6.7 是一个变换型的数据流程图。

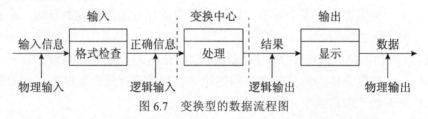

图 6.7　变换型的数据流程图

在图 6.7 中，输入、主处理、输出三部分有明显的界线，主处理就是系统的变换中心。主处理的输入数据流称为系统的逻辑输入，其输出数据流称为系统的逻辑输出。相应地，系统输入端的输入数据流称为物理输入，系统输出端的输出数据流称为物理输出。从输入设备获得的物理输入一般要经过编辑、格式转换、合理性检查等一系列辅助加工后，变成纯粹的逻辑输入传送给主处理。同样，主处理产生的纯粹的逻辑输出也要经过格式转换、组成物理块、缓冲处理等辅助性加工后，成为物理输出，最后由系统输出。

应注意的是，不是所有变换型 DFD 都完整地具备输入、变换、输出三部分，有的可能只有其中的两部分。

2) 事务型 DFD

事务型结构通常都可以确定一个处理逻辑为系统的事务中心，该事务中心应该具有以下 4 种逻辑功能：获得原始的事务记录；分析每一个事务，从而确定它的类型；为这个事务选择相应的逻辑处理路径；确保每一个事务都能得到完全的处理。

事务型数据流程图一般呈束状，即一束数据流平行输入或输出，可能同时有几个事务要求处理或加工，事务型的数据流程图如图 6.8 所示。

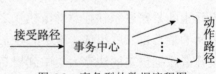

图 6.8　事务型的数据流程图

### 2. 转换策略

由数据流程图向初始模块结构图的转换，通常采用两种方法。变换型的数据流程图采用的是以变换为中心的转换方法，事务型的数据流程图采用的是以事务为中心的转换方法。

1) 以变换为中心的设计

该方法的基本思想是以数据流程图为基础，先找出变换中心，确定模块结构的顶层模块，然后按照"自顶向下"的设计原则逐步细化，最后得到一个满足数据流程图所表达用户要求的模块结构。其过程可以分为三步。

(1) 找出系统的变换中心，确定主处理、逻辑输入和逻辑输出，在 DFD 上标明分界线。

根据系统说明书，可以决定数据流程图中，哪些是系统的主处理。主处理一般是几股数据流汇合处的处理，也就是系统的变换中心，即逻辑输入和逻辑输出之间的处理。

确定逻辑输入——离物理输入端最远的，但仍可被看作系统输入的那个数据流即为逻辑输入。方法是从物理输入端开始，一步步向系统的中间移动，直至达到这样一个数据流：它已不能再被看作为系统的输入，则其前一个数据流就是系统的逻辑输入。

确定逻辑输出——离物理输出端最远的，但仍可被看作系统输出的那个数据流即为逻辑输出。方法是从物理输出端开始，一步步向系统的中间反方向移动，直至达到这样一个数据流：它已不能再被看作为系统的输出，则其后一个数据流就是系统的逻辑输出。对系统的每一股输入和输出，都用上面的方法找出相应的逻辑输入、输出。

确定主加工——位于逻辑输入和逻辑输出之间的加工，就是系统的主加工。例如，初始 DFD 如图 6.9(a)所示，确定其逻辑输入和逻辑输出后如图 6.9(b)所示。

(2) 设计模块的顶层和第一层。

顶层模块也叫主控模块，其功能是完成整个程序要做的工作。系统结构的顶层设计后，下层的结构就按输入、变换、输出等分支来分解。

设计模块结构的第一层：为逻辑输入设计一个输入模块，它的功能是向主模块提供数据；为逻辑输出设计一个输出模块，它的功能是输出主模块提供的数据；为主加工设计一个变换模块，它的功能是将逻辑输入变换成逻辑输出。

第一层模块同顶层主模块之间传送的数据应与数据流程图相对应。这里主模块控制并协调第一层的输入、变换、输出模块的工作。一般说来，它要根据一些逻辑(选择或循环)来调用这些模块。

上例中的 DFD 转换成第一层的功能模块图，如图 6.9(c)所示。

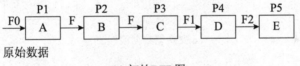

(a) 初始DFD图

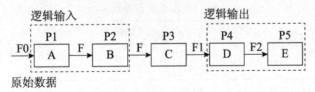

(b) 划分逻辑输入和输出部分

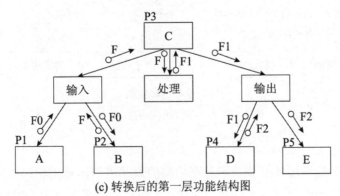

(c) 转换后的第一层功能结构图

图 6.9　数据流程图的转换策略

(3) 设计中、下层模块。由自顶向下、逐步细化的过程，为每一个上层模块设计下属模块。

输入模块的功能是向它的调用模块提供数据，由两部分组成：一部分是接受输入数据；另一部分是将这些数据变换成其调用模块所需要的数据。在有多个输入模块的情况下，我们可为每一个输入模块设计两个下层模块，其中一个是输入，另一个是变换。

输出模块的功能是将其调用模块提供的数据变换成输出的形式。也就是说，要为每一个输出模块设计两个下层模块，其中一个是变换，另一个是输出。

为变换模块设计下层模块则没有通用的规则可以遵循，可以根据数据流程图中主处理的复杂程度来决定是否分为子处理模块。

在设计结构图时应注意以下三个问题：

- 结构图中的数据应与数据流程图相对应；
- 模块应该给予合适的命名，以反映这个模块的功能；
- 上中层模块控制和调用下层模块，而具体工作由下层模块完成。

以变换为中心的分析实例，如图 6.10 所示。

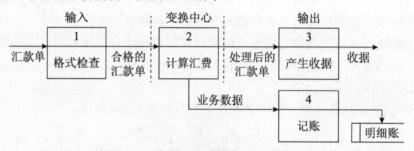

(a) 变换型数据流程图

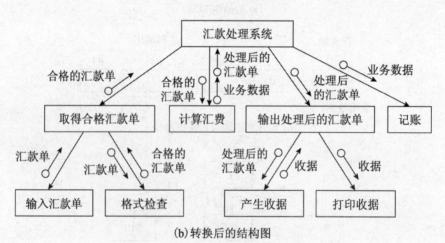

(b) 转换后的结构图

图 6.10　以变换为中心的分析实例

2) 以事务为中心的设计

以事务为中心的设计就是要从事务型结构的数据流程图导出相应的初始结构图。任何情况下都可使用变换分析方法设计模块结构，但如果数据流具有明显的事务特点时(有一个明显的事务中心)，以采用事务分析方法为宜。

以事务为中心的设计中，为了识别进入系统的事务属于哪一种类型，必须在事务记录中有一个类型识别标志，对每一种类型的事务分别有专门的模块进行处理，这种模块称为事务模块，它的直接下级模块称为动作模块。根据事务类型标志起调度作用的模块称为事务中心模块，它为进入系统的事务选择相应的事务模块。

在进行事务分析时，其过程如下：

● 确定事务的来源；
● 确定以事务为中心的系统结构；
● 确定每一种事务以及它所需要的处理动作；
● 合并具有相同处理动作的模块，组成公共处理模块加入系统；
● 为每个事务处理模块设计下面的操作模块，再为操作模块设计细节模块。某些操作模块和细节模块可以被几个上一层模块共用。

以事务为中心的分析实例，如图 6.11 所示。

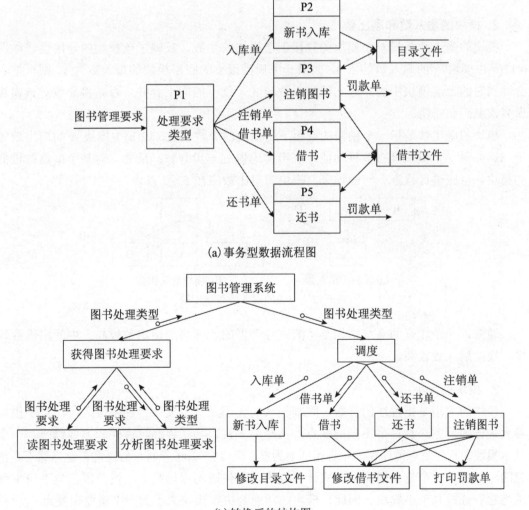

(a) 事务型数据流程图

(b) 转换后的结构图

图 6.11　以事务为中心的分析实例

当然，我们遇到的实际问题也许不完全属于变换型或事务型的，很可能是两者的结合，因此常常需要变换分析技术和事务分析技术联合使用，从而导出符合系统逻辑模型的系统初始结构图。

## 6.2.5* 优化设计

将系统的初始结构图根据"降低耦合度、提高聚合性"的原则进行优化，对模块进行合并、分解、修改、调整，得到易于实现、易于测试和易于维护的软件结构。除了上述两项原则外，还有若干辅助性的优化技巧，可以帮助我们改进系统设计，产生设计文档的最终结构图。

### 1. 系统的深度与宽度

系统的深度表示系统结构图中的层数，宽度则表示控制的总分布，即各层次模块个数的最大数。深度和宽度标志着一个系统的大小和复杂程度，它们之间有一定的比例关系，即深度和宽度均要适当。

### 2. 模块的扇入数和扇出数

模块的扇入数是指一个模块的直接上层模块的个数，反映了该模块的通用性。如图6.12(a)中模块 A 的扇入数等于 3。如果一个规模很小的底层模块的扇入数为 1，则可把它合并到它的上层模块中去。若它的扇入数较大，就不能向上合并，否则将导致对该模块做多次编码和排错。

模块的扇出数是指一个模块的直接下层模块的个数。图 6.12(b)中模块 A 的扇出数等于 3。如果一个模块具有多种功能，应当考虑做进一步分解；反之，对某个扇出数过低的模块，也应进行检查。一般说来，模块的扇出数应在 5～7 以内。

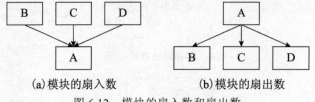

(a)模块的扇入数　　　　　　　　(b)模块的扇出数

图 6.12　模块的扇入数和扇出数

通常，一个较好的系统结构是"清真寺"型的，即高层扇出数较高，中间扇出数较少，底层扇入数较高。

### 3. 模块的大小

模块的大小是指程序的行数，限制模块的大小是减少复杂性的手段之一。对于模块多大最佳的问题，有许多不同的观点。从经验上讲，为了提高可读性和方便修改，一个基本模块的程序量以能印在一张打印纸上为宜，即 10～100 个程序行之间。这当然不是绝对的，如对于一个复杂的数学公式计算模块，即使语句远远超出上述范围，也不应生硬地将它们分成几个小模块。因此，模块的功能是决定模块大小的一个重要出发点。

#### 4. 消除重复的功能

设计过程中如果发现几个模块具有类似的功能，则应对模块进行必要的分解或合并处理，设法消去其中的重复功能。因为同一功能的程序段多次出现，不仅浪费编码时间，而且会给调试和维护带来困难。

#### 5. 作用范围和控制范围

一个判定的作用范围是指所有受这个判定影响的模块。若某一模块中只有一小部分操作依赖于这个判定，则该模块仅仅本身属于这个判定的作用范围；若整个模块的执行取决于这个判定，则该模块的调用模块也属于这个判定的作用范围。

模块的控制范围是指模块本身及其所有的下属模块。控制范围完全取决于系统的结构，它与模块本身的功能没有多大关系。

一个好的模块结构，应该满足以下要求：判定的作用范围应该在判定所在模块的控制范围之内；判定所在模块在模块层次结构中的位置不能太高。

#### 6. 其他建议

在设计时，还有一些其他方面的考虑。如：应该设计单入口、单出口的模块，从而使模块间不出现内容耦合；模块应设计成"暗盒"形式，只完成一个单独的子功能；模块功能可预测，应包括执行某项具体任务的部分、通知调用模块发生例外情况的部分和返回调用模块部分；力求模块的接口简单，根据具体情况设计模块内容等。

# 6.3　系统运行平台设计

管理信息系统是以信息技术为基础的人机系统，管理信息系统的运行平台是管理信息系统开发和应用的基础。平台设计包括计算机处理方式的选择、计算机软硬件的选择、网络系统的设计、数据库管理系统的选择等。随着信息技术的发展，多种多样的计算机软、硬件产品为信息系统的建设提供了极大的选择空间，但同时也给系统的设计工作带来新的困难，如何在众多厂家的产品中选择符合本系统需求的计算机软、硬件，网络系统，数据库管理系统的产品，就是本节要讨论的内容。

管理信息系统运行平台设计包括信息系统工作模式设计、计算机硬件的选择、计算机软件的选择和网络环境的设计工作等。

## 6.3.1　设计依据

管理信息系统的运行平台设计主要从以下几个方面进行考虑。

#### 1. 系统的吞吐量

每秒执行的作业数称为系统的吞吐量。吞吐量越大，系统的处理能力就越强，软、硬件要求就越高。

### 2. 系统的响应时间

从用户向系统发出一个作业请求开始,到系统给出应答结果的时间,称为系统的响应时间。如果要求系统具有较短的响应时间,就应当选择运算速度较快的计算机及具有较高传递速率的通信线路,如实时应用系统。

### 3. 系统的可靠性

系统的可靠性可以用连续工作时间表示,即平均无故障时间。例如,对于每天需要24小时连续工作的系统,则系统的可靠性就应该很高,这时可以采用双机双工方式并经常进行数据备份,最大程度上减少不可靠的风险。

### 4. 结构模式

如果一个系统的处理方式是集中式的,则信息系统既可以是主机系统,也可以是网络系统;若系统的处理方式是分布式的,则应采用计算机网络,以便更有效地发挥系统的性能。信息系统的结构模式在系统实施后是不太容易改变的。

### 5. 地域范围或计算模式

对于分布式系统,要根据系统覆盖的范围决定采用广域网还是局域网。

## 6.3.2 信息系统工作模式设计

信息系统工作模式是指系统的软、硬件资源以及数据资源在空间上的分布与连接特征。从信息资源管理的集中程度看,系统工作模式主要有集中式系统和分布式系统。硬件、软件、数据等信息资源在空间上集中配置的信息系统为集中式系统。利用计算机网络把分布在不同地点的计算机硬件、软件、数据等信息资源联结在一起,服务于一个共同的目标而实现相互通信和资源共享,就形成了信息系统的分布式结构,被称为分布式系统。

单项业务系统选用各类 PC 和数据库管理系统作为平台;综合业务管理系统以计算机网络和关系型数据库管理系统作为平台;集成管理信息系统则常将 CAD、CAM、MIS、DSS 等组合成一个有机整体,综合性更强,规模更大,系统平台也更复杂,它涉及异型机、异种网络、异种库之间的信息传递和交换。

## 6.3.3 计算机硬件的选择

计算机硬件的选择取决于数据的处理方式和要运行的软件。从经济效益和使用效果考虑,一个企业不应该购买不必要的硬件,也不该配置一个不适应或不满足操作要求的硬件系统。

一般说来,计算机机型选择主要考虑应用软件对计算机处理能力的需求,在硬件选择时应选择技术上成熟可靠的系列机型。这些机型应具备以下特点:①处理速度快;②数据存储容量大;③有良好的兼容性与可扩充性、可维护性;④有良好的性能/价格比;⑤售后服务与技术服务好;⑥操作方便;⑦在一定时间内保持一定先进性。

## 6.3.4 计算机软件的选择

在计算机系统硬件选购的同时,也要进行计算机软件的配置,它是管理信息系统的重要支撑，因为管理信息系统的功能是由软件来实现的。一个性能良好的计算机硬件系统能否发挥其应有的功能，取决于为之配置的软件是否适当、是否完善。软件选择包括操作系统、数据库管理系统、开发工具、应用软件包等。

### 1. 操作系统

操作系统是系统软件的一种，它统一管理计算机的软、硬件资源，合理组织计算机的工作流程，协调系统各部分之间、系统与用户之间的关系，方便使用和充分发挥系统效率。操作系统可以看作是用户与计算机的接口或桥梁。一般常用的操作系统有：Unix、Linux、Windows 和 Windows NT 等。在管理信息系统建设中，应选择功能强、使用方便的操作系统。

### 2. 数据库管理系统

数据库管理系统(DBMS)是为了有效地管理和使用数据，控制数据的存储，协调数据之间的联系。主要考虑的因素包括数据库的性能、数据库管理系统的系统平台、数据库管理系统的安全保密性能、数据库的类型。流行的数据库管理系统绝大多数是关系型数据库管理系统，如 Microsoft SQL Server、MySQL、Oracle、Access、Sysbase、DB2 等。

### 3. 开发工具

开发工具的选取首先依据的是管理信息系统应用的模式。若为 B/S 模式，如果网络操作系统选择的是 Windows NT，则微软公司的 IIS 是建立支持 Web 应用的首选应用服务器软件。基于 B/S 模式的开发工具有 Java，C#，ASP 等。而 C/S 模式的开发工具及运行环境一般安装在客户端计算机上，现在常选用可视化编程语言，如 PowerBuilder、Delphi、VC++、VB 等。

### 4. 应用软件包

选择应用软件应考虑：是否能够满足用户的需求；是否具有足够的灵活性；是否能够获得长期、稳定的技术支持。如果应用软件并非选择现成的，而是按系统分析要求开发，则软件选择的主要问题是软件包的选择与集成，具体分析如下。

(1) 图形软件。现在市场上陆续推出的应用性软件都带有图形功能，它能很方便地画出各种统计图形，使管理信息系统能方便地实现图文并茂的功能，满足用户的使用要求。

(2) 各种应用软件包，如线性规划软件包、统计分析软件包、多元分析软件包、决策模型软件包等，可支持管理信息系统的决策功能。

## 6.3.5　计算机网络的选择

计算机网络是系统运行平台的重要组成部分。网络环境的设计过程是从信息系统建设需求出发，充分考虑用户自身的特点和行业特征，利用当前主流网络技术和网络产品，设计网络构建的解决方案，并以此方案进行整个网络建设的过程。网络设计要能够保证方案切实可行并且能够最大限度地保护用户的已有投资。

计算机网络的选择主要应从以下三个方面来考虑。

### 1. 网络拓扑结构

网络拓扑结构一般有总线型、星型、环型、混合型等，应根据应用系统的地域分布、信息流量等因素进行综合考虑。

### 2. 网络的逻辑设计

先按软件将系统从逻辑上分为各个分系统或子系统，再按需要配置设备。

### 3. 网络操作系统

应选择能够满足计算机网络系统功能要求和性能要求的网络操作系统，一般要选用网络维护简单、具有高级容错功能、容易扩充并可靠、具有广泛的第三方厂商的产品支持、保密性好、费用低的网络操作系统。

服务器上的操作系统一般选择多用户网络操作系统，目前流行的有 Unix、Netware、Windows NT 等。Unix 历史最早，特点是稳定性及可靠性非常高，缺点是系统维护困难，系统命令枯燥。它是唯一能够适用于所有应用平台的网络操作系统。Netware 适用于文件服务器/工作站工作模式，几年前市场占有率很高，但现在应用得较少。Windows NT 安装维护方便，具有很强的软硬件兼容能力，并且同 Windows 系列软件的集成能力也很强，是普遍采用的网络操作系统。

## 6.3.6 系统运行平台设计报告

管理信息系统的运行平台设计的结果是提交如下材料。

### 1. 管理信息系统运行平台配置概述

系统运行平台总体情况以及选择系统运行平台的背景、要求、原则、制约因素等。

### 2. 系统运行平台的依据

选择系统运行平台的依据，包括功能要求、容量要求、性能要求、硬件设备配置要求、通信与网络要求、应用环境要求等。

### 3. 系统运行平台配置

系统运行平台配置包括 4 个方面内容。

(1) 硬件结构情况以及硬件的组成及其连接方式，还要说明硬件所能达到的功能，并画出硬件结构配置图。

(2) 硬件系统配置的选择情况，列出硬件设备清单，标明设备名称、型号、规格、性能指标、价格、数量、生产厂家等。

(3) 通信与网络系统配置的选择情况，列出通信与网络设备清单，标明设备名称、型号、规格、性能指标、价格、数量、生产厂家等。

(4) 软件系统配置的选择情况，列出所需软件清单，标明软件名称、来源、特点、适用范围、技术指标、价格等。

### 4. 费用情况

计算机硬件、软件、机房及其他附属设施、人员培训及计算机维护等所需费用，并给出预算结果。

### 5. 具体配置方案的评价

从使用性能和价格等方面进行分析，提供多个系统运行平台配置方案。通过对各个配置方案进行评价，在结论中提出符合系统设计需求的选择方案。

**案例 6.1　某设计院的管理信息系统平台建设**

某设计院管理信息系统平台建设项目主要是为该企业计算机应用系统提供可靠、易用、安全的系统运行平台和开发平台。在此平台上，该企业有关部门将开发人事管理系统、图书情报管理与检索系统、工程文件管理系统、质量管理系统、设备管理系统、合同标书综合管理系统等信息管理系统，同时为电子商务做好准备。

#### 1. 系统特点及有关要求

(1) 实现网络互联、互通的平滑过渡：由于原计算机网络中存在许多不同厂商、不同操作系统的产品，如 HP Unix 工作站、Sun Solaris 工作站、IBM Notes Server，增加新的服务器后，将建立以 Windows Server 2003 为核心的局域网络。此时必须确保不同操作系统的计算机间能共享文件和打印服务，能够进行数据库访问。

(2) 实现数据的集中管理与备份：新购置的服务器不仅承担自己本身的数据备份，而且应该能够备份网络上其他服务器上的数据。

#### 2. 系统设计出发点和设计原则

系统配置方案的出发点为：以用户当前需要为基准，充分考虑系统的建设原则，以应用软件为重点，配置服务器和系统软件以满足用户应用的需求，从而实现最佳的整体系统性能。

系统方案突出了以下原则：

(1) 先进性和成熟性。由于计算机技术目前仍处于飞速发展时期，组建计算机应用环境时，为避免落后和在过短时期内升级，必须考虑选型的先进性和成熟性。先进性表现在选择先进的技术和软、硬件设备上，但是技术和设备都必须是成熟的，以避免被淘汰的风险。

(2) 稳定性和安全性。随着计算机应用水平的提高，用户的工作会在一定程度上依赖于稳定的计算机环境，因此系统的稳定性和安全性是提高效率和避免损失的保证。稳定性表现在网络的稳定连接、计算机的稳定运行和软件的稳定使用上。安全性既包括了防止破坏和对信息的安全保密，也包括系统数据的安全性。

(3) 开放性。开放性不仅使系统本身具有很强的生命力，开放性所带来的灵活性和适应能力也可以大大降低用户的维护和升级费用。

(4) 可管理性。可管理性指系统的可管理能力强且易于管理。对系统的管理包括网络资源、用户以及使用应用软件的管理。系统的可管理性一方面可以提高系统管理员的效率，另一方面可以使用户降低在维护方面的开销。

(5) 整体性能和性能价格比。在系统的软硬件配置方面，必须考虑系统的整体性能。例如，网络带宽的配置应以满足传输要求为基础。同时，一个好的系统配置必须有好的性能价格比。

性能价格比是带有时间性的，即在系统的一定使用时期内，达到较高的性能价格比。一个初期投资少而升级频繁且升级费用很高的系统，其性能价格比很低。

### 3. 系统配置方案

计算机软、硬件配置是以支撑该企业的业务处理和办公、事务信息处理等应用软件为重点，涉及服务器、操作系统和数据库系统，并需要考虑网络中其他工作站的网络连接和数据共享。

根据对系统应用需求的理解，通过对多种产品和多项技术的比较、研究以及用户对系统的期望，提出以下配置方案。

- 数据库服务器(主服务器): 采用 HP 公司的基于 Intel Xeon E5405 四核处理器系列的 ProLiant ML350 G5 服务器及 Windows Server 2003 网络操作系统(标准版本)。
- 应用服务器: 采用 HP 公司的基于 Intel Xeon MP 7110M 系列的 ProLiant ML 570 服务器及 Windows Server 2003 网络操作系统(Advanced 版本)。
- 存储系统: 采用美国 Compaq 公司的 RA4100/R 机架式磁盘柜，磁带库采用 Compaq 公司的机架式、模块式的 TL891 系统。
- 操作系统和备份软件: 操作系统采用美国微软公司的 Windows Server 2003，备份软件采用美国 Legato 公司的 Legato Network 软件。
- 数据库: 采用美国 Oracle 公司的 Oracle 10g Database Enterprise Edition For Microsoft Windows。
- 中间件: 采用美国 Oracle 公司的 Internet Application Server Enterprise Edition。
- 开发工具: 采用美国 Oracle 公司的 Internet Developer Suite For Windows 2003。

该企业计算机应用系统是一个包含了软、硬件的集成系统，本设计配置方案的重点是软、硬件结合的整体性能和优势。其中，以满足用户应用软件为核心，在应用需求的前提下，配置合理的硬件设备。同时，硬件设备以及系统平台的配置，为应用软件的最终实现应能提供充分的支持。

### 4. 项目实施情况

该管理信息系统平台建设项目历经方案设计论证、设备选型、技术研讨、设备采购和验收、产品系统集成、系统总调及系统测试验收、系统培训等阶段，已经圆满地完成了上述各阶段的任务，用户已开始在上述平台上试运行已有应用系统，并逐步开发新的应用系统。概括如下:

- Compaq ProLiant 8500、Compaq StorageWorks RA4100、Compaq TL891 DLT、Compaq Rack 9142 机柜安装、连接。
- 实现采用 Unix、Windows NT、Windows 2003 Advanced Server 计算机系统的互连、互通、互访和集中管理。
- 实现了客户/服务器模式、浏览器/服务器模式下 Oracle 数据库的各项功能。
- 实现了整个局域网络环境下各种服务器数据的集中备份、恢复和定期、定时备份。
- 进行了网络操作系统、数据库系统、数据库开发工具、网络备份软件的安装、使用、维护的培训。

### 5. 系统运行效果及用户评价

在该项目的系统验收后，整个系统运行良好，无故障出现，尤其是网络备份系统一直在定期进行数据集中备份，多次抽查备份进行恢复从未出现数据丢失情况。

(资料来源：http://www.81tech.com/2009/1208/9502.html)

# 6.4　代码设计

代码是指代表事物名称、属性、状态等的符号，它以简短的符号形式代替具体的文字说明。代码设计是系统设计的重要内容。

## 6.4.1　代码的功能

### 1. 便于录入

由于用汉字表示事物的名称、属性和状态时，使用的汉字多，所以录入量大，录入速度慢。但采用代码后，代码的字符个数远远少于汉字字符的个数，这样不仅减少了录入量，而且录入速度也大大提高。

### 2. 节省存储空间，提高处理速度

采用代码比采用汉字使用的字符少，因而可以节省存储空间。同时，由于代码位数减少，提高了存取速度，这样就使运算、传递的速度得到提高，从而提高了效率。

### 3. 便于计算机识别和处理

由于采用统一的编码，在查询、通信、分类、统计、分析时，可以充分利用编码的规律，可以十分方便地进行处理。

### 4. 提高数据标准化程度

由于用汉字表示事物的名称、属性、状态时，汉字多少不一，有的只有一个汉字，有的多达十几个汉字，长短不齐，不利于统一。采用代码，可以使其字符数统一，长短标准化。

### 5. 提高处理精度

由于代码统一，可以使用相应的代码校验方法及时查错，从而提高整个处理工作的精度和质量。

## 6.4.2　代码设计的原则

### 1. 唯一性

每个代码都仅代表唯一的实体或属性。

### 2. 通用性(标准化)

要尽量采用现有的标准通用代码，如国际、国家、行业或部门及企业规定的标准代

码，按优先级别使代码的使用范围越广越好。

### 3. 可扩充性

代码越稳定越好，但要考虑系统的发展变化。当增加新的实体和属性时，可以直接利用原代码加以扩充，代码的设计要能满足三五年的使用要求。

### 4. 简洁性

代码的结构要简单明了，含义单纯，容易理解。代码的长度影响其所占的存储空间、输入/输出及处理速度、以及输入时的出错概率，因此应当尽量简短。

### 5. 系统性

代码要有规律，逻辑性强。这样既便于计算机处理，也便于识别、记忆以及在人工处理中使用。

### 6. 易修改性

当系统条件发生某些变化时，代码应当容易修改。

## 6.4.3 代码的种类

### 1. 顺序码

顺序码又称系列码。这种编码方法是将要编码的对象按一定的规则(如发生的顺序、大小的顺序等)分配给连续的顺序号码。通常从 1 开始。例如，一个企业有 1565 个职工，其职工号可以编成 0001，0002，0003……1565。

顺序码的特点是简单明了，位数少，易于追加，易于管理。但这种码没有逻辑基础，它本身不能说明任何信息的特征，因而不能用于分类处理等场合。同时追加的部分只能列在最后，删除时则造成空码。

通常，顺序码适合于比较固定的永久性编码(如各大城市编码等)，或者和其他编码方式配合使用。

### 2. 层次码

层次码也称区间码，它把代码对象分区间进行编码，每个区间有不同的含义。这样，每位码本身及其所在的位置都代表一定的意义。例如，某大学的学生代码******，前两位代表年级编号(大分类)，中间两位代表专业及班级编号(中分类)，后两位代表学生在班上的编号(小分类)。层次码的优点是分类明确，能表示较多信息，检索、分类和排序都很方便，但其缺点是有时造成代码过长。

### 3. 特征组合码

特征组合码常用于面分类体系。它是将分类对象按其属性或特征分成若干个面，每个面内的类目按其规律分别进行编码。因此，面与面之间的代码没有层次关系，也没有隶属关系。例如，对螺钉可选用材料、直径、螺钉头形状等三个面，每个面内又分成若干类目分别编码，如下所示：

第一面： 1－不锈钢 2－黄铜 3－钢

第二面： 1－$\phi 0.5$ 2－$\phi 1$ 3－$\phi 1.5$

第三面： 1－圆头 2－平头 3－六角形头 4－方形头

再将各面的代码组合，例如，代码 234 表示"黄铜 $\phi 1.5$ 方形头螺钉"。

特征组合码的结构具有一定的柔性，适合计算机处理，但代码容量利用率较低，易出现大量空码。

### 4．十进制码

十进制码是图书馆常用的图书编码方法，与层次码的编码原理相同，不同点是在十进制码结构中采用了小数点符号。

### 5．条形码

条形码(barcode)是将宽度不等的多个黑条和空白，按照一定的编码规则排列，用以表达一组信息的图形标识符。商品条形码是指由一组规则排列的条、空及其对应字符组成的标识，用以表示一定的商品信息的符号，如图 6.13 所示。其中，一组条、空用于条形码识读设备的扫描识读；其对应字符由一组阿拉伯数字组成，供人们直接识读或通过键盘向计算机输入数据使用。这一组条、空和相应的字符所表示的信息是相同的。

图 6.13 商品条形码简例

条形码技术是随着计算机与信息技术的发展和应用而诞生的，它是集编码、印刷、识别、数据采集和处理于一身的新型技术。为了使商品能够在全世界自由、广泛地流通，企业无论是设计制作，申请注册还是使用商品条形码，都必须遵循商品条形码管理的有关规定。

### 6．二维码

二维码是一种按某种规律在平面(二维方向)上分布，用来记录数据符号信息的黑白相间的几何图形标识符，如图 6.14 所示。在代码编制上巧妙地利用构成计算机内部逻辑基础的"0""1"比特流的概念，使用若干个与二进制相对应的几何形体来表示文字数值信息，通过图像输入设备或光电扫描设备自动识读以实现信息自动处理。

图 6.14　二维码简例

二维码是一种比一维码更高级的条码格式。一维码只能在一个方向(一般是水平方向)上表达信息，而二维码在水平和垂直方向都可以存储信息。一维码只能由数字和字母组成，而二维码能存储汉字、数字和图片等信息，因此二维码的应用领域要广得多。

每种码制有其特定的字符集；每个字符占有一定的宽度；具有一定的校验功能等，同时还具有对不同行的信息自动识别功能及处理图形旋转变化等特点。

在实际应用中，可以根据需要选择或将几种编码方法结合起来使用。

## 6.4.4　代码的校验

为了通过程序检查输入代码的正确性，可以利用在原代码的基础上附加校验位的方法。校验位的值是通过数学计算得到的，程序检查时，即通过对代码有关位的计算来核对校验位的值，如果不一致则查出代码有错。

采用校验位的方法可以发现以下几种错误：

● 抄写错误。例如，1 写为 7，3 写为 8。

● 易位错误。例如，1 234 写为 1 324。

● 双易位错。例如，36 912 写为 21 963。

● 随机错误。包括以上两种或三种综合性错误或其他错误。

产生校验位的方法很多，这里介绍一种加权取余法。即选一组确定的权值和模，校验时将原码加权运算，然后除以模数，将模数减去余数作为校验位。

**1. 确定校验位的方法**

(1) 将代码($C_i$)各位乘以权因子($P_i$)，求出各位的积：$C_1P_1$，$C_2P_2$，…，$C_nP_n$

(2) 求出各位积之和：$S=C_1P_1+C_2P_2+\cdots+C_nP_n$

(3) 以称为模的常数($M$)除和，求出余数($R$)即 $R=\mathrm{mod}(S,M)$。

(4) 把余数 $R$ 作为校验位(也可以把模 $M$ 减去余数 $R$ 作为校验位($M-R$))。

**权因子的选取**：通常以提高出错发现率为基础，常见的如下所示。

① 几何级数，如 1，2，4，8，16，32，…

② 算术级数，如 1，2，3，4，5，6，7，…

③ 质数，如 1，3，5，7，11，13，17，…

④ 有规律的数，如 1，3，7，1，3，7，1，3，…

**模的选取：** 可取 10，11，13 等。

### 2. 代码校验位的求法

例如，设某化妆品的代码为：1 2 3 4 5，代码中各位从左往右分别取权因子：16、8、4、2、1。又设代码的模为 11，试求该化妆品代码的校验码及其新代码。

**解：** 已知某化妆品的代码为：12345，代码中各位依次取权因子：16、8、4、2、1，并取模 11，则：

原代码　　　1　2　3　4　5

权因子　　 16　8　4　2　1

乘积和　　 16+ 16+ 12+ 8 + 5 = 57

57/11=5，余数为 2。

因此，某化妆品代码的校验码为 2，将代码与校验码合并，得到带校验位的新代码为 12345$\underline{2}$。[1]

当代码 12345 输入为 13245 时，求出其校验值是 5，显然与 2(或 9)不一致，所以说明有错。对于准确性要求很高的代码，可以考虑增加校验位的位数。当模减去余数为 10，11，12，13 时，其校验位为 A，B，C，D；而对于字母编码，要使用校验位检查，计算时要将 A～Z 转换为 10～35。

# 6.5　数据库设计

数据库设计是将数据按一定的分类、分组系统和逻辑层次组织起来，是面向用户的。数据库设计时需要综合企业各个部门的存档数据和数据需求，分析各个数据之间的关系，按照 DBMS 提供的功能和描述工具，设计出规模适当、正确反映数据关系、数据冗余少、存取效率高、能满足多种查询要求的数据模型。

## 6.5.1　数据库设计的内容

数据库设计的内容是：在对环境进行需求分析的基础上，进行满足要求及符合语义的概念设计和逻辑设计，进行具有合理的存储结构的物理设计，实现数据库的运行等。

数据库设计往往取决于设计者的知识和经验，对同一环境，采用同一个 DBMS，由不同设计者设计的数据库的性能可能相差很大。

系统设计人员在数据库设计时，都希望能达到下列目标：满足用户要求；得到现有的某个 DBMS 产品的支持；效率较高，且易于维护、扩充等。但由于设计人员与用户在具体的计算机知识与业务知识之间缺乏共同语言，对信息系统中数据库的功能及需求缺乏

---

1 有的教材采用模减余数做校验码，则校验码为：11-2=9，新代码为 12345$\underline{9}$。

明确规定，以及技术上还没有一个完善的设计方法，因此，给数据库设计造成很大的困难。

## 6.5.2 数据库设计的基本步骤

根据生命周期的观点，开发一个数据库系统，大致有如下一些步骤：

(1) 需求和约束分析。

(2) 概念设计。

(3) 逻辑设计。

(4) 物理数据库设计。

(5) 实施阶段。

(6) 运行和数据库维护。

其中，(5)和(6)是在系统实现阶段所做的工作。

下面介绍数据库设计的具体步骤。

### 1. 需求和约束分析

进行数据库设计首先必须准确了解与分析用户需求(包括数据与处理)。需求分析是整个设计过程的基础，是最困难、最耗费时间的一步。需求分析的结果是否准确地反映了用户的实际要求，将直接影响到后面各个阶段的设计，并影响到设计结果是否合理和实用，是进行其他设计的基础。

1) 调查用户要求

收集有关数据和调查用户要求的过程很费时间，设计人员不仅要充分理解系统分析的成果，还要制订完成这项工作的计划，并利用调查表或类似的工具从各级管理部门(执行部门、职能部门和操作部门)得到所需的数据综合表和可能的要求，并分析现行业务处理的流程、范围和目标。

设计人员应掌握下述信息：数据要求、加工要求和各种限制条件。具体地说，应包括数据的来源、去向、性质和取值范围，数据之间的关联，数据的使用方式和使用频率，数据的用户及数据安全性、完整性要求等。

2) 数据分析

要得到一个系统所需数据及其关系，必须在调查研究和收集数据的基础上，再进行数据分析。数据分析是通过对信息流程及处理功能的分析，明确下列一些问题：数据的有效性、完整性、冗余性、数据的类型和表示、数据之间的联系、数据的标准化、数据总量和数据密级划分。

3) 确定环境约束条件

根据分析的结果以及对系统软、硬件环境的研究，设计人员要从整体上考虑环境的约束条件，使数据库的设计能在确定的环境下顺利进行。

### 2. 概念设计

概念设计是整个数据库设计的关键，它通过对用户需求进行综合、归纳与抽象，形成一个独立于具体 DBMS 的概念模型。其主要工作就是设计概念模型，该模型能将用户的数据明确地表达出来。概念模型是一种面向问题的模型，它反映了用户的实现环境，并指出了从用户角度看到的数据库，它是处理多种应用数据的方法的组合。概念模型与单独的应用无关，与数据库管理系统及数据库的实现无关，因此，它是用户与设计人员之间的桥梁，它既是明确表达用户要求的一个模型，又是设计数据结构的基础。

概念模型的设计方法有多种，其中实体—联系模型(E-R 模型)是一个典型代表，它是描述现实世界的一个简明而有力的工具。

1) E-R 模型

E-R 模型即实体—关系模型(entity-relationship)，具有三种基本要素：实体、联系和属性。

**实体**(entity)：客观存在并可相互区分的事物。它可以是指物，也可以指人，可以指实际的东西，也可以指概念性的东西。如学生张三、工人李四、计算机系、数据库概论课程。

**联系**(relationship)：实体之间的相互关联，如学生与老师间的授课关系。联系有一对一、一对多、多对多三种不同类型。

**属性**(attribute)：实体所具有的某一特性。一个实体可以由若干个属性来刻画。如对学生而言，学号、姓名、年龄、性别、年级、成绩等都是他们的属性。属性的取值范围为域。如性别的域为(男、女)，月份的域为 1~12 的整数。

联系也可以有属性，如学生与课程之间有选课联系，每个选课联系都有一个成绩作为其属性。

**关键字**(key)：能唯一标识实体的属性或属性组称作候选码。从所有候选码中选定一个用来区别同一实体集中的不同实体称作关键字，也叫主码。一个实体集中，任意两个实体在主码上的取值不能相同。如学号是学生实体的主码。

实体、联系和属性分别用长方形、菱形和圆形来表示，如图 6.15 所示。

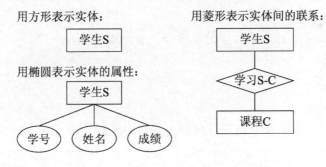

图 6.15　E-R 图简例

E-R 图形中实体间的联系类型有如下几种，如图 6.16 所示。

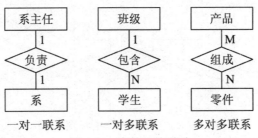

图 6.16　实体间的联系

2) E-R 模型设计的主要步骤

(1) 划分和确定实体。

(2) 划分和确定联系。

(3) 确定属性。作为属性的"事物"不能再有需要描述的性质或与其他事物具有联系。为了简化 E-R 模型,能够作为属性的"事物"尽量作为属性处理。

(4) 画出 E-R 模型。重复过程(1)~(3),以找出所有实体集、关系集、属性和属性值集,然后绘制 E-R 图。设计各部门的 E-R 分图,即用户视图的设计,在此基础上综合各 E-R 分图,消除各个 E-R 分图中的不一致,形成 E-R 总图。

(5) 优化 E-R 模型。利用数据流程图,对 E-R 总图进行优化,消除数据实体间冗余的联系及属性,形成基本的 E-R 模型。

## 案例 6.2 构造一个基本的教学 E-R 模型

- 确定实体。

    对于一个基本的教学系统,最基本的实体必须包含教师、学生及所学习的课程。

- 划分和确定联系。

    教师和课程之间,存在"讲授"联系,是一个 M∶N 的联系。

    学生和课程之间,存在"学习"联系,是一个 L∶N 的联系。

- 确定属性。

    实体的属性:

    教师(教师编号、教师姓名、职称);

    学生(学号、姓名、性别);

    课程(课程编号、课程名、学时、学分、教材名称)。

    联系的属性:

    讲授(效果);

    学习(成绩)。

    画出 E-R 模型。由上述步骤可以得到基本教学 E-R 图,如图 6.17 所示。

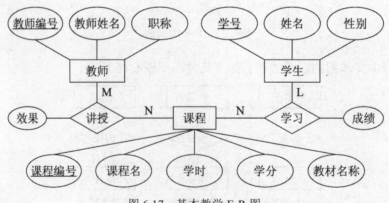

图 6.17  基本教学 E-R 图

### 3. 逻辑设计

逻辑设计的主要任务就是设计数据的结构，即按照数据库管理系统提供的数据模型，转换已设计的概念模型，实质上是把概念模型(即 E-R 模型)转换为所选用的 DBMS 所支持的关系数据模型。

逻辑设计的主要目的是保证数据共享，消除结构冗余，实现数据的逻辑独立性，易懂易用，有利于数据的完整性及安全性控制，且尽量降低开销。

1) 转换原则

把模拟现实世界的 E-R 模型转换成大多数用户所采用的关系数据模型。在 E-R 模型中有实体和联系两类数据，一个实体和一个联系分别用一个二维表来表示，其转换原则是：

(1) 一个实体用一个二维表来表示，实体的所有属性就是表的属性，实体的主码就是表的主码。

(2) 一个关系用一个二维表来表示，与该联系相连的各实体的主码及联系本身的属性均为此表的属性。而表的主码为联系相连的各实体的主码的组合。

(3) 通过转换，就有了关系数据模型，就可以用 Access 等数据库管理系统提供的各种命令来建立库文件了。

**案例 6.3**　根据 E-R 模型，转换成关系数据模型

实体：教师　　其中关键字 Key=(教师编号)

| 数据项 | 教师编号 | 教师姓名 | 职称 |
|---|---|---|---|
| 类型 | C | C | C |
| 长度 | 6 | 10 | 20 |

实体：学生　　其中关键字 Key=(学号)

| 数据项 | 学号 | 姓名 | 性别 |
|---|---|---|---|
| 类型 | C | C | C |
| 长度 | 8 | 10 | 2 |

实体：课程　　其中关键字 Key=(课程编号)

| 数据项 | 课程编号 | 课程名 | 学时 | 学分 | 教材名称 |
|---|---|---|---|---|---|
| 类型 | C | C | N | N | C |
| 长度 | 6 | 20 | | | 30 |

联系：讲授　　其中关键字 Key=(教师编号，课程编号)

| 数据项 | 教师编号 | 课程编号 | 效果 |
|---|---|---|---|
| 类型 | C | C | C |
| 长度 | 6 | 6 | 8 |

联系：学习　　其中关键字 Key=(学号，课程编号)

| 数据项 | 学号 | 课程编号 | 成绩 |
|--------|------|----------|------|
| 类型 | C | C | N |
| 长度 | 8 | 6 | |

2)* 关系的规范化

规范化是关系数据库设计的重要理论。可借助规范化方法来设计数据存储的结构，并力求简化数据存储的数据结构，以提高数据的可修改性、完整性和一致性。

规范化理论是 E. F. Codd 在 1971 年提出的。他及后来的研究者为数据结构定义了 5 种规范化模式(normal from，简称范式 NF)。范式表示的是关系模式的规范化程度，即满足某种约束条件的关系模式。根据满足的约束条件的不同来确定范式，有 1NF、2NF、3NF、BCNF、4NF 等。下面主要介绍前三种范式。

(1) 第一范式(1NF)。如果在一个数据结构中每个数据项都是不可再分的数据项，就称该数据结构是规范的。任何满足规范化要求的数据结构都称为第一范式，记为 1NF。

例：把不规范的关系转为规范关系。

职工简明表

| 职工号 | 姓名 | 性别 | 出生日期 | 简历 | | |
|--------|------|------|----------|------|------|------|
| | | | | 工作日期 | 工作单位 | 职务 |
| 1001 | 王建国 | 男 | 1993.05 | 2017.06 | 供电局 | 技术员 |

对上表进行规范化处理，去掉复合数据项"简历"，得到符合 1NF 的关系。

职工基本情况表

| 职工号 | 姓名 | 性别 | 出生日期 | 工作日期 | 工作单位 | 职务 |
|--------|------|------|----------|----------|----------|------|
| 1001 | 王建国 | 男 | 1993.05 | 2017.06 | 供电局 | 技术员 |

(2) 第二范式(2NF)。如果一个规范化的数据结构的所有非关键字数据项完全函数依赖于它的整个关键字，则称该数据结构是第二范式的，记为 2NF。

转化为 2NF 的方法是：对于关键字由若干个数据项组成的数据结构，必须确保所有的非关键字数据项依赖于整个关键字。即去掉部分依赖关系，把它分解成若干个都是 2NF 的数据结构。

部分依赖：假设 ABC 分别是同一个数据结构 R 中若干个数据项的集合。C 依赖于 AB 的子集，则称 C 部分依赖于 AB，否则称为 C 完全依赖于 AB。

例：材料—供应商—库存的关系如下。

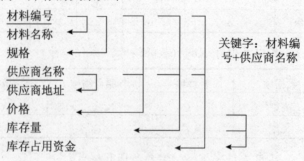

上例中，"材料名称""规格""供应商地址"不完全依赖于关键字，故不是 2NF。把上例分解成三个 2NF 的数据结构，如下所示。

**材料库存**

| 材料编号* | 供应商名称* | 价格 | 库存量 | 库存占用资金 |
|---|---|---|---|---|

**材料规格**

| 材料编号* | 材料名称 | 规格 |
|---|---|---|

**供应商**

| 供应商名称* | 供应商地址 |
|---|---|

其中，*为关键字码。

(3) 第三范式(3NF)。如果一个数据结构中任何一个非关键字数据项都不传递依赖于它的关键字，则称该数据结构是第三范式的，记为 3NF。

传递依赖：假设 ABC 分别是同一个数据结构 R 中若干个数据项的集合，如果 C 依赖于 B，而 B 依赖于 A，那么 C 依赖于 A，即称 C 传递依赖 A。

在 2NF 中去掉传递依赖关系，就是 3NF。上例中，因为"价格"与"库存量""库存占用资金"都是非关键字，但"库存占用资金"依赖于"价格"和"库存量"，故不是 3NF。去掉多余的"库存占用资金"，即转为 3NF，而"库存占用资金"在程序中加以解决即可。

**材料库存**

| 材料编号* | 供应商名称* | 价格 | 库存量 |
|---|---|---|---|

3NF 消除了插入、删除、更新异常及数据冗余等问题，已经是比较规范的关系了。

【总结】数据结构规范化设计的步骤如下。

非规范化的数据(有复合的数据项)
↓ 把所有非规范化的数据结构分解成若干个二维表形式的数据结构，并指定一个或若干个关键字

1NF(没有复合的数据项)
↓ 若关键字由不止一个数据项组成，必须保证所有的非关键字数据项依赖于整个关键字，否则去掉部分依赖关系

2NF(所有的非关键字数据项均完全依赖于整个关键字)
↓ 检查所有非关键字数据项是否彼此独立，如果不是，去掉传递依赖关系，通过去除冗余的数据项，构成都是3NF的数据结构

3NF(所有的非关键字数据项均完全依赖于整个关键字，且只依赖于整个关键字)

#### 4. 物理数据库设计

所谓物理数据库设计是指对给定的逻辑模型，选取一个最适合应用环境的物理数据库结构的过程，因而物理数据库设计的主要任务就是确定数据库的物理结构，同时对其进行评价。

物理设计与逻辑设计是一个问题的两个方面，如果说逻辑设计是面向用户的话，那么物理设计则是面向计算机的。逻辑设计的好坏直接影响到物理设计，因为逻辑设计的输出是物理设计的输入。物理数据库设计的输入信息还包括特定的 DBMS 及硬件环境，其输出应是在时间、空间等诸方面最佳的、有效的物理模型。

物理数据库设计的主要依据是需求和约束分析报告以及数据库的逻辑模型，其主要任务包括以下几个方面：确定文件的存储结构、选取存取路径、确定数据存放位置和确定存储分配。

**案例6.4** 工厂管理系统中物资管理的 E-R 图

本实例说明用 E-R 图进行概念设计，并运用转换策略设计关系模式的过程。

#### 1. 数据需求描述

分析一个机械制造厂的工厂技术部门和工厂供应部门。技术部门关心的是产品性能参数、产品由哪些零件组成、零件耗用的材料及耗用量等；工厂供应部门关心的是产品的价格、产品使用哪些材料、材料的价格，材料存放在哪个仓库及库存量等。

#### 2. 概念设计

(1) 标识实体集。

产品，零件，材料，仓库。

(2) 标识联系集。

产品和零件存在"组成"联系：m∶n

产品和材料存在"使用"联系：m∶n

材料与仓库存在"存放"联系：m∶n

(3) 标识属性集。

- 实体属性：

产品(产品号，产品名，价格，性能参数)。

零件(零件号，零件名)。

材料(材料号，材料名，价格，库存量)。

仓库(仓库号，仓库名，地点，类别)。

- 联系属性：

消耗(耗用量)。

组成(零件数)。

使用(耗用量)。

存放(存放量)。

(4) 画出 E-R 图。

首先要画出各部门的 E-R 分图。因零件(零件号，零件名，材料名，耗用量)包含了"材料名""耗用量"等属性，在集成 E-R 图时会与材料实体发生冲突，故要把"材料名"

和"耗用量"做分解处理。各部门的 E-R 分图设计如图 6.18(a)和图 6.18(b)所示。

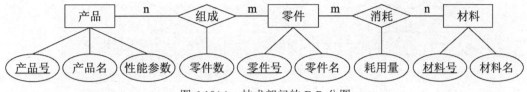

图 6.18(a)　技术部门的 E-R 分图

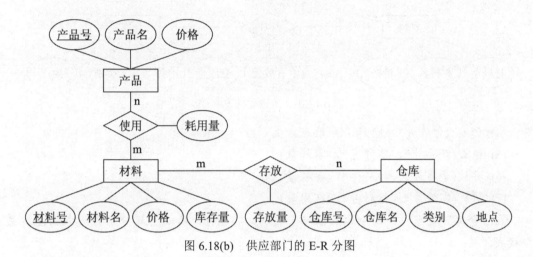

图 6.18(b)　供应部门的 E-R 分图

其次，综合各 E-R 分图，形成 E-R 总图，如图 6.18(c)所示。

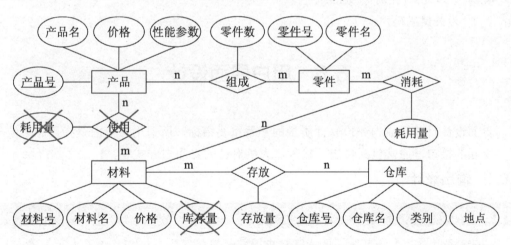

图 6.18(c)　集成后的初始 E-R 图

最后，消除数据实体间冗余的联系，形成基本的 E-R 模型，如图 6.18(d)所示。

### 3. 逻辑设计

根据概念模型(即 E-R 模型)转换为对应的关系模式如下。

(1) 产品(产品号*，产品名，价格，性能参数)。

(2) 零件(零件号*，零件名)。

(3) 材料(材料号*，材料名，价格)。

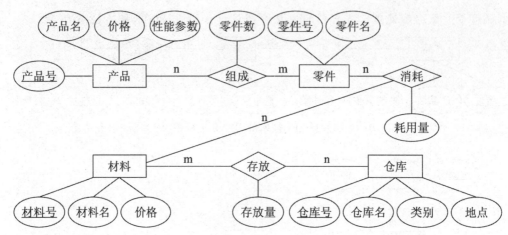

图 6.18(d)　改进后的 E-R 图

(4) 仓库 (仓库号*，仓库名，地点，类别)。

(5) 组成(产品号*，零件号*，零件数)。

(6) 存放(仓库号*，材料号*，存放量)。

(7) 消耗(零件号*，材料号*，耗用量)。

在"仓库"关系中，由于地点依赖于类别，非 3NF，所以将其分解为两个 3NF 的关系模式。

(4.1) 仓库 (仓库号*，仓库名，类别)。

(4.2) 仓库地点(类别*，地点)。

其中*为关键字码。

# 6.6　用户界面设计

界面设计目前已成为评价软件质量的一条重要指标，所谓用户界面是指信息系统与用户交互的接口，通常包括输出、输入、人机对话的界面与方式等。

## 6.6.1　输出设计

【引导案例】　　　　机票标识不清导致误机，航空公司被判赔偿

2003 年 4 月，上海市徐汇区法院对中国首起因航空公司机票标识不清而导致误机的赔偿案件做出一审判决：被告中国南方航空股份有限公司退还乘客原告杨艳辉女士机票款 770 元，赔偿 80 元。同时，法院还向有关主管部门提出司法建议，对今后出售的机票加以文字规范。

上海有浦东和虹桥两个机场，而航空公司的机票却仅用英文标示。PVG 代表前者，SHA 代表后者。但这一标识并非为所有旅客都知晓。原告杨女士在民惠售票处购买了 1 月 30 日下午 4 时 10 分南方航空公司班机从上海飞往厦门的 9 折机票，登机地点是 PVG。杨女士误认为国内航班的登机地点是虹桥机场，可当她赶至虹桥机场时，却被

告知走错了地方，应在浦东机场登机。此时，她再转乘登机为时已晚。最后花了 850 元买了当日下午一航班的全价机票抵达厦门。

原告认为，机票不用本国文字清楚标示，只用英文代号标明机场，侵犯了她的知情权；被告南方航空公司和代理商民惠航空服务有限公司没有履行告知、通知的义务。她要求南方航空公司和售票单位退还误机废票款 770 元，并赔偿误机各项损失 700 元。

民惠公司辩称，按照中国民航总局有关规定，所有机票代理商均应使用国家统一的一套 BSP 打印系统出票，这套打印系统只能打上英文标识，自从上海有了两个机场，就统一用 PVG 和 SHA 分别表示浦东机场和虹桥机场，原告在购票时没有向出票方询问，误机是自身疏忽造成的。

法院认为，客票是客运合同成立的凭据，应当载明出发地、目的地、航次等内容。上海有两大机场人尽皆知，但两个机场的代码为 SHA、PVG 并非一般人所熟知。本案中，该客运合同的主体是第一被告南航公司，作为承运人和出票人，在出售机票的时候，应当有义务使用通用文字，或以其他方式做明确说明。故南航应承担疏忽告知的过错责任，参照误机处理办法全额退票。而本案的另一被告民惠公司并非客运合同的主体，故杨女士要求民惠承担退票、赔偿责任，法院不予支持。

(资料来源：http://www.people.com.cn/GB/14576/15197/2101615.html)

从上面的例子可以看出，能否为用户提供准确、及时、适用的信息，是评价管理信息系统优劣的标准之一。任何一个管理信息系统都必须通过输出才能为用户服务。输出设计工作主要包括以下几方面内容。

#### 1. 输出类型的确定

输出有外部输出和内部输出之分。内部输出是指一个处理过程(或子系统)向另一个处理过程(或子系统)的输出。外部输出是指向计算机系统外的输出，如有关报表、文件等。

#### 2. 输出设备与介质的选择

常用的输出设备有打印机、磁带机、磁盘机、光盘机等，输出介质有打印纸、磁带、磁盘、多媒体介质等。这些设备和介质各有特点，如表 6.2 所示，应根据用户对输出信息的要求，结合现有设备和资金进行选择。

表 6.2　输出设备和输出介质特点一览表

| 设备 | 终端 | 打印机 | 磁盘机 | 绘图仪 | 磁带机 | 缩微胶卷输出机 |
|---|---|---|---|---|---|---|
| 介质 | 屏幕 | 打印纸 | 磁盘 | 绘图纸 | 磁带 | 缩微胶卷 |
| 用途特点 | 响应快<br>灵活<br>实现对话 | 便于保存<br>多份输出<br>费用低<br>速度较慢 | 易存取<br>易更新<br>容量大<br>速度快 | 图形输出<br>精度高 | 顺序存取<br>容量大<br>速度较快 | 体积小<br>易保存 |

### 3. 输出内容的设计

用户是输出信息的主要使用者。因此，进行输出设计时，首先要确定用户在使用信息方面的要求，包括使用目的、输出速度、数量、安全性等。输出信息的内容设计包括输出内容的项目名称、项目数据的类型、长度、精度、格式设计、输出方式等。

输出设计应注意以下几点：

- 报告应注明名称、标题、日期、图号；
- 尽量将相类似的项目归纳在一起；
- 尽量将位数相同的项目归纳在一起；
- 当一行打印的位数有多余时，项目与项目之间的空格可以加大，使布局合理、醒目；
- 决定数据位数时，要考虑编辑结果的最大数(包括货币符号、逗号所占的位数)；
- 字符从左对齐，空格和数字从右对齐；
- 注意"0"和空格的含义；
- "合计"要醒目；
- 打印时，应把已代码化的名称复原，以求一目了然。

设计输出报告之前应收集好各项目的有关内容，填写到输出设计书上，如表 6.3 所示。

表 6.3　输出设计书

| 文档代码 | XSB-01 | 输出名称 | | 销售订货表 | |
|---|---|---|---|---|---|
| 处理周期 | 每天一次 | 形　式 | 行式打印表 | 种　类 | 统计表 |
| 份　数 | 2 | 报　送 | 销售部、财务部 | | |
| 项目号 | 项目名称 | 位数及格式 | | 备　注 | |
| 1 | 客户名称 | X(20) | | | |
| 2 | 业务员 | X(8) | | | |
| 3 | 销售订单号 | X(10) | | | |
| ... | | | | | |
| 10 | 销售金额 | 99 999.99 | | | |

### 4. 输出设计示例

**案例6.5** 某进销存管理信息系统的报表打印输出示例

图 6.19 是某进销存管理信息系统的报表打印输出的例子，表格一般由表首和表体两部分组成。表首部分包括标题和表首标志；表体部分反映了表格的内容和用途，是整个表格的实体。

图 6.19　报表打印输出界面(来源：用友 U872 软件)

在报表输出中，可以在输出前对显示的内容进行过滤，即对输出数据的分组汇总项、过滤条件、展开条件等进行预先定义，以便筛选出所需要的数据，决定分组的层次和报表栏目显示的顺序。销售订货统计表的过滤窗口界面如图 6.20 所示。

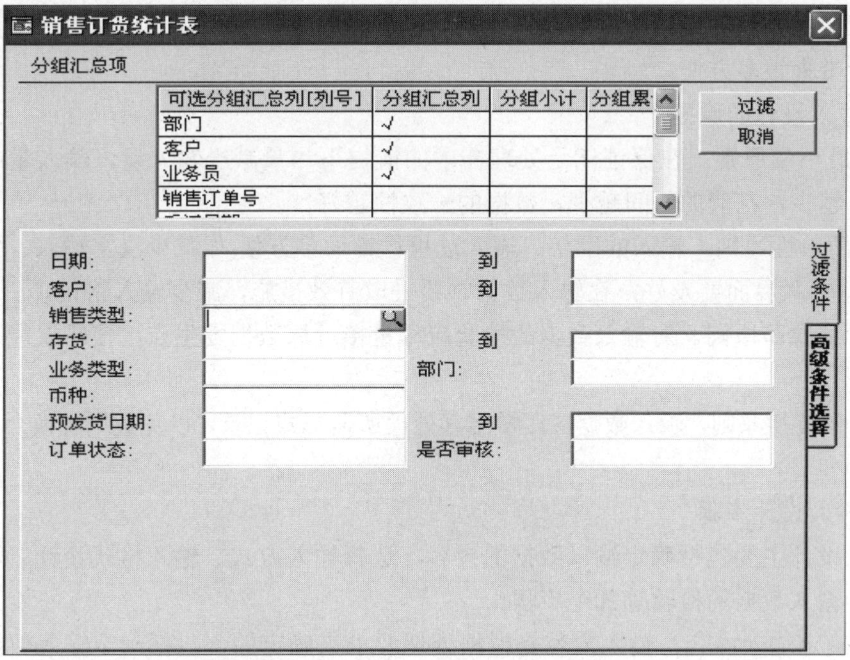

图 6.20　销售订货统计表的过滤窗口界面(来源：用友 U8 V11.1 软件)

用户还可直接在报表打印模板中对显示和打印的格式进行"所见即所得"方式的描述，即对输出数据的栏目标题、排列顺序、要显示的字段、栏目标题的长度等进行设置。自定义报表格式的界面如图 6.21 所示。

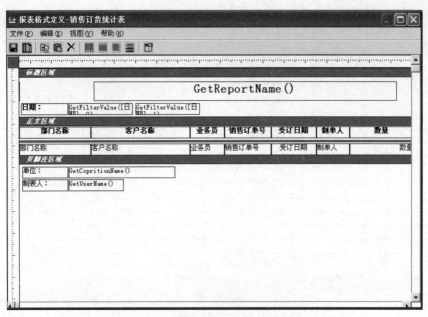

图6.21　自定义报表格式的界面(来源：用友 U8 V11.1 软件)

## 6.6.2　输入设计

将系统外的信息(主要是原始数据)通过某种介质输入到计算机内，这种过程称为信息的输入。在系统开发过程中输入设计所占的比重较大，一个好的输入设计能为今后的系统运行带来很多方便。

1) 输入设计的原则

(1) 最小量原则。在保证满足处理需求的前提下尽量减少输入量，输入量越小，出错的机会越少，花费的时间越少，数据的一致性越好。

(2) 简单性原则。输入的准备、输入过程尽量简单方便(如减少汉字输入、条形码扫描输入)，输入界面要友好，在输入数据时要采取有效措施，减少输入错误。

(3) 早检验原则。对输入数据的检验应尽量接近原数据发生点，使错误能及时得到改正。

(4) 少转换原则。输入数据应尽量用其处理所需形式记录，以免数据转换介质时发生错误。

2) 输入设计步骤

输入设计主要包括确定输入数据的内容、选择输入方式、输入格式设计、输入设备的选择、输入数据的检验等几个步骤。

(1) 确定输入内容。输入内容是根据处理要求来确定的，包括确定输入数据项的名称、数据类型、位数和精度、数值范围及输入处理方式。

(2) 选择输入方式。数据输入的类型有外部输入(如键盘输入、扫描仪、磁盘导入等)和计算机输入(网络传送数据等)，输入设备有键盘、鼠标、扫描仪、光电阅读器、光笔、磁盘、磁带、网络传输等。

(3) 输入格式设计。输入格式要尽量与原始单据格式类似，屏幕界面要友好，数据输入格式有录入式、选择式(如单选、列表选择)等，屏幕格式有简列式、表格式、窗口编辑方式等。

(4) 输入数据的校验。应对输入的数据(特别是有关文件的关键数据)要进行校验。校验的方法有很多种，表 6.4 对各种校验方法进行了比较。

表 6.4　各种校验法比较

| | |
|---|---|
| 重复录入校验 | 由多个录入员录入相同的数据文件，然后进行比较 |
| 视觉校验 | 对输入的数据，在屏幕上校验之后再做处理 |
| 分批数据汇总校验 | 对重要数据进行分批汇总校验 |
| 控制总数校验 | 对所有数据项的值求和进行校验 |
| 数据类型校验 | 考查输入的数据是否为正确的数据类型 |
| 格式校验 | 校验数据项位和位置是否符合定义 |
| 逻辑校验 | 检查数据项的值是否合乎逻辑 |
| 界限校验 | 检查数据是否在规定的范围内 |
| 记录统计校验 | 统计记录个数，检查记录有无遗漏和重复 |
| 代码校验位校验 | 利用校验位本身特性校验 |

(5) 输入设计示例。

**案例 6.6　某 ERP 软件中采购订单的录入**

图 6.22 是某 ERP 软件中采购订单的录入界面。业务单据一般都由主表和明细表两部分组成，因此录入界面也分为两部分，上面为主表，下面为明细表操作区。单据编号按预设置的格式自动生成；对一些需要进行选择的项目，系统提供下拉菜单；表中的数据有安全检查过程，避免用户输入错误。

图 6.22　采购订单的录入界面(来源：用友 U8 V11.1 软件)

## 6.6.3　人机对话设计

人与计算机进行信息交流就是人机对话。从这个意义上讲，输入、输出都是人机对话。这里所说的人机对话是指人通过屏幕、键盘等设备与计算机进行信息交换，控制系统运行。因此，人机对话设计也称为屏幕设计。

人机对话设计的好坏，关系到系统的应用和推广。友好的用户界面，是信息系统成功的条件之一。

### 1. 人机对话设计的原则

人机对话设计的基本原则是为用户操作着想，而不是从设计人员设计方便的角度来考虑。因此设计时，对话界面要美观、醒目；提示要清楚、简单，不能有二义性；要便于操作和学习，有帮助功能；能及时反馈错误信息等。

实现界面友好的三个要点如下。

(1) 树立用户第一的观点。界面友好问题，尤其是界面标准化是一项细致而又不太引起重视的工作。系统的开发人员应该清楚地认识到，界面标准化水平是系统成熟的一个重要指标，而成熟的软件才能真正成为商品，并受到专业管理人员的欢迎。

(2) 实现界面友好的工作必须融于系统开发的全过程。某些管理软件在系统实施后期才考虑界面友好的问题，并采取措施，但这只能起到外表装饰的作用，不能真正产生好的效果。

事实上，界面问题涉及面广，必须在系统分析阶段便开始考虑。如在计划管理信息系统建设的分析时就了解规划、计划与统计等各种业务之间的关系，专业管理人员需要什么帮助，哪些信息可以通过数据库联访自动显示，数据输入时需要开什么样的窗口等，然后在详细设计和实施中满足上述要求。

(3) 采用软件开发技术改善界面友好性。譬如采用图形用户界面技术，让专业管理人员直接操纵屏幕上的数据元素，既直观又方便。又如采用数据驱动技术，使数据与程序相对独立，程序具有相当的通用性，使专业管理人员能自主地、方便地适应环境变化而乐于使用。

### 2. 对话设计的基本类型

(1) 菜单。菜单是传统的系统功能选择操作方式，使用菜单方式可使整个界面清晰、简洁。菜单主要有下拉菜单、弹出菜单等形式。菜单选择方式有光标选择、热键选择、快捷键选择、鼠标选择、触摸选择、声音选择等。

(2) 图像。在用户界面中，加入丰富多彩的画面能够更形象地为用户提供有用的信息，达到可视化的目的。

(3) 对话框。在系统必要时，显示于屏幕上的一个矩形区域内的图形和正文信息，通过对话框实现用户和系统之间的联系。

(4) 窗口。通过窗口显示观察其工作领域全部或一部分内容，并可对所显示的内容进行各种系统预先规定好的正文和图形操作。

### 3. 对话设计示例

**案例6.7** 对话界面设计示例

图 6.23 是一个具有代表性的对话界面的设计例子。为了达到用户易用性的要求，该系统采用图形菜单、导航条、简单提问和弹出式选择等友好的对话元素，将操作界面分为 4 个区。

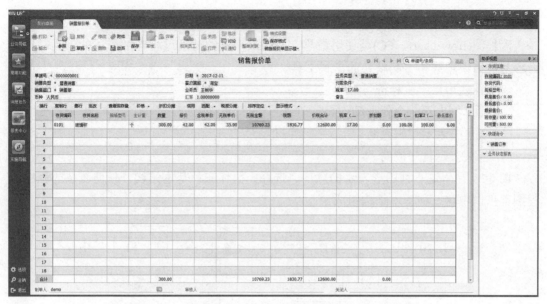

图 6.23　一般操作界面格式(来源：用友 U8 V11.1 软件)

- 第一区为屏幕最上方的主菜单区，以工具栏的方式提供对编辑的控制，如记录的切换、查找、添加、打印、删除等功能；
- 第二区为屏幕左方的导航区，它提供了系统所有功能的导航；
- 第三区为屏幕中间的数据操作区，显示需要编辑的数据记录；
- 第四区为屏幕最下方的状态显示区，主要显示当前用户及系统的信息。

当前，随着信息技术的发展，图像、图形、动画、声音处理技术可为用户友好界面提供表示级支持，重用技术、人工智能技术可为用户友好界面提供过程级和结构级支持，而各种软件工具则是这些支持的直接体现。用户界面友好性设计不仅符合用户的利益，也增加了系统的可维护性。

# 6.7　处理流程设计

系统结构图中对每一个功能模块只是列出其处理功能的名称，如何用各种符号具体地规定处理过程内的各个步骤，这是处理流程设计的任务，也是详细设计中最繁重的任务。

在进行处理流程设计时，设计者面临两方面的问题：一个是决定实现每个模块的算法；另一个是如何精确地表达这些算法。前一个问题涉及所开发项目的具体要求和每个模块的具体功能，因而不能一概而论。后一个问题需要给出适当的算法表达形式，或者说应该选择某种表达工具来描述处理流程。

目前，常用的算法表达工具有程序流程图(program flow chart)、N-S 图、PAD 图 (problem analysis diagram)、PDL 语言(program design language)、HIPO 图(hierarchy plus input-process-output)等，它们在使用中各有自己的长处，也有不足之处。因此，至今还

没有一种十全十美的理想工具为人们所普遍接受。

流程图(flow chart，FC)是使用最早、应用最广泛的处理过程详细描述的工具，也是最容易被错误理解和引起歧义的一种工具。

流程图使用以下三种符号：

(1) 矩形框表示一个处理动作。

(2) 菱形框表示逻辑判断。

(3) 箭头表示程序流向。

图 6.24 是用这三种图形表示的顺序、选择、循环三种基本结构。任何复杂的程序流程图都可以由这三种基本结构组成。

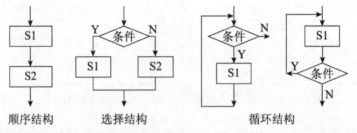

顺序结构　　　　选择结构　　　　　　循环结构

图 6.24　三种基本程序结构

流程图使程序便于阅读和理解，也方便程序员编程实施。目前，尽管有许多描述处理过程的工具，并且许多程序设计人员不再使用流程图，但还有不少用户认为流程图有助于对程序的理解，往往要求系统开发人员同时交付流程图和程序清单。在这种情况下，流程图就成为辅助用户阅读程序的工具。

# 6.8　系统设计报告

系统设计阶段的最终成果是写出系统设计报告。系统设计报告既是系统设计阶段的工作成果，也是下一阶段系统实施的基础。系统设计报告中应该包括以下几个方面。

## 6.8.1　引言

(1) 摘要：系统的目标名称和功能等的说明。

(2) 背景：项目开发者；用户；本项目和其他系统或机构的关系和联系。

(3) 系统环境与限制：硬件、软件和运行环境方面的限制；保密和安全的限制。有关系统软件文本；有关网络协议标准文本。

(4) 参考资料和专门术语说明。

## 6.8.2　系统设计方案

(1) 模块设计：系统的模块结构图；各个模块的 IPO 图(包括各模块的名称、功能、调用关系、局部数据和详细的算法说明等)。

(2) 物理系统配置方案报告：硬件配置设计；通信与网络配置设计；软件配置设计；机房配置设计。

(3) 代码设计：各类代码的类型、名称、功能、使用范围和使用要求、代码校验位等的设计说明书。

(4) 输入设计：输入项目；输入人员；输入要求；输入校验方法。

(5) 输出设计：输出项目；输出接受者；输出要求。

(6) 人机对话设计：对话界面风格；对话类型。

(7) 文件(数据库)设计说明：概述；需求规定；运行环境要求；概念设计；逻辑设计；物理设计。

(8) 安全保密设计。

(9) 处理流程设计。

(10) 系统实施方案及说明：实施方案；实施计划；实施方案的审批。

系统设计报告完成后，除用户、系统开发设计人员外，还应邀请有关专家、管理人员审批实施方案。并将评审意见用评审人员名单附于系统设计报告之后。经批准后，实施方案方可生效。

# 6.9　信息系统设计实例——考试管理信息系统的系统设计

## 6.9.1　系统设计目标

通过系统分析报告，制订本系统目标如下。

(1) 采用统一的人机对话方式，方便的数据输入性能，良好的人机界面，尽量避免汉字的人工重复输入。

(2) 查询模式方便灵活、通用性强，能快速实现按学生姓名、学号及分数段进行成绩查询。

(3) 考虑到学生的升留级和变动情况，对学生信息能够进行及时更新。

(4) 系统应具有一定的操作权限检验功能。

## 6.9.2　新系统功能结构设计

在系统分析的基础上，可以对数据流程图采用变换中心法或事务中心法进行分析，转化成相应的模块结构图。例如，图 6.25 表示了对系统一层数据流程图变换分析得到的模块结构图。

综合考虑新系统设计目标和系统实现的要求，可以将结构图中相同或相近的功能进行分析和组合，调整为"按功能分解"的系统结构。由此，调整后的新系统功能结构如图 6.26 所示。

对图 6.26 中各项功能说明如下。

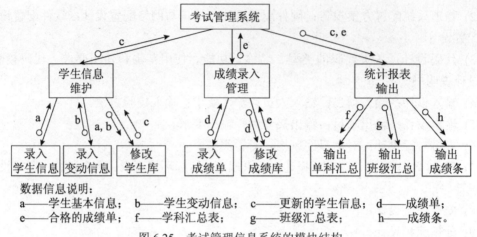

图 6.25　考试管理信息系统的模块结构

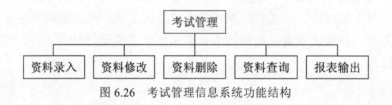

图 6.26　考试管理信息系统功能结构

### 1. 资料录入

(1) 学生基本信息输入。在系统初次建成到实际使用之前，所有整理好的学生基本情况录入到学生库文件中，包括学号、班级代码、班级名称和姓名等数据。

(2) 学生变动信息输入。根据学生变动名单录入如下资料：学号、班级代码、姓名、变动班级和变动时间等数据。

(3) 学生成绩库的数据输入。根据成绩单录入如下资料：学号、班级代码、姓名、课程名称和课程成绩等数据。

### 2. 资料修改

(1) 学生库文件的资料修改

根据给定的学生变动名单来修改学生库文件中的记录资料。

(2) 学生成绩库文件的资料修改

### 3. 资料删除

资料删除同资料修改基本上是一致的，只不过这里是将记录从相应的数据库文件中删除掉。要注意的是，学生库文件中的记录不要轻易删除。

### 4. 资料查询

为了实现方便灵活的快速查询功能，本系统的资料查询功能包括按学号查询、按姓名查询、按分数段查询等方式。

### 5. 报表输出

输出学生情况、学生成绩统计表、学生成绩条等信息。

### 6.9.3　代码设计

本系统的代码包括学号、班级代码和课程代码，具体设计方法如下。

#### 1. 学号

本学院的学生结构为"年级—专业—班"，每个班级人数不超过三位数，年级用入学年份表示。因此，学号采用层次码，并用 7 位字符表示。设计方案如图 6.27 所示。

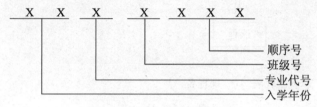

图 6.27　学号代码设计方案

#### 2. 班级代码

班级代码采用 4 位字符的层次码表示。设计方案如图 6.28 所示。

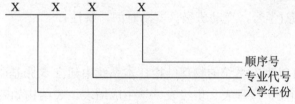

图 6.28　班级代码设计方案

#### 3. 课程代码

课程代码采用 3 位字符的顺序码表示。

### 6.9.4　数据库设计

#### 1. 概念设计

根据前面对系统进行的分析和设计，已经基本了解考试管理系统的数据处理流程，找出与系统有关的各个实体及相互联系，由此得到本系统的 E-R 模型，如图 6.29 所示。

#### 2. 逻辑设计

E-R 图转化为关系模式如下。

(1) 学生(学号，班级代码，姓名，性别，出生年月，籍贯，家庭情况，家庭住址，家庭电话，变动班级，变动时间，备注)。

(2) 课程(课程代码，课程名称)。

(3) 班级(班级代码，班级名称)。

(4) 成绩(学号，课程代码，学期，成绩)。

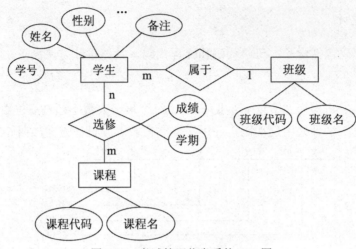

图 6.29  考试管理信息系统 E-R 图

对上述关系进行规范化，将学生模式(1)分解成：

① 学生基本信息(学号，班级代码，姓名，性别，出生年月，籍贯，家庭情况，家庭住址，家庭电话，备注)。

② 学生变动信息(学号，变动班级，变动时间，备注)。

### 3. 数据表设计

根据关系模式可以确定系统的物理结构，本系统中建立 5 张基础数据表，分别为学生情况表、学生变动表、课程表、班级表、学生成绩表。表结构如表 6.5～表 6.9 所示，其中*为关键字码。

表 6.5  学生情况表结构

| 字　　段 | 字　段　名 | 类　　型 | 宽　　度 | 小　数　字 |
|---|---|---|---|---|
| 1 | 学号* | 字符型 | 7 | |
| 2 | 班级代码 | 字符型 | 4 | |
| 3 | 姓名 | 字符型 | 8 | |
| 4 | 性别 | 字符型 | 2 | |
| 5 | 出生年月 | 日期型 | 8 | |
| 6 | 籍贯 | 字符型 | 20 | |
| 7 | 家庭情况 | 字符型 | 40 | |
| 8 | 家庭住址 | 字符型 | 20 | |
| 9 | 家庭电话 | 字符型 | 12 | |
| 10 | 备注 | 备注型 | 10 | |

表 6.6  学生变动表结构

| 字　　段 | 字　段　名 | 类　　型 | 宽　　度 | 小　数　字 |
|---|---|---|---|---|
| 1 | 学号* | 字符型 | 7 | |
| 2 | 变动班级 | 字符型 | 4 | |
| 3 | 变动时间 | 日期型 | 8 | |
| 4 | 备注 | 备注型 | 10 | |

表 6.7　课程表结构

| 字　段 | 字　段　名 | 类　型 | 宽　度 | 小　数　字 |
|---|---|---|---|---|
| 1 | 课程代码* | 字符型 | 3 | |
| 2 | 课程名称 | 字符型 | 10 | |

表 6.8　班级表结构

| 字　段 | 字　段　名 | 类　型 | 宽　度 | 小　数　字 |
|---|---|---|---|---|
| 1 | 班级代码* | 字符型 | 4 | |
| 2 | 班级名称 | 字符型 | 8 | |

表 6.9　学生成绩表结构

| 字　段 | 字　段　名 | 类　型 | 宽　度 | 小　数　字 |
|---|---|---|---|---|
| 1 | 学号* | 字符型 | 7 | |
| 2 | 课程代码* | 字符型 | 3 | |
| 3 | 学期* | 字符型 | 1 | |
| 4 | 课程成绩 | 数值型 | 5 | 1 |

## 6.9.5　用户界面设计

### 1. 输入设计

本系统的输入单据包括学生名单、学生变动名单和学生成绩单，单据输入格式设计成表 6.10～表 6.12 所示的基本形式。

表 6.10　学生人员名单

| 学号 | 班级代码 | 班级名称 | 姓名 | 性别 | 出生年月 | 籍贯 | 家庭情况 | 家庭住址 | 家庭电话 | 备注 |
|---|---|---|---|---|---|---|---|---|---|---|
| | | | | | | | | | | |

表 6.11　学生人员变动名单

| 学号 | 班级代码 | 班级名称 | 姓名 | 变动班级 | 变动时间 | 变动原因 |
|---|---|---|---|---|---|---|
| | | | | | | |

表 6.12　学生成绩单

课程名 _____　　　　班级代码 _____　　　　班级名称 _____

| 学号 | 姓名 | 成绩 |
|---|---|---|
| | | |

### 2. 输出设计

本系统的输出报表包括单科成绩统计表、班级成绩统计表、成绩条，打印输出格式设计成表 6.13～表 6.15 所示的基本形式。

表 6.13 单科成绩统计表

课编名 _____　　　　　　　　　　　学期 _____

| 班级代码 | 班级名称 | 平均成绩 | 排名 |
|---|---|---|---|
| | | | |

表 6.14 班级成绩统计表

班级代码_____　　　班级名称 _____　　　学期 _____

| 学号 | 姓名 | 课程1 | 课程2 | 课程3 | 课程4 | ⋯⋯ | | 课程n | 平均成绩 |
|---|---|---|---|---|---|---|---|---|---|
| | | | | | | | | | |

表 6.15 成 绩 条

班级代码 _____　　　　　　　　　　　学期 _____

学号 _____　　　姓名 _____　　　家庭住址 _____

| 课程编号 | 课程名 | 成绩 |
|---|---|---|
| | | |
| | | |
| 平均成绩 | | |

### 3. 界面设计

不论是数据的输入还是输出，用户界面要尽量符合友好、简便、实用、易于操作的原则。系统主菜单界面如图 6.30 所示。

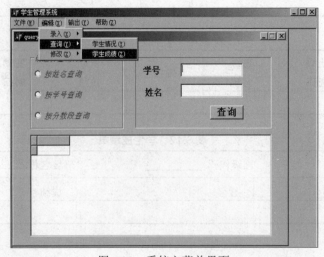

图 6.30 系统主菜单界面

### 6.9.6  程序模块设计书

程序模块设计书对系统的每一个模块进行说明，并给出关键算法的描述。图 6.31 表示了按分数段查询功能模块的程序设计框图。

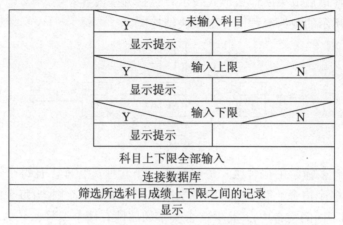

图 6.31  按分数段查询功能模块的程序设计框图

# 思考题

**二、主观题**

1. 简述系统设计的目标、作用及工作重点。

2. 系统设计的内容及一般步骤是什么？

3. 对子系统进行模块化的目的是什么？

4. 为什么在系统设计中模块的独立性很重要？功能模块的划分应遵循哪些原则？

5. 从耦合性和内聚性的角度进行系统设计时，各应该遵循什么样的原则？

6. 在管理信息系统运行平台设计中选用计算机时应考虑哪些因素？选型的原则是什么？

7. 试述我国身份证号中代码的意义。它属于哪种代码？有何优点？

8. 用几何级数设计代码校验方案如下：源代码 4 位，从左到右取权数，即 16、8、4、2，对乘积和以 11 为模，取余数作为校验位。试问原代码为 6137 的校验码(带校验位的代码)应该是多少？

9. 代码设计的作用有哪些？常用的代码设计方法有哪些？设计代码时应遵循哪些原则？

10. E-R 图设计主要解决什么问题？

11. 输入输出设计中如何考虑提高人的效率，以方便使用者？

12. 系统设计最后成果用什么形式表示？包括哪些内容？

13. 按下图所示的数据流程图导出模块结构图。

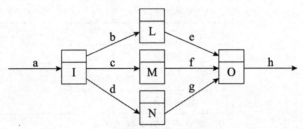

14. 学校里有多幢学生宿舍楼，每幢楼由一个管理员管理，且每个管理员只管理一幢楼；每幢楼有多个宿舍，每个宿舍中按学期分配桌椅等多个财产(每个财产根据不同的学期可能分配到不同的宿舍中)。其中宿舍楼宇的属性有楼宇编号、名称、地址、宿舍数量；管理员属性有管理员编号、姓名、性别、联系电话；宿舍属性有宿舍编号、宿舍名称、宿舍电话、可入住人数；财产属性有财产编号、财产名称、价格。请画出该系统的E-R 图，并将其转换成关系数据模型，须标出各关系模型的关键字。

# 第 7 章
# 管理信息系统的实施

经过系统分析和系统设计阶段，管理信息系统的逻辑模型和物理模型均已建立，解决了系统"做什么"和"怎么做"的问题。接下来，系统开发将进入一个新的阶段，即系统实施阶段。本章将介绍管理信息系统实施的主要任务以及每项任务的具体要求。内容包括管理信息系统软硬件环境准备、程序设计的方法和要求、程序测试的原理和步骤、管理信息系统转换的方式及特点等，以及与管理信息系统实施相关的安全问题、项目组织与管理工作等。

## 7.1 管理信息系统实施概述

在管理信息系统的实施阶段，开发人员将把系统设计所得的、类似于设计图纸的新系统方案转换成为应用软件系统，交付用户使用，解决"具体做"的问题。亦即根据前面对系统所做的分析、设计，完成系统环境的实施、程序设计、系统测试和系统转换四大任务，把一个可以实际运行的应用系统交给用户使用。

系统实施阶段需要投入大量的人力、财力和物力，实施的任务繁杂，占用时间较长。对系统实施的负责人来讲，主要是做好组织、计划与协调工作。他们要组织大量的开发人员去编写大量的程序；组织开发人员与业务人员准备好系统转换所需的大量数据；组织人员进行系统的测试工作；与众多用户合作，做好人员培训、系统的转换及交付用户使用的工作；最后，组织人员整理文档，准备系统评价材料。

系统实施的任务主要包括：
- 硬件的购置及其安装连接；
- 软件的购置及其安装调试；
- 程序设计、测试与优化；
- 人员培训；
- 数据准备与录入；
- 系统转换。

# 7.2  系统环境的准备与实施

任何一个管理信息系统的运行都离不开特定的系统环境，这个环境一般包括硬件环境和软件环境两个方面。根据系统建设目标，完整的系统环境配置方案应在系统设计阶段就加以设计完成，在管理信息系统的实施阶段付诸实现。管理信息系统环境的准备具体包括硬件设备的购置(租赁)、安装与连接，系统软件的购置、安装及调试。

## 7.2.1  硬件环境的准备

对于绝大多企业(单位)来说，硬件设备是采用外购或租赁的方式获得，外购的具体实施过程大同小异，一般都包括以下过程。

### 1. 明确硬件系统方案

管理信息系统的设计报告，已经确定了信息系统所需的硬件环境，进入实施阶段后，首先应该回顾、审视系统设计方案，然后按照系统设计的要求，制订招标方案。

### 2. 确定硬件系统的供应商

在完成上一步骤的工作之后，接着就可接洽有关硬件厂商，将硬件系统的设计说明书分发给相应的硬件供应商。此时，要特别关注信誉、质量、服务等各方面都比较好的供应企业。

### 3. 评估硬件系统的性能

确定了可能的硬件供应商之后，必须尽可能地从各方面获得供应商的有关信息，比如信誉、服务等；同时也要获得相应硬件的信息，如硬件设备的说明、产品介绍，已购买、测试和评价过该品牌的企业等，必要时可参观走访这些企业。如有可能，最好有样机进行测试。

### 4. 签订合同(协议)，购置硬件系统

对硬件系统做出评估以后，可以择优签订合同，开始实施购置硬件系统。

### 5. 安装、测试硬件系统

购置的硬件产品到货以后，企业先要进行逐一验货、签收，包括技术文档、配件、设备等。确认无误后，按提前做好的硬件安装、测试策略计划，在工程技术员的配合下，依照严格规范的操作流程，对硬件设备进行安装、测试。

## 7.2.2  软件系统的购置

软件系统的购置是指平台软件系统的购置。管理信息系统的平台软件通常包括操作系统、数据库管理系统、网络服务系统等软件。这些软件的购置比较简单，因为平台软件方案在系统设计阶段已经确定，供应商也比较明确，具体的实施过程与硬件接近，可参见硬件系统的实施过程。

# 7.3* 管理信息系统的开发管理

管理信息系统的软件开发是一项复杂的系统工程，开发结果受到数据库设计、应用业务、项目控制、人员管理和计算机技术等多方面因素的影响。系统开发常常遇到：做出来的系统不符合要求，需要大量修改；开发工作进度难以控制，工期一拖再拖；甚至有些通过了验收的项目也难逃在实际使用过程中搁浅而被束之高阁的厄运。这些充分说明信息系统开发的成功不仅需要技术的保证，更需要项目的有效组织和管理。

## 7.3.1 制定开发规范

管理信息系统软件开发，特别是大型系统的软件开发是一项浩大的系统工程，需要项目组成员齐心协力，通力合作，开发数月甚至数年才能完成。为保证信息系统的协调性、统一性和连贯性，在开发之前必须制定与系统开发方法相配套的、严格而详细的开发规范。

系统开发规范的内容主要包括：系统设计规范、程序编写规范和项目管理规范等。系统设计规范规定数据库文件、字段、变量、函数以及文档命名所采用的规则；软件界面的标准和风格；各类报表的输出格式等。尤其要强调的是对公共部分的约定，如数据库文件名、库内字段数量、公用函数等，一旦确定，组内任何人员都不得随意增加、删除或修改。若确实需要修改，须书面报经项目组负责人审批同意，并建立文件存档，同时要把修改结果及时通知项目开发相关人员，不能遗漏。程序编写规范既要约定程序、变量、函数的命名规则，还要对应用程序进行分类，如可将程序分成代码维护类、业务处理类、业务查询类和统计报表类等，并给出各类应用程序的标准程序流程，必要时可编制出标准程序。项目管理规范规定项目组中各类开发人员的职责和权力，开发过程中各类问题(如设计问题、程序问题等)的处理规范和修改规则，开发工作的总体进度安排和奖惩措施等。

开发规范的制定需要花费一定的时间和精力，但是"磨刀不误砍柴工"，它相当于把今后开发过程中开发人员都要遇到的问题提前做了考虑。有了开发规范，在后续的开发过程中，设计人员就不必每次考虑如何为一个字段命名，编程人员也不必去想某个程序的结构和布局应当怎样，测试人员也有了判断程序对错的标准。

开发规范在项目开发工作中起着事前约定的作用，需要所有开发人员共同遵守。它约束开发人员的行为和设计、编程风格，使不同子系统和模块的设计、编程人员达成默契，以便形成整个系统的和谐步调和统一风格，也便于今后的系统维护和扩展工作。

## 7.3.2 合理的人员构成与管理

管理信息系统的开发工作具有鲜明的整体协作和艺术创造等特性，因此，系统开发的成功必须要有一个结构合理、团结协作的开发小组。一般来说，开发小组应包括项目负责人、系统分析员、系统设计员、程序员、测试人员和必要的后勤保障服务人员。开发组的所有人员组成一个多层的金字塔。塔的上层是项目负责人，底层是程序编写、测试和服务人员。在项目管理过程中,下层必须服从上层的安排和指挥,上层应为下层提供必要的技术支持和服务。项目负责人通常由一人担任,他对整个项目有控制和决定权,对项目开发的成败负责。由于解决软件开发过程中所遇到的问题,答案往往不止一个,因此需要有人对这些问题有决定权,避免扯皮。大型项目的负责人应有丰富的项目管理经验和数据库设计经验,另外还需对用户的实际业务有较全面和深入的理解。

### 7.3.3　严格监控开发进度

由于影响系统实施进程的不确定性因素太多,如开发过程中对设计的修改、软件编程工作量掌控等因素,常使项目开发工作不能按预计的时间完成。因此,为了管理好项目进度,首先要制订一个可行的项目进度计划。一开始,项目进度计划只能根据项目的内容、工作量和参加人员进行大致的估算,包括系统分析和设计时间,编程、测试时间和文档制作时间,估算时应根据业务复杂程度加入一些缓冲时间。系统分析、设计完成后,根据程序清单可估算出每个程序的编程时间(根据程序类型和复杂程度),并在此基础上估算这种程序量下的测试、文档制作和缓冲时间,经过这样估算再做出的进度计划已经可以做到相当准确和细致了。实际上项目进度计划是一个由粗到细、不断调整的计划。

每周要将项目进度情况与项目进度计划进行对比。对于拖延的工作若无充分理由,则应督促有关人员加班或提高工作效率赶上进度;若有正常理由,在无法追回的情况下可以修改进度计划,申请延期。

项目进度管理一定要细致和严格,像编程这种难以量化的工作是很难笼统地去控制进度的。

## 7.4　管理信息系统的测试

测试是管理信息系统开发的一个重要环节,同时也是保证管理信息系统软件质量的一项重要工作。它要求管理信息系统用已知输入在已知环境中动态地执行系统或系统部件,从而获取相应结果。从实际测试的过程看,管理信息系统测试将由一系列不同的测试组成,根据测试的先后顺序,分为单元测试、集成测试、确认测试和系统测试(准生产测试)。由于系统测试的工作量很大,技术要求高,耗时较长,因此,必须事先做好测试的准备工作,编写测试计划,协调好测试人员及测试时间。在测试时要做好测试记录,写出测试报告。

### 7.4.1　测试过程

系统的测试基本上与实施过程平行展开,因此,在测试进行过程中,需要对整个过程进行有效的管理,以保证测试质量和效率。一个规范的测试过程通常包括以下基本活动。

### 1. 制订测试计划

测试计划包括测试用例和条件、测试环境、测试通过/失败的准则和测试风险评估。制订计划时要充分考虑管理信息系统项目开发的时间进度，结合项目所受到的人为因素和客观因素，使得测试计划具有可操作性。

### 2. 编制测试大纲

测试大纲是测试的依据，它明确详尽地规定了在测试中针对系统的每一项功能所必须完成的基本测试项目和测试完成标准。

### 3. 设计和生成测试用例

根据测试大纲要求，综合利用测试用例技术，产生测试设计说明文档，包括被测试项目、输入数据、测试过程、预期输出结果等。

### 4. 实施测试

测试的实施阶段是由一系列的测试周期组成的。在每一个测试周期中，测试人员和开发人员将依据预先编制的测试大纲和用例，对被测试的软件和设备进行完整的测试。

### 5. 生成测试报告

测试完成后，要形成相应的测试报告，包括概要说明、测试结论，要特别指出测试检测出的缺陷和错误，并给出一些建议。

## 7.4.2　测试步骤

从软件测试的步骤来看，管理信息系统(软件)测试也是由一系列的不同测试所组成，测试的步骤可以分为单元测试、集成测试、确认测试、系统测试。通常软件开发的过程是自顶向下的，而测试软件正好相反是自底向上、逐步集成的。管理信息系统软件测试步骤如图 7.1 所示。

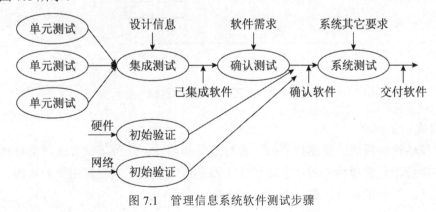

图 7.1　管理信息系统软件测试步骤

### 1. 单元测试

单元测试又称模块测试、程序测试，是针对每个模块进行的测试，检查每个模块是否正确实现规定的功能，从而发现模块在编码中或算法中的错误，该阶段涉及编码和详细设计的文档。单元测试内容包括：检查程序的运行是否正常、程序的功能是否符合设计要求、模块程序的技术性能如何、软件界面是否友好等。测试时，从程序的语法检查和逻辑检查入手，测试程序运行的时间和存储空间的可行性。语法错误一般可以由计算机自行检测出来，并给出错误提示信息。逻辑检查主要是检查程序在完成某个功能时，运算的方法及其逻辑处理是否正确，这一般要借助一定的测试手段。

**2. 集成测试**

集成测试是在单元测试的基础上，将管理信息系统的所有模块按照设计要求组装成为一个系统后进行的联合测试，它将检查系统中各模块之间接口关系的正确性和系统逻辑关系的正确性，以保证数据传送及调用关系的正确性，从而决定它们能否在一起共同工作并且没有冲突。

集成测试之前，首先要弄清数据的先后关系，明确系统中各个子系统及功能模块间数据传送的先后顺序和方向，避免发生传递混乱现象。

集成测试通常可以采用自顶向下测试和自底向上测试两种测试方法。

1) 自顶向下测试

先用主控模块作为测试驱动模块，然后将其下属模块用桩模块代替。桩模块中只保留所代替模块的名字、输入输出参数，而没有具体的处理功能。在联合测试过程中，再按数据流动的方向即"输入模块—处理模块—输出模块"的顺序，逐步将桩模块用实际模块替换。自顶向下测试的过程如图 7.2 所示。

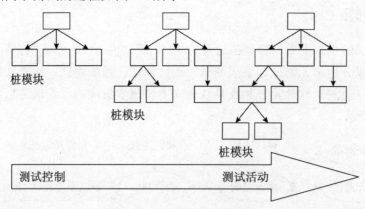

图 7.2  自顶向下测试的过程

2) 自底向上测试

从系统结构的最低一层模块开始，进行组装和测试。这种测试方法需要设计一些测试驱动模块而不是桩模块。测试驱动模块主要是用来接收不同测试用例的数据，并把这些数据传递给被测试模块，最后得出测试结果。

**3. 确认测试**

确认测试是验证软件的功能和性能以及其他特性是否满足用户的要求。当集成测试结束时软件已经完成组装，接口错误大多数已经被发现并修正，就可以开始确认测试了。

软件的确认一般是通过一系列证明软件的功能与需求相一致的黑盒测试来实现。在实际应用中，软件只要满足软件需求说明中所定义的功能、性能及其他的约束，即达到了需求说明中所包含的"确认标准"，就可以认为通过确认。

### 4. 系统测试(准生产测试)

系统测试是基于系统整体需求说明书的黑盒测试，需将软件置于运行时所需要的整个计算机环境下进行的测试，内容应覆盖系统所有联合的部件。系统测试是针对整个产品系统进行的测试，目的是验证系统是否满足了需求规格的定义，找出与需求规格不相符合或与之矛盾的地方。

系统测试的对象不仅仅包括需要测试的产品系统的软件，还要包含软件所依赖的硬件、外设甚至某些数据、某些支持软件及其接口等。因此，必须将系统中的软件与各种依赖的资源结合起来，在系统实际运行环境下进行测试。

系统测试包括恢复测试、安全测试、压力测试、性能测试等类型。

## 7.4.3 测试方法

软件测试的方法多种多样。从是否需要执行被测试软件的角度看，可分为静态测试和动态测试；从测试是否针对系统的内部结构和具体实现算法的角度看，通常可分为两类：黑盒测试和白盒测试。

### 1. 黑盒测试

黑盒测试也称功能测试或数据驱动测试。它是在已知产品所应具有的功能基础上，通过测试来检测每个功能是否正常使用。在测试时，无须考虑软件内部的运作原理，直接把软件看成是一个黑盒子，通过各种输入和观察软件的各种输出结果来发现软件存在的缺陷。

从理论上讲，黑盒测试只有采用穷举输入测试，把所有可能的输入都作为测试情况考虑，才能查出程序中所有的错误。实际上测试情况有无穷多个，人们不仅要测试所有合法的输入，而且还要对那些不合法但可能的输入进行测试。这样看来，完全测试是不可能的，所以要进行有针对性的测试，通过制定测试用例指导测试的实施，保证软件测试有组织、按步骤，以及有计划地进行。黑盒测试行为必须能够加以量化，才能真正保证软件质量，而测试用例就是将测试行为具体量化的方法之一。具体的黑盒测试用例设计方法包括等价类划分法、边界值分析法、错误推测法、因果图法、判定表驱动法、正交试验设计法、功能图法、场景法等。

### 2. 白盒测试

白盒测试也称结构测试或逻辑驱动测试，它是按照程序内部的结构测试程序，通过测试来检测产品内部动作是否按照设计规格说明书的规定正常进行，检验程序中的每条通路是否都能按预定要求正确工作。这一方法是把测试对象看作一个打开的盒子，测试人员依据程序内部逻辑结构相关信息，设计或选择测试用例，对程序所有逻辑路径进行测试，通过在不同点检查程序的状态，确定实际的状态是否与预期的状态一致。

# 7.5 系统转换

新的管理信息系统经过测试并验收合格，则可交付用户使用，使系统进入正常工作状态。因为企业的管理工作是连续进行的，管理信息系统也必须连续地进行工作。这就有一个新旧系统的交替过程，也就是旧的管理信息系统逐渐退出，由新的管理信息系统来代替，称之为系统转换。

系统转换的工作包括数据文件的转换，人员、设备、组织机构的调整，有关资料和使用说明书的移交等。其主要任务是尽量平稳过渡，使新系统投入正常工作，逐步取代旧系统。

## 7.5.1 系统转换前的准备

### 1. 数据准备

(1) 要把原来系统中的数据整理出来，其工作量是比较大的。在一般的手工处理系统中，信息缺少、不一致的情况常常发生。出现这种情况时，必须由有经验的管理人员来补充，其他人是做不了这项工作的，这一整理工作应该尽早进行。

(2) 把整理出来的数据转化为新系统所要求的格式。进行这项工作的人，必须完全了解新系统的设计，并应对这一转换的方式、原则十分清楚，否则就会出问题。即使请一部分录入员或其他人员来帮忙，也需要有能掌握全局的人员来组织管理并及时解决各种意外情况。在数据整理出来、录入人员把数据输入机器后，必须进行各种校验。

### 2. 文档准备

总体规划、系统分析、系统设计、系统实施、系统测试等各项工作完成后，应有一套完整的开发资料，它记录了系统开发的全过程，是系统开发人员的工作依据，也是用户运行、维护信息系统的依据，因此文档资料要与开发方法相一致，并符合一定的规范。在系统运行之前要将文档资料准备齐全，形成正规的文件。

### 3. 用户培训

系统开发过程中有着各种各样的问题需要得到充分的重视和解决，系统转换阶段的关键问题则是把新系统付诸实际的管理工作。由于系统转换工作涉及较多的人力、财力和物力等，所以整个过程要有计划、有组织地进行，用户方的系统管理人员和操作人员的培训就是重要一环。系统管理员、操作员必须认真学习系统的操作过程和工作流程，学习如何充分应用系统的功能来完成职责工作。针对不同的用户，可以进行不同层次的培训。对于操作员，着重于操作过程和操作规则的培训；对于企业管理者，着重于数据的获取及数据决策的培训；对于系统管理人员，着重于系统技术培训，使他们掌握各种技能，以保证整个系统的正常运行。

## 7.5.2  系统转换方式

系统转换的方式包含直接转换、平行转换、逐步转换、导航转换 4 种，如图 7.5 所示。

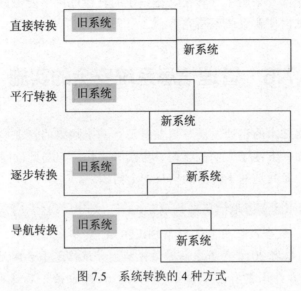

图 7.5  系统转换的 4 种方式

### 1. 直接转换

直接转换是在某一规定的时间直接用新系统替代旧系统，中间没有过渡阶段。这种方式简单、费用少，但风险性大，如果新系统在运行过程中一旦发生严重问题，将造成无法挽回的损失。它不适应于重要系统，而对一般系统的使用也应采取预防性措施，在系统业务量少或没有时转换，一旦新系统出现问题，旧系统能立即启用。

### 2. 平行转换

平行转换的新旧系统转换有一个同时运行的过程。平行运行时间的长短视业务状况及系统运行状况而定，一般需半年到一年。在保证新系统正常运行时，旧系统才能停止使用。这是一种安全无风险的转换方式。同时，可以进行新旧系统的比较，发现和改正新系统的问题。但这种方式需要额外增加工作人员和系统支持的资源及费用，导致费用过高。

### 3. 逐步转换

逐步转换是新系统分期分批地替代旧系统，直到最终替换旧系统。这种方式可以避免直接转换的风险，又可避免平行转换时费用高的问题。逐步转换方式常用于大系统或较为复杂的系统的转换，但必须事先考虑好新旧系统的接口。当新旧系统差别太大时，不宜采用这种方式。

### 4. 导航转换

导航转换是在新系统未开始工作时，先处理少量业务，作为对新系统的功能进行检查的手段。例如，会计账务处理工作中每周抽一天用新系统工作，以后再逐步增加。又如库存管理工作，首先把库存中木材制品部分的管理业务担负起来，以后再逐步扩大到其他物资等。这种方式的实质是在正式运行之前，先进行一段规模适中的试验运行。

在实际中，系统的转换可以几种方式配合使用。例如，不重要的系统部分采用直接转换，而重要的系统部分采用平行转换。在系统的转换过程中要根据系统运行中出现的问题进行修改、调试，使新系统不断完善。

# 7.6 管理信息系统安全的实施

随着计算机网络技术的迅速发展与日益普及，基于网络的管理信息系统已渗透到社会和经济的各个方面，方便了人们的学习、生活和工作。但与此同时，管理信息系统安全问题也日益突出，尤其是基于网络的信息安全问题。

**案例 7.1　非法盗取和倒卖考生信息被判刑**

2016 年 4 月初，被告人杜某禹使用 WEBLOGIC 反序列化漏洞工具，通过植入木马等方式，非法侵入山东省 2016 年普通高等学校招生考试信息平台网站，取得该网站管理权限，非法获取 2016 年山东省高考考生个人信息 64 万余条。后杜某禹通过腾讯 QQ、支付宝向陈某辉出售上述信息 10 万余条，获利 14100 元。陈某辉通过其向杜某禹购得的上述信息，组织多人实施电信诈骗活动，拨打诈骗电话 1 万余次，骗取他人钱款共计 20 余万元，并造成高考女生徐某玉死亡。

公诉机关认为，被告人杜某禹非法获取公民个人信息，并向他人出售，情节特别严重，应当以侵犯公民个人信息罪追究其刑事责任。

(资料来源: https://www.163.com/dy/article/D1ESTQ080517IRAP.html)

## 7.6.1 管理信息系统安全定义

一般认为，管理信息系统安全是指为了防范意外或人为地破坏管理信息系统的运行，或非法使用信息资源，而对管理信息系统采取的安全保护措施。与管理信息系统安全性相关的因素主要有如下 7 种。

(1) 自然及不可抗拒因素，指地震、火灾、水灾、风暴以及社会暴力或战争等，这些因素将直接危害管理信息系统实体的安全。

(2) 硬件及物理因素，指系统硬件及环境的安全可靠，包括机房设施、计算机主体、存储系统、辅助设备、数据通信设施以及信息存储介质的安全性。

(3) 电磁波因素，计算机系统及其控制的信息和数据传输通道，在工作过程中都会产生电磁波辐射，在一定地理范围内用无线电接收机很容易检测并接收到，这就有可能造成信息通过电磁辐射而泄漏。另外，空间电磁波也可能对系统产生电磁干扰，影响系统正常运行。

(4) 软件因素，软件的非法删改、复制与窃取将使系统的软件受到损失，并可能造成泄密。计算机网络病毒也是以软件为手段侵入系统进行破坏的。

(5) 数据因素，指数据信息在存储和传递过程中的安全性，这是计算机犯罪的主攻核心，是必须加以安全和保密的重点。

(6) 人为及管理因素，涉及工作人员的素质、责任心以及严密的行政管理制度和法律法规，以防范人为的主动因素直接对系统安全所造成的威胁。

(7) 其他因素，指系统安全一旦出现问题，能将损失降到最小，把产生的影响限制在许可的范围内，保证迅速有效地恢复系统运行的一切因素。

### 7.6.2　管理信息系统安全的管理层次

管理信息系统安全是一项复杂的系统工程，它的实现不仅要有良好的技术作保障，更需要法律、管理、社会等各方面密切配合、协同作用，形成一个以法律道德为核心、以安全管理为纽带的层次结构模型，如图 7.6 所示。

图 7.6　信息系统安全模型

信息系统安全模型以道德、法律、文化的规范制约为核心，由内向外、由低到高逐层完善物理实体的安全、硬件系统的保护和软件安全，最终实现保证信息系统的数据信息安全的目的。模型中，安全管理层单列出来，不再与其他层次并行，使之贯穿整个层次结构，整合各层的努力最终实现系统安全这一目标。

### 7.6.3　管理信息系统安全的管理策略

管理信息系统的安全遵从木桶理论，系统的安全性不是由最强特征决定，而是由最短板、最弱的特征来决定。因此，要提升管理信息系统的安全性必须不断克服管理信息系统的短板。从管理信息系统的结构、系统资源与实施及运行环境来分析，实施一个安全的管理信息系统，需要技术和管理两方面的协作。

#### 1. 树立正确的系统安全指导思想

要想建立好计算机信息系统的安全体系，首先要有明确的指导思想。要把信息安全作为一个涉及国家、企业重大利益的产业来看待，在选择安全产品时要立足于国产化产品，不能把国家、企业信息化的安全依托到国外产品的保障上。在安全策略的执行中要遵守我国在信息安全领域中的政策法规和产业导向。

同时，要明确计算机信息系统安全的范畴。因为计算机信息系统安全是一个涉及范围很广的课题，通常包括两个层次的含义：一是信息系统的数据与信息的安全；二是计算机信息系统自身的安全。一般来说，计算机系统要保护的客体有：重要的业务数据、敏感的业务数据、系统资源、网络资源等。访问计算机系统的主体有：内部合法用户、内部其他用户、合作伙伴、竞争对手、黑客等。为了保证计算机系统的安全，必须保证计算机系统在以下几个方面的完整性：即应用完整性、用户完整性、系统完整性、网络完整性。

### 2. 建立一套科学的管理制度

计算机系统的所有者(单位)为它建立一套科学的管理制度是从制度上避免环境和人为因素造成计算机故障的有力保证，也是计算机系统安全所必需的。建立和健全各项有关的管理制度是加强内控机制建设的一项重要措施。制度内容多种多样，主要有机房管理、操作管理、密码权限管理、档案(资料、数据盘)管理等项制度，以保证计算机有一个正常的运行环境，保护计算机软硬件和数据不受侵害，保障企业利益不受损失。

1) 机房管理

要保持机房清洁无灰尘，同时对机房的温度湿度要严格控制，要有防静电设施。严禁在营业用机上进行与业务无关的操作，严禁非营业时间，一人上机操作。还要建立和健全各项管理制度，保证计算机有良好的运行环境，避免非常事件对系统的侵害。加强电源保护，防止由于电源失常而使系统遭到破坏，每个网点都应配置不间断电源(UPS)，并要做到定期维护，都要有符合要求的接地线，以防雷击或静电烧坏机器。

2) 操作管理

要严格按照各种操作规程处理业务，每天计算机打印的数据资料有必要进行核对，确保正确无误。同时要对特殊维护、特殊处理等情况，辅以登记说明。要对数据文件的属性进行控制。文件是存储企业数据的形式，为了保证企业数据信息的安全，防止非法篡改，一些重要的数据文件可定义为专用文件、只读文件或对文件的操作权限及用户加以限制，或采用专门技术，定义为隐形文件，未经授权，难以动用，以保证企业数据的安全。

3) 密码权限管理

各级权限要真正分开，严禁"一手清""一路绿灯"，操作员密码要定期或不定期加以更换，以防泄密或被他人盗用。要对应用系统不断加以完善，防止通过非法操作进入超级用户状态，使企业管理信息的安全性得不到保护。为此，一要杜绝非法进入；二是系统对非法进入超级用户的情况要有记录，以便检查。要加强对应用系统源程序的管理，源程序不得随意下发，并要注意保密，防止非法窃取，同时要定期或不定期对网点应用程序进行检查比较，防止非法篡改。

4) 档案管理

企业管理人员要及时打印各种所需的账、表、簿、单，及时装订，每日备份的磁盘及时登记入柜，改善档案保管环境，防止磁盘中的信息丢失。要建立备份制度，备份的数据要进行加密或采取其他保密措施。数据备份要严格按照规定的期限保存，作为永久性保存的磁盘要每半年重新拷贝一次，防止信息丢失，并要明确专人安全保管，一旦遭到破坏，能够通过恢复功能，完全恢复到原有状态。除此之外，注意外来数据盘的使用必须慎重。

对于硬件也要备份,一旦计算机发生故障或遭到破坏,用备份的计算机及时顶替上,不影响业务的正常办理。同时也要加强对备份机的管理,平时不得在备份机上操作,备份机上应用系统的各级密码也要注意相互保密。

5) 防病毒管理

计算机病毒在世界各国迅速蔓延,成为目前困扰计算机应用的一大祸害。计算机应用到企业管理的业务中,必须加强防病毒措施,确保数据安全。为此,应建立严格的管理制度,凡与企业数据无关的其他外来的数据存储设备一律不得使用,建立严格的检测制度,所有其他外来的数据存储设备必须经过检查后方可使用;一旦感染病毒,及时进行消除,保障系统正常运行,并且要随着计算机病毒新花样的出现,不断更换检测和杀毒软件,以便能及时防止和消除病毒的蔓延和感染。

### 3. 配备专职的管理和维护人员

必须选择一批政治素质好、业务上能胜任,并且具备管理和计算机应用技术的复合型人才,组成承担应用系统运行的管理机构,包括程序设计、维护和管理人员,企业数据的采集整理、审核和保管人员,以及日常业务的操作人员。他们之间要按照内部牵制原则合理分工,在日常工作中能够互相制约、互相监督,特别是任何一个层次的数据中心,职权都要严格制约,严禁一人在营业用机的超级用户下进行操作,防止无意差错和有意舞弊事件的发生。

从理论上讲,良好的机房环境、良好的管理和维护制度是可以预防计算机系统产生不应有的故障的。但制度需要人来贯彻执行,故障需要人来排除。由于排除故障是一种高智力劳动,所以配置专职的管理和维护人员是非常必要的。许多单位的经验表明:有专职的管理人员和维护人员的单位其计算机系统的安全性高,设备的使用寿命也长,维护费的开支也小。

当前,管理信息系统正朝着多平台、充分集成的方向发展,分布式将成为最流行的处理模式,而集中分布相结合的处理方式也将受到欢迎。今后的管理信息系统将建立在庞大、集成的网络基础上,因而在新的管理信息系统环境中,存取点将大大增加,脆弱点将分布更广。管理信息系统的这些发展趋势也将对安全问题的研究产生重要影响。

总之,管理信息系统安全问题研究期待理论的建立和方法的突破,只有这样才能满足管理信息系统迅速发展的需求,才能确保人类社会的第三大资源——信息的真正安全,并确保信息真正造福于整个人类。

# 7.7 系统开发项目的组织与管理

## 7.7.1 系统开发的组织机构

### 1. 系统开发领导小组

系统开发领导小组负责新系统开发的行政组织和领导工作。在开发过程中,行使涉及机构调整，人事、设备的调配，规章制度的制定，资金的使用，项目管理以及制定重要决策的权力。领导小组人员组成包括用户单位的领导者、用户单位管理业务的部门负责人、用户单位负责计算机或信息管理的主管人员、系统开发的技术负责人。

### 2. 系统开发工作小组

系统开发工作小组的职责是在系统开发领导小组的指导下，负责组织与实施系统开发的具体工作。可根据具体需要分成系统规划小组、系统分析设计小组、程序设计小组、测试小组、试运行小组等。人员组成包括系统开发技术负责人、系统分析员、系统设计员、程序员、网络专家、硬件专家、应用领域专家(如经济模型设计员)等。

### 3. 系统开发的人员与职责

在系统开发的过程中，涉及各级各类的系统开发人员和企业管理人员，良好的组织管理与合理的分工才能保证系统开发顺利进行。

1) 信息主管

企业要开发管理信息系统，领导重视是关键，尤其是企业的高层领导对这个问题的认识。信息主管(chief information officer，CIO)是企业高层领导人中负责信息管理的决策者。信息主管的任务是全面负责企业的信息管理工作，辅助企业的高层决策，实现企业全面的信息管理。信息系统的开发必然要涉及企业组织结构的变动，这种结构的变动实际上是权力和职责的再分配，如果开发小组中没有企业高层的决策成员，开发工作是不可能顺利进行的。信息主管在信息系统的开发中起着非常重要的作用，他的职责是把握企业的发展战略和发展目标，切实投入时间和精力，完善企业的信息管理制度，对开发过程的各种要素进行合理的控制，确保开发工作顺利进行。

2) 项目主管

项目主管是系统开发的领导者和组织者，在系统开发中起着举足轻重的作用。项目主管的主要任务是主持整个系统的开发工作，确定工作目标和实现目标的方案。管理信息系统开发是一项复杂的系统工程，在开发过程中涉及多种资源的计划、组织、协调、指挥与控制，因此项目主管应具有很强的管理能力、项目管理知识和经验，掌握管理信息系统开发知识和娴熟的人际关系处理艺术。

3) 系统分析员

系统分析员是系统开发的核心人物，主要承担系统的调查与分析工作，建立系统的逻辑模型。系统分析员要从详细调查的大量信息中完整地理解用户对系统的需求，正确地获取用户的需求是个复杂的问题，要完成好这个责任重大的任务，系统分析员必须具备广博的知识。系统分析员不仅要懂得计算机硬件、软件的知识，掌握经济、现代管理的理论与数学模型等丰富的知识，还要具备较强的组织管理能力、人际交往能力，对信息高度敏感，能正确理解各级管理人员提出的需求，通过分析、抽象，将这些需求转换为计算机系统的逻辑模型。

系统分析员在管理信息系统建设中是非常重要的。有一个说法流行于发达国家：系统分析员是管理专家加上信息技术专家再加上优秀领导者。管理人员和信息处理人员要在知识上、岗位上和工作上融合。这个重任无疑要落在系统分析员的肩上，因为他们有管理和信息处理两个专业的优势，由他们牵头做此项工作可以取得事半功倍的功效。在我国，早期的系统分析员大多来自计算机应用专业，由于缺乏经营管理理念的训练，信息系统的分析或开发常常要走很多弯路甚至搁浅。随着管理信息系统专业在我国的设立，系统分析员才有了坚实的人才基础。

4) 系统设计员

在管理信息系统开发中，系统设计员的主要任务是根据系统的逻辑模型要求，完成系统的物理模型设计工作。一个合格的系统设计员应具有扎实的信息技术方面的知识，信息技术发展很快，新产品日新月异，系统设计员必须不断地学习才不会落伍。

5) 程序设计员

程序设计员的主要任务是根据系统物理模型中的要求，负责系统的程序设计、测试和转换工作。程序设计员应具有较强的逻辑思维能力，精通程序设计语言和编程技巧，掌握系统测试的原理和方法。

6) 系统维护人员

系统维护人员的主要工作是负责对系统的维护，包括平台维护、软件维护、数据维护等维护工作，系统维护人员是管理信息系统正常运行的保障。系统维护人员应具有一定的信息技术知识，了解企业的运作过程和管理方式。

7) 企业管理人员

参加系统开发的企业管理人员代表用户，在系统开发的过程中起着非常重要的作用。企业管理人员负责向系统分析员准确、全面地表达企业的需求，对系统的功能进行客观的评价，与开发人员进行沟通，对系统的不足进行改进。参加系统开发的企业管理人员必须非常了解企业的各方面工作，善于表述，善于与人沟通，有高度的责任心。

随着社会分工越来越细，专业化程度越来越高，发达国家的企业已很少自己组织队伍开发本企业的信息系统了，较普遍的做法是设立企业 CIO(chief information officer)，把开发工作委托给专业的开发机构，或条件成熟时直接购买商品化软件。这样做既可保证质量，又能降低成本，还可避免背上人员的包袱。其中，CIO 代表企业利益，负责与专业机构打交道。由于 CIO 是信息管理与信息技术的专家，在与专业机构打交道时，会显得得心应手，在系统开发和推广应用的过程中，他们会起到其他人员无法替代的作用。

## 7.7.2　系统开发项目的管理内容

企业建立管理信息系统的过程，要耗费许多时间、金钱和人力资源，为了使系统开发能够按照预定的计划顺利进行，需要对成本、人员、质量、风险等方面进行分析和管理，这就是项目管理。没有科学的项目管理，开发工作无法顺利完成。项目管理贯穿系统开发生命周期的全过程，是对项目开发组织进行管理的过程。做出项目的开发计划，控制系统的开发进度，做好项目的经费支出和经费控制；同时要协调好各级开发人员和各级用户之间的关系，做好文档的管理工作，使项目的开发工作能够按时、保质、在经费许可的范围内完成。

### 1. 计划管理

计划管理的主要内容是制订总体计划，预估开发所需要的资源；将整个工作划分为若干个任务，制订任务的阶段计划，规划阶段工作进度，绘制任务完成计划表；检查计划的执行情况，根据环境的变化修订计划。

### 2. 经费管理

经费管理是整个开发项目管理中的重要内容。经费的有效运用可以起到事半功倍的效果，管理不善则会浪费宝贵的资金、资源。经费管理的主要内容是严格执行投资概算，定期编制资金使用报表。

### 3. 质量管理

质量管理是项目管理的重点和难点。在整个系统开发过程中，质量管理要做到：事前准备、过程监控、事后评审。事前必须制定质量管理指标体系，确定各种考核标准和规章制度；中间环节应定期对系统质量进行检查、考评；事后应组织专家进行项目评审，做出综合系统评价。

### 4. 资源管理

资源管理的主要内容是人员管理、软件资源管理和硬件资源管理。人员管理必须制订各类专业人员的需求计划，根据计划进行人员的调用、培训和使用；软件资源管理应明确软件的需求和来源，合理地使用软件，重视软件的日常维护；硬件资源管理应制定硬件安全使用制度，加强系统运行环境的管理。

## 7.7.3　系统实施的管理任务

在管理信息系统实施阶段，任务重、人员多、时间紧，因此系统实施的组织管理工作非常重要。实施阶段的管理工作包括资源保证、进度控制、调整补救和软件产品验收4个方面。

### 1. 资源保证

资源保证是指人、财、物和时间方面的保证。当系统开发商把任务交给一个具体的工作人员或一个小组时，他必须提供必要的资源，否则就无法完成。由于整个工作是互相联系、互相制约的，前一项工作拖延影响下一项工作的开始，有时某些资源条件又受外界条件的影响，因此，必须进行有效的协调和管理。

### 2. 进度控制

进度控制是指系统实施中各项任务完成情况的检查与督促。任务布置给各个小组后，系统管理人员必须有切实可行的办法，及时地了解掌控各小组的工作情况以及进度，特别是紧密相关的硬件、软件、人员培训和数据准备4个方面的配合。

### 3. 调整补救

调整补救是指当发生计划未能实现或者外界某种资源未能提供时，管理人员必须及时调整原计划，调配人力物力，克服困难以弥补损失，保证任务及时完成。

#### 4. 软件产品验收

软件产品验收是指当某一项具体工作完成之后，实施工作的组织者必须严格验收，审查这一具体任务是否按要求完成了。

### 案例7.2　某集团公司信息系统实施的项目组织

#### 1. 项目背景

某集团股份有限公司是黑龙江省内少数大型集团企业之一，集团的经济效益、发展势头都处于一个逐步上升的阶段。伴随着整个集团的行业扩充，子公司不断建立，而企业内部管理思想和管理手段没能同步提升，由于企业内部资源不共享，经常造成子公司之间、部门之间的协调困难，内部运营成本高，企业进一步发展受到制约。

现代企业的竞争能力来自企业内部管理的不断完善。要在日趋激烈的竞争中取得优势，首先就要提高企业内部管理的能力，通过引进先进的信息技术来加强内部管理控制能力，完善管理制度与管理手段，真正实现向管理要效益。

企业在对内部管理变革的时候，既需要一套可以将领导的管理意图加以实现的先进工具，同时也需要从管理手段、管理机制等方面入手，通过应用先进的管理思想，综合提升企业的竞争能力。

作为实施合作方，正林软件公司在商品混凝土行业丰富的管理咨询经验和管理信息化实施经验为某集团股份有限公司带来了帮助。

#### 2. 总体方案

通过对某集团股份有限公司的调研，结合企业的实际情况，对集团股份有限公司的信息化建设工作进行整体的规划，解决工作重点在于解决合同档案管理中的快速浏览、保密性、办公 OA、流水化处理办公审批、人力资源管理和企业的内部财务管理，整合企业内部的人力资源，强化资金流动控制，将企业内部隐含的管理信息透明化，为企业各级领导提供决策支持数据。

基于完善的信息化企业构想，在不断完善管理体制的基础上，建立覆盖整个公司各部门的集成计算机网络和数据库支撑环境。应用先进的计算机与管理技术，来改变企业对于档案管理、办公 OA、人力资源、办公审批、财务等传统的管理方式，以最大限度地共享资源，形成一个有机的整合体，支持企业整体发展战略，建立敏捷的企业信息化管理系统，提升、整合企业各项资源，有效控制企业运营成本，提高管理效率和决策水平，最终全面提高企业的经济效益。

#### 3. 项目实施的组织与职能划分

企业信息化建设随着实施的深入将会逐渐铺开，牵涉面很广，导致项目存在很多不可预测因素，所以需要正林软件公司和某集团公司共同组建一支强有力的实施队伍，以保障系统顺利实施。

(1) 正林软件公司咨询实施团队。正林软件公司实施集团信息化建设项目一般采用项目经理负责制，由项目经理领导一定数量的应用咨询顾问与技术咨询顾问进行实施工作，并可随时得到有关行业专家的支持。项目经理要由正林软件公司内部指定的项目总监领导并监管其工作，项目总监是代表正林软件公司与企业领导层沟通、协调重大问题的高层领导。

正林软件公司项目咨询实施团队的职责如下。

项目总监: 领导并监管项目经理工作; 沟通、协调重大问题; 审批项目计划; 监督考核项目计划执行。

项目经理: 负责项目实施中与集团的协调及实施工作安排; 掌握项目实施进度; 进行资源调配, 确保项目的顺利进行。

应用咨询顾问: 了解客户需求, 分析企业管理状况和经营目标; 负责产品概念和原理培训; 将产品应用与集团的实际情况结合起来制订详细实施计划。

技术咨询顾问: 与集团信息化人员一起设计和实施项目网络方案; 确保网络的高速正常运行; 负责各模块的培训及系统初始化工作; 按计划完成各项实施任务。

行业专家: 为难点问题给出答疑; 实施优化建议。

(2) 集团实施团队。集团也要组成信息化项目实施团队, 职责如下。

项目领导小组: 建议由企业投资方和高层管理人员组成。其职责包括: 确定系统实施目标; 确立项目组织及人员配备制定项目实施考核及奖惩制度; 监督、推动、参与项目进程; 领导管理变革。

项目经理: 建议由熟悉集团整体业务流程并具有一定的管理职位人员担任。其职责包括: 制订和维护项目计划; 分派、指导和监控所有项目活动, 确保项目计划有效执行; 申请并争取获得合适资源以完成项目实施; 规范新系统流程; 向项目领导小组汇报项目进展状态; 发现并协调解决项目问题, 扫除项目障碍, 保持成功运行系统的正常环境; 协调并督促所有项目文档的准备和提交; 负责与服务提供商的联系; 参与项目全部活动、培训。

各业务组长与关键用户: 建议由相关业务部门的主管和关键业务人员担任。其职责包括: 业务需求分析、业务组织结构的设计与确认; 参与培训, 掌握系统基本原理、企业业务运作模式。

实施组: 建议由有关业务部门的业务骨干担任。其职责包括: 测试准备, 单元测试、集成测试和系统测试, 系统确认; 最终用户手册和最终用户培训教材的准备及审核; 最终用户的培训; 数据准备方案的审核, 数据准备; 单据准备; 辅助定义系统用户操作权限; 切换组织与实施; 新系统上线后的一线支持; 本部门实施任务的组织与协调。

数据组的职责包括: 数据准备方案的审核; 数据准备(集成测试); 数据转换程序的测试; 数据准备工作的组织与协调。

最终用户的职责包括: 参加最终用户培训, 经考核认证后上岗; 在有关人员的指导下准备并实施系统切换; 熟练使用新系统, 完成日常业务, 保证业务流程图、标准用户操作手册、单据等数据正确; 发现并提出系统存在问题或改进意见。

# 7.8 系统实施报告

系统实施报告是将系统实施过程中的各阶段各项目的成果编辑成册, 作为这一阶段的成果存档。它是系统运行的指导性文件，也是系统维护和扩充的重要参考依据。系统实施报告主要包括系统说明书、系统使用说明书、系统测试报告、系统的规章制度等。

### 1. 系统说明书

系统说明书描述系统的功能与结构，具体包括各部分的程序功能结构、文件结构、各部分的设计规格等内容。

### 2. 系统使用说明书

系统使用说明书即系统使用手册，内容包括系统简介、系统运行操作说明、系统管理与维护的事项。

### 3. 系统测试报告

系统测试报告的内容有测试计划和配置(包括系统配置、运行配置、测试标准和评价等)、接口测试(描述对系统接口的测试和结果)、功能测试(描述对系统各种功能的测试和结果)、系统的性能及安全可靠性测试、测试评价(质量检查结论、发现问题及解决办法、尚待解决及需要注意的问题)。

## 思考题

### 一、客观题(扫描下方二维码进入练习)

邀请码: 30090414
学习通首页左上角输入

### 二、主观题

1. 管理信息系统的实施包括哪些主要内容？
2. 开发管理信息系统需要哪几方面的人才？
3. 管理信息系统的转换有哪些方式？各有何特点？
4. 管理信息系统的安全性与哪些因素有关？
5. 在系统开发过程中需要撰写哪些文件？
6. 程序测试时要准备哪些数据？
7. 管理信息系统交付使用时，一般应给使用者提供哪些书面材料？
8. 用户培训主要包括哪些内容？

# 第 8 章
# 管理信息系统的评价与维护

新系统投入正常有效运行一段时间之后,就必须对新系统做全面的系统评价。系统评价的目的是要使组织的管理人员和系统开发、维护人员对系统目标的完成情况、系统实施的效果、系统的不足及需要改进之处有一个全面综合的了解。另外,还可以对适合本单位信息系统建设的经验教训进行总结。在管理信息系统的运行过程中需要不断进行维护。系统维护是对系统进行各项修改和维修活动的总称,本章主要介绍系统的评价和维护两个方面的内容。

## 8.1 管理信息系统的评价

管理信息系统的评价是一项困难的工作,这是由管理信息系统本身具有的诸多特点造成的。首先,信息系统工程和一般工程不一样,其投资不可能是一次性的,也不可能只是硬件的投资。随着系统的建设和运行,需要一系列不明显的费用投资(如开发费用、软件费用、维护费用、运行费用等),而且这些费用的比例越来越大。其次,信息系统的见效有着显著的滞后性、相关性及不明显性。信息系统效果要在系统建成并使用相当一段时间之后才能显现,而且信息系统的效益与管理体制、管理基础、用户使用的积极性、用户的技术水平等有着非常密切的相关性。

### 8.1.1 系统评价指标体系

在评价一个管理信息系统时,最重要的是建立科学的评价指标体系。一般而言,管理信息系统的评价可以从系统目标、系统质量、运行效果、系统效益 4 个方面加以考察。

(1) 系统目标。系统目标评价是要检查系统开发出来是否满足预期的设计目标,是否满足组织的管理要求,常见的评价指标包括目标的合理性和有效性。

(2) 系统质量。系统质量是一个综合的概念,可以从不同的角度来进行描述。从性能的角度来看,可以通过执行准确性、响应速度、信息存储量、信息资源利用率等指标来评价;从安全的角度来看,可以通过安全性、可靠性等指标来评价;从维护的角度来看,可以通过维护的方便性、容错性、文档是否齐全等指标来评价;从用户的角度来看,可以通过用户满意、界面质量、人机交互的友好性等指标来评价。

(3) 运行效果。运行效果用来描述系统实际运行的状况。可以通过系统运行的适应性、系统运行对业务和管理功能的支持程度、硬件设备和软件的运行效率等指标来评价。

(4) 系统效益。系统效益主要分为经济效益和社会效益两个方面。经济效益是指管理信息系统的运行给企业和组织所带来的财务和经济方面的收益。常见的指标有(人员、设备、软件、数据采集等)成本、管理费用、折旧、销售额、利润、收益率等。社会效益是指难以用财务和经济指标来直接测量和衡量的效果和收益,可以从以下几方面来评价:一是对组织结构、管理模式和制度改革的促进和推动作用;二是对企业员工的信息交流和共享、业务协作的支持作用,促进员工对新技术和新知识的学习以及员工素质的提升;三是提升客户对企业产品和服务的体验以及加强客户的忠诚度,提升企业形象。

## 8.1.2　系统的评价方法

系统的评价方法有许多,在这里简单介绍几种常用的方法。

### 1. 多因素加权平均法

多因素加权平均法是一种简单易用的综合评价方法。该方法首先要建立一个评价指标体系,请专家对每个指标按其重要性打一个权重,权重最高分为 10 分,最低分为 1 分。专家权重是指专家的权威性,权值大小由评价者根据专家知识面和经验丰富程度决定。根据几个专家的打分表以及专家本人的权重,求得每个指标的权重值,计算加权平均分。

### 2. 层次分析法

1973 年,美国运筹学家托马斯·塞蒂(T. L. Saaty)针对现代管理中存在的许多复杂、模糊不清的相关关系如何转化为定量分析的问题,提出了一种层次权重决策分析方法(analytical hierarchy process,AHP)。这种方法是针对系统的特征,应用网络系统理论和多目标综合评价方法而发展起来的。

(1) 明确问题,建立递阶层次结构。首先明确要评价的问题,进行深入分析之后,把问题中所包含的因素划分为不同层次(如目标层、准则层、子准则层、方案层等),用框图形式说明层次的递阶结构与因素的从属关系。

(2) 构造判断矩阵。为了将层次结构图中上下层次相关元素的相关程度由定性转化为定量的相对值,构造判断矩阵。

(3) 层次单排序及其一致性检验。通过判断矩阵 $A$ 的特征根的求解($AW = \lambda_{max} W$)得到解 $W$,经归一化后即为同一层次相应因素对于上一层次某因素相对重要性的排序权值。

(4) 层次总排序及其一致性检验。计算同一层次所有因素对于最高层(总目标)相对重要性的排序,然后再通过加权求和的方法,递阶归并各备择方案对总目标的最终权重。并从高到低逐层进行层次总排序一致性检验,总排序随机一致性比率小于 0.1 时,认为层次总排序结果具有满意的一致性,否则需要重新调整判断矩阵的元素取值,再进行一致性检验。

层次分析法评价流程,如图 8.1 所示。

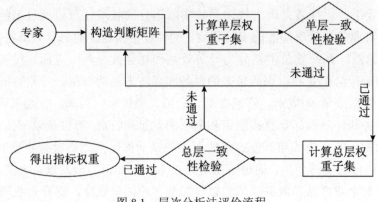

图 8.1　层次分析法评价流程

### 3. 数据包络分析法

数据包络分析法(简称 DEA)中的 CCR 模型，是处理具有多个输入(输入越小越好)和多个输出(输出越大越好)的多目标决策问题的有效方法之一。它是根据一个关于输入—输出的观察值来估计有效的生产前沿面。在经济学和计量经济学中，统计有效生产前沿面通常使用统计回归及其他一些统计方法。具体来说，DEA 是使用数学规划模型比较决策单元之间的相对效率，对决策单元做出评价。其评价流程如图 8.2 所示。

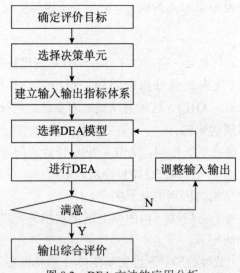

图 8.2　DEA 方法的应用分析

在企业管理信息系统的评价中，可以根据投资项目的输入数据和投资后管理信息系统的输出数据来评价。输入数据是指投资项目在投资过程中需要耗费的某些量，如投入项目资金总额，投入的总专业人数及素质情况等。输出数据是指建设项目经过一定的输入后，所产生的表明该管理信息系统活动成效的某些信息量，根据输入数据和输出数据来评价信息系统规模效益的优劣，即所谓评价信息系统间的相对有效性。

### 4. 经济效果评价方法

建立企业管理信息系统的目的在于提供完整、准确的信息，提高管理工作效率和经营决策水平，减少管理中的失误，使生产经营活动达到最佳经济效益。评价其应用的经济效果，可以从直接经济效果和间接经济效果两方面来分析。

1) 直接经济效果

直接经济效果是可以计量的，它取决于应用计算机管理后，由于合理地利用现有设备能力、原材料、能量，使产品产量或提供的服务增长；由于劳动率提高，物资储备减少，产品或服务质量提高，非生产费用降低，使生产或服务的成本降低等。

直接经济效果主要通过以下 4 项经济指标来表示。

(1) 年收益增长额($P$)。计算公式为

$$P = [(A_2 - A_1)/A_1] \cdot P_1 + [(C_1 - C_2)/1000] \cdot A_2 \tag{8-1}$$

式中，$A_1$、$A_2$ 为应用计算机前、后年产品销售总额(千元)；

$P_1$ 为应用计算机前产品销售的收益总额(千元)；

$C_1$、$C_2$ 为应用计算机前、后每千元产品的成本费(元)。

(2) 投资效果系数($E$)。计算公式为

$$E = P/K \geqslant E_n \tag{8-2}$$

式中，$K$ 为计算机管理信息系统的投资总额(千元)；

$E_n$ 为国家规定的定额系数。

(3) 投资总额($K$)。计算公式为

$$K = K_d + K_k + \Delta O_c \tag{8-3}$$

式中，$K_d$ 为系统开发和转换费用(千元)；

$K_k$ 为设备购置、安装和厂房建设费用(千元)；

$\Delta O_c$ 为系统实施后流动资金的变化。

如果计算机的实际效果系数($E$)等于或大于定额效果系数($E_n$)，就认为计算机应用是有益的。

(4) 投资回收期($T$)。计算公式为

$$T = K/P \tag{8-4}$$

2) 间接经济效果

间接经济效果反映在企业管理水平的提高上，主要表现在管理体制合理化，管理方法有效化，管理效果最优化，基础数据完整、统一；管理人员摆脱繁杂的事务性工作，真正用主要精力从事信息的分析和决策等创造性工作，提高了企业管理现代化水平。

总之，衡量企业管理信息系统投资回报的核心就是"物有所值"。投资回报更多地反映在节约企业运作成本、缩短资金偿还周期、职工收入提高和生产力提高等方面。

除了上述的评价方法以外，管理信息系统的评价还可以采用关联矩阵法、模糊综合评价方法、主成分分析评价方法、基于 BP 人工神经网络的评价等方法。这些方法都有它们各自的特点和适用范围。而目前对评价方法的研究主要集中在对信息系统经济效益的评价与预测、对信息系统本身质量的评价和对信息系统进行多指标综合评价。

### 5. 主成分分析法

主成分分析法是把多个指标约化为少数几个综合指标的一种统计分析方法。在多指标(变量)的研究中(比如 $p$ 个指标),由于指标的个数很多,并且彼此之间往往存在一定的相关关系,因此使观测数据反映的信息在一定程度上有所重叠。主成分分析是通过一种降维的方法进行数据简化,从较多的指标中找出较少几个综合指标,使这些综合性指标尽可能反映原来指标的信息,并且互不相关。通常,取原始 $p$ 个指标的某种线性组合,适当地选取组合系数,使得这少数几个综合指标之间的相对独立性、代表性呈现最佳状态。可见,主成分分析法能够减少工作量,有利于解决实际问题,是在众多指标中寻找综合指标的一种多元分析方法。

**案例8.1** 主成分分析法在企业信息系统建设评价中的应用

泉州企业经营管理协会对 4 家轻纺织(服装)企业的信息系统建设进行评价。4 家企业的原始数据,如表 8.1 所示。

表 8.1  4 家企业的信息系统建设评价数据

| 方案 $j$ | 指标 $i$ | | | | | | |
| --- | --- | --- | --- | --- | --- | --- | --- |
| | 直接经济效益($X_1$) | 建设难易程度($X_2$) | 静态投资/万元($X_3$) | 投资回收期/年($X_4$) | 节省劳动力/%($X_5$) | 对决策支持程度($X_6$) | 提高管理水平($X_7$) |
| 企业 A | 0.968 | 一般 | 3100.2 | 7.56 | 16.3 | 较好 | 一般 |
| 企业 B | 1.10 | 较难 | 3563.4 | 7.64 | 15.97 | 好 | 较好 |
| 企业 C | 0.97 | 一般 | 3369.8 | 7.88 | 15.16 | 一般 | 较好 |
| 企业 D | 1.10 | 较难 | 3647.3 | 7.71 | 15.65 | 较好 | 一般 |

其中,设置信息系统建设的难易程度:一般=1.0;较难=0.5。对决策支持程度:好=1.0;较好=0.75;一般=0.5。对提高管理水平:好=1.5;较好=1.0;一般=0.5;不好=0。

根据表 8.1 量化数据,计算均值($\bar{x}_i$)和协方差($S_i$),如表 8.2 所示。

表 8.2  指标量化数据表

| 方案 $j$ | 指标 $i$ | | | | | | |
| --- | --- | --- | --- | --- | --- | --- | --- |
| | $X_1$ | $X_2$ | $X_3$ | $X_4$ | $X_5$ | $X_6$ | $X_7$ |
| A | 0.968 | 1.0 | 3100.2 | 7.56 | 16.3 | 0.75 | 0.5 |
| B | 1.10 | 0.5 | 3563.4 | 7.64 | 15.97 | 1.0 | 1.0 |
| C | 0.97 | 1.0 | 3369.8 | 7.88 | 15.16 | 0.5 | 1.0 |
| D | 1.10 | 0.5 | 3647.3 | 7.71 | 15.65 | 0.75 | 0.5 |
| $\bar{x}_i$ | 1.0345 | 0.75 | 3420.18 | 7.6975 | 15.77 | 0.75 | 0.75 |
| $S_i$ | 0.0757 | 0.2887 | 0242.9 | 0.1363 | 00.4856 | 0.2041 | 0.2887 |

对表 8.2 中的数据进行标准化,由 $x_{ki} \rightarrow x'_{ki}$,其中

$$x'_{ki} = \frac{x_{ki} - \overline{x_i}}{\sqrt{s_{ii}}} \qquad i = 1, 2, \cdots, p; \quad k = 1, 2, \cdots, n \tag{8-8}$$

标准化结果如表 8.3 所示。

表 8.3　标准化数据表

| 企业 | $X_1$ | $X_2$ | $X_3$ | $X_4$ | $X_5$ | $X_6$ | $X_7$ |
|------|-------|-------|-------|-------|-------|-------|-------|
| A | − 0.878 5 | 0.866 0 | − 1.317 3 | − 1.008 8 | 1.091 4 | 0 | − 0.866 0 |
| B | 0.865 3 | − 0.866 0 | 0.589 6 | − 0.421 9 | 0.411 9 | 1.224 9 | 0.866 0 |
| C | − 0.852 0 | 0.866 0 | − 0.207 4 | 1.339 0 | − 1.256 2 | − 1.224 9 | 0.866 0 |
| D | 0.865 3 | − 0.866 0 | 0.935 1 | 0.091 7 | − 0.247 1 | 0 | − 0.866 0 |

再计算样本相关阵:

$$\boldsymbol{R}_{p \times p} = (\overline{r_{ij}})_{p \times p}$$

$$r_{ij} = \frac{s_{ij}}{\sqrt{s_{ii}}\sqrt{s_{jj}}} = \frac{1}{n-1}\sum_{k=1}^{n} x_{ki} \cdot x_{kj} \qquad i, j = 1, 2, \cdots, p \tag{8-9}$$

(且有: $r_{ii} = 1$, $r_{jk} = r_{kj}$。)

计算结果如下:

$$\boldsymbol{R} = \begin{vmatrix} 1 & -0.991 & 0.884\,4 & -0.180\,2 & 0.084\,7 & 0.701\,2 & 0.007\,7 \\ -0.999\,1 & 1 & -0.880\,3 & 0.190\,7 & -0.095\,1 & -0.707\,2 & 0 \\ 0.884\,4 & -0.880\,3 & 1 & 0.296\,0 & -0.388\,5 & 0.325\,4 & 0.220\,7 \\ -0.180\,2 & 0.190\,7 & 0.296\,0 & 1 & -0.993\,2 & -0.719\,0 & 0.529\,2 \\ 0.084\,7 & -0.095\,1 & -0.388\,5 & -0.993\,2 & 1 & 0.681\,1 & -0.487\,5 \\ 0.701\,2 & -0.707\,2 & 0.325\,4 & -0.719\,0 & 0.681\,1 & 1 & 0 \\ 0.007\,7 & 0 & 0.220\,7 & 0.529\,2 & -0.487\,5 & 0 & 1 \end{vmatrix}$$

先求出矩阵 $\boldsymbol{R}$ 的特征根 $\lambda_i$ 及特征向量 $\boldsymbol{U}(i)$, 即:

$\lambda_1 = 3.451\,7$; $\lambda_2 = 2.726\,3$; $\lambda_3 = 0.820\,1$; $\lambda_4 = 0.001\,0$; $\lambda_5 = 0.000\,6$; $\lambda_6 = 0.000\,2$; $\lambda_7 = 0.000\,1$。

$\boldsymbol{U}(1) = (-0.492\,9, \ 0.495\,2, \ -0.336\,1, \ 0.298\,7, \ -0.255\,9, \ -0.487\,1, \ 0.083\,6)$

$\boldsymbol{U}(2) = (-0.234\,5, \ 0.228\,5, \ -0.460\,9, \ -0.502\,0, \ 0.526\,4, \ 0.141\,0, \ -0.362\,5)$

$\boldsymbol{U}(3) = (0.115\,1, \ -0.116\,6, \ 0.193\,7, \ 0.074\,4, \ -0.149\,8, \ -0.393\,2, \ -0.867\,8)$

$\boldsymbol{U}(4) = (0.828\,7, \ 0.409\,0, \ -0.336\,1, \ 0.044\,2, \ 0.021\,9, \ -0.165\,8, \ 0.055\,1)$

$\boldsymbol{U}(5) = (-0.020\,7, \ -0.035\,6, \ -0.161\,8, \ 0.806\,3, \ 0.410\,1, \ 0.342\,6, \ -0.191\,0)$

$\boldsymbol{U}(6) = (-0.028\,0, \ 0.408\,2, \ 0.015\,6, \ -0.035\,2, \ -0.567\,3, \ 0.664\,2, \ -0.261\,1)$

$\boldsymbol{U}(7) = (0.028\,9, \ -0.594\,8, \ -0.705\,5, \ -0.000\,7, \ -0.380\,2, \ 0.470, \ -0.029\,5)$

再计算特征根的贡献率和累积贡献率, 并根据累积贡献率 0.85 的原则取得主成分, 如表 8.4 所示。

表 8.4　特征根和贡献率

| $\lambda_i$ | 3.451 7 | 2.726 3 | 0.820 1 | 0.001 0 | 0.000 6 | 0.000 2 | 0.000 1 |
| --- | --- | --- | --- | --- | --- | --- | --- |
| 贡献率 $b_j$ | 0.493 1 | 0.389 5 | 0.117 2 | 0.000 1 | 0.000 1 | 0.000 0 | 0.000 0 |
| 累积贡献率 $q_j$ | 0.493 1 | 0.882 6 | 0.999 8 | 0.999 9 | 1 | 1 | 1 |

从上述内容可以看出，第一主成分的信息贡献率为 49.31%，第二主成分的信息贡献率为 38.95%，前两个主成分($m=2$)的累积贡献率已达 88.26%。这说明前两个主成分作为综合评价指标来反映和评价企业信息系统建设项目的信息可靠性在 85% 以上。这两个主成分与 7 个指标的线性关系为：

$$F_1 = -0.492\,9X_1 + 0.495\,2X_2 - 0.336\,1X_3 + 0.298\,7X_4 - 0.255\,9X_5 - 0.487\,1X_6 + 0.083\,6X_7$$

$$F_2 = -0.234\,5X_1 + 0.228\,5X_2 - 0.460\,9X_3 - 0.502\,0X_4 + 0.526\,4X_5 + 0.141\,0X_6 - 0.362\,5X_7$$

以每个主成分的方差贡献率作为权数，构造综合评价函数模型：

$$F = 0.493\,1F_1 + 0.389\,5F_2$$

将 4 个企业信息系统建设项目标准化后的 7 个指标数据代入上式，求得各企业的综合评价值为：

$$F^A = 1.258\,4; \quad F^B = -1.042\,1; \quad F^C = 0.621\,8; \quad F^D = -0.838\,1$$

即在 4 个企业中，企业 A 的信息系统建设最优，其次为企业 C，而企业 B 的信息系统建设最差。

# 8.2　管理信息系统的维护

系统交付使用投入运行后，维护工作正式开始。系统维护的主要任务就是对系统的运行过程进行控制，对其运行状态进行记录，并对系统进行必要的调整、完善与扩充。

## 8.2.1　系统维护的类型

一般有以下几种维护类型。

### 1. 正确性维护

正确性维护是改正在系统开发阶段已发生的而系统测试阶段尚未发现的错误。一般来说，这类故障是由于遇到了以前从未有过的某种输入数据的组合，或者是系统的硬件和软件有了不正确的界面而引起的。在软件交付使用后发生的故障，有些并不太重要，并且可以回避；有些则很重要，甚至影响企业的正常营运，必须制订计划，进行修改，而且要进行复查和控制。

### 2. 适应性维护

适应性维护是为适应软件的外界环境变化而进行的修改。一方面是适应企业外部环境变化的维护。政府政策法令的变化、竞争对手的变化等，都要求系统进行相应的修改，如生产率变化、承包方式变化等，使得财务计划、核算都要做相应的修改。另一方面是计算机技术发展十分迅速，当采用新设备、新技术可以扩大系统功能、改善系统性能时要进行的维护。例如，操作系统版本的变更或计算机的更替引起的软件转换是常见的适应性维护任务。而"数据环境"的变动，如数据库和数据存储介质的变动，新的数据存取方法的增加等，都需要进行适应性维护。进行适应性维护应该像开发新软件一样，按计划进行，以利于实施。

### 3. 完善性维护

完善性维护是为扩充功能和改善性能而进行的修改。这里指对已有的软件系统增加一些在软件需求规范书中没有规定的功能与性能特征，还包括对处理效率和编写程序的改进。例如，有时可将几个小程序合并成一个单一的运行良好的程序，从而提高处理效率；而有时却因系统内存不够，或处于多道程序的设计巧合，又希望把一个占用整个机器容量的大程序分成几个只占小容量内存而且运行时间相同的小程序段，使软件设计优化。总之，完善性维护就是在应用软件系统使用期间，为不断改进和加强系统的功能和性能，以满足用户日益增长的需求所进行的维护工作。

### 4. 预防性维护

预防性维护主要思想是维护人员不应被动地等待用户提出要求才进行维护工作，而应该选择那些还有较长使用寿命，目前虽能运行但不久就需要做较大变化或加强的系统而进行维护。目的是为减少或避免以后可能需要的前三类维护而对软件进行配置的工作。预防性维护是为了减少以后的维护工作量、维护时间和维护费用。

## 8.2.2　系统维护的内容

### 1. 程序维护

程序维护是指当业务处理的要求发生变化使系统业务出现故障时，需要修改部分程序，之后还需进行验证，填写修正表。以下为需要进行程序维护的几种情况。

- 当外部业务环境发生变化时，需要维护。
- 当管理人员的要求发生变化时，需要维护。
- 当信息中心工作人员的要求发生变化时，需要维护。这种维护主要是对应用软件和数据库的维护。

### 2. 数据文件的维护

数据文件的维护是指当业务处理的要求发生变化时，需要建立新文件，或者对现有数据文件进行修改(不包括正常更新)。其主要维护工作包括以下三个方面。

(1) 数据文件的安全性、完整性控制。数据文件(数据库)的安全性是指保护数据库，防止不合法使用造成的数据破坏、泄漏或更改。在系统中，安全措施是逐级逐层设置的。

(2) 数据库的正确性保护、转储与恢复。为了保证数据的正确性，应做以下工作：

- 定期做备份数据库；
- 应用数据库做好记录，以便查找错误来源；

- 每次修改时，应备份修改前、后的内容并保存，以备查阅；
- 系统出现故障时，用备份文件恢复数据库。

(3) 数据库的重组织与重构造。数据库运行一段时间后，随着记录不断增加、删改，会使其物理存储变坏，降低数据库存储空间的利用率和数据的存取效率，从而降低性能，故需对数据库重新组织。

根据实际业务情况、应用环境的变化，原设计不能很好地满足业务的需求，需要改变数据库的逻辑结构。例如，增加数据项、改变数据项的类型等，这就是数据库的重构造。这种维护只能做部分修改，若应用环境变化太大，也不能满足变化的要求。只有重新设计数据库，才能更适应系统的需求。

### 3. 代码的维护

随着系统的变化，旧的代码不能适应新的要求，需要修改旧的代码体系或制定新的代码体系。代码维护的困难在于新代码的贯彻，而不是代码本身的变更。除了代码管理部门外，其他部门管理人员都要负责贯彻使用新代码。

### 4. 机器、设备的维护

机器、设备的维护包括日常的保养和发生故障的修复工作。

系统的维护是一项长期的技术性工作，关系到信息系统的运行效率和使用寿命，必须认真对待，加强领导。

## 思考题

### 一、客观题(扫描下方二维码进入练习)

邀请码: 30090414
学习通首页右上角输入

### 二、主观题

1. 系统评价主要方法有哪些？
2. 简述系统维护的类型和内容。
3. 管理信息系统评价的目的和指标有哪些？
4. 评价信息系统的主要依据是什么？请简述计算机与信息系统的关系。

# 第 9 章
# 管理信息系统案例

前面章节介绍了管理信息系统的基础知识和开发过程，尽管开发管理信息系统的方法很多，但在管理系统的开发实践中，一般采用的是结构化开发方法。本章综合应用了前面章节的知识，以某企业销售管理信息系统开发为实例，采用结构化开发方法，叙述了管理信息系统开发的主要过程：系统规划、系统分析、系统设计、系统实施。使读者在学习了管理信息系统知识的基础上，进一步深入了解开发任何一个管理信息系统必须经历的主要过程，以及在开发过程的各个阶段开发者应当完成的各项工作内容和应当提交的书面成果，为以后的实际开发做准备。

## 9.1　系统调查和可行性分析

### 9.1.1　项目背景

某企业是一家采用金字塔式组织结构、内部分工简单、业务流程较短的中小型贸易企业。该企业专营副食品，销售和供应各种名牌的巧克力、奶糖等食品。随着业务的不断发展，该企业不仅经营国内品牌产品的销售，而且代理国际知名品牌产品的销售。经过近几年的奋斗，企业在副食品专营方面已具有较大规模，业务的范围已突破原有的地域范围，形成以总部所在地为中心的省际辐射，业务量和顾客数量迅速扩大。旧有的模式已不能再适应企业迅速发展的需要，随着企业的快速成长，对企业的组织结构、业务流程和各种数据存储和应用提出了新的要求。随着业务的开展和市场竞争的加剧，企业的高层领导意识到企业内部管理存在着诸多问题，为了改善企业的管理现状，应对旧有模式不适应发展需要的问题，他们考察了各种管理信息系统的成功案例，最终决定开发一套适合自己企业的管理信息系统，以使企业得到更好的发展。

### 9.1.2　企业现状

根据初步调查，企业现在采用的是金字塔式的组织结构。目前企业拥有少量计算机，大多数工作人员对计算机的操作能力较弱，相关的知识知之甚少，企业没有采用任何管理信息系统，基本工作大多由人工完成，计算机仅仅进行文字的录入和与之相关的简单处理，导致工作繁琐、重复性大。计算机在企业的主要功能停留在核算统计、文件处理等方面，无法应用到各个管理部门，实现数据的共享。企业业务流程中的各个环节几乎都是采用手工操作方式，大量数据的录入，不仅使得工作人员的输入工作量巨大，而且容易出现差错，效率低下。另外，企业是凭借单据实现部门间的作业顺序和业务关系，单据一般由顾客传递，这就使得顾客要在各个部门之间奔波，导致客户的满意度很低。企业的财务部与结算科的职能边界不清晰，容易造成权责不明确，在销售分析和核算上容易出现差错。由于整个业务流程都采用了手工方式，无法及时向高层管理者传递市场瞬息万变的信息，造成信息滞后，不利于决策者进行准确的判断决策。

### 9.1.3 开发原因

基于企业的现状可知：企业的主要问题是手工操作致使工作效率低下，经济效益不高。许多繁琐、经常性、重复性的工作本可以用计算机解决的问题却困扰着工作人员，浪费了大量的人力。随着企业规模的不断扩大，企业业务逐渐增多，各个部门的工作人员工作量还在不断增大。该企业销售完产品后，由于数据处理都由人手工操作，信息传递滞后，拖欠款的情况不能得到及时有效的控制，资金周转周期延长。因此，企业迫切需要一套管理信息系统帮他解决目前的这些问题。

在对该公司原系统的运行、实践进行初步调查，发现原系统计算机的应用只收集、存储了销售、仓储等信息，而且是以 Word 文档的形式存储的，其功能仅停留在查询、统计、打印报表等一般功能，没有充分利用其丰富的信息资源为企业服务。

基于上面分析的诸多因素，在企业领导的支持下，开发一个适合自己企业的管理信息系统已势在必行了。

目前，企业存在着一些管理信息系统开发的有利因素。如企业内部有少数精通计算机硬件的高尖端人才，为信息系统的管理应用提供了前提，企业还拥有几十台计算机以及一些硬件资源。企业领导和大多数员工都支持管理信息系统的开发，系统的应用还可以使工作人员从繁重的工作中解脱出来，改善企业内部组织管理，使企业内部信息流和物流畅通无阻，提高工作效率和经济效益，促使企业进一步发展。

### 9.1.4 系统目标

销售管理信息系统是为了适应企业综合管理的需求，改变企业现有的管理模式，加速企业管理的自动化、标准化和科学化，而建立的一个整体性的信息系统。它可以为各管理层提供可靠的信息，为提高企业各方面的效益服务。系统的总目标是：用信息来支持企业的管理和决策，用信息技术实现销售过程自动化代替原有手工管理方式，用过程管理代替职能管理，取消不增值的职能管理，提高业务处理效率。具体如下：

- 改变过去手工操作，建立计算机系统操作，更加快捷，做到高效率。公司销售、开票、结算、财务、仓储等部门全部实现自动化管理。
- 公司在本系统的支持下，能够达到合理进货、及时销售、库存量小、减少积压的目的，尤其是商品存储方面，能够大大降低公司运营成本，取得最佳效益。

- 通过业务的整合和组织结构的调整，提高数据的准确性，避免逻辑的错误和人为的错误，提高数据的可信度。
- 运用分布式的微机网络，避免以往文件传递时所耗的时间，提高工作的时效和针对性，有助于提高领导的决策，减少失误。
- 能够及时了解库存情况和销售情况。
- 通过对市场销售和市场需求分析，制订和调整公司销售计划。

## 9.1.5　系统构成

为实现上述目标，将系统分为 5 个功能模块：市场管理模块、票务管理模块、结算管理模块、报表管理模块、仓储管理模块。它是根据各子系统的管理功能来划分，使得系统分工明确，业务流程清晰，从而优化企业管理，最终为企业带来良好的经济效益。

- 市场管理：制定相应的产品价格产生报价单，并为客户提供相应的服务。
- 票务管理：操作人根据订购单，开出发票(包括退货发票)并把订购单分类存储。
- 结算管理：根据开出的发票和订单，进行结算并编制销售账表。
- 报表分析管理：根据销售账表和销售计划进行销售分析。
- 仓储管理：根据发票和出库通知填写出库单，登记库存并形成库存账，月末产生库存报表。

## 9.1.6　可行性分析

### 1. 技术可行性

企业目前拥有 30 多台计算机、6 台智能交换机、1 台打印机和复印机。在设备方面，企业的计算机、打印机和复印机已经满足系统应用的需求。

该系统对软件没有太高的要求，市场上存在的系统软件足以满足系统各个方面的要求。开发人员具有专业知识，已成功开发了一些复杂的管理信息系统，而现在要开发的销售管理信息系统是比较简单的，在开发技术上不存在难题。

虽然企业中大多数工作人员对计算机知之不多，但是在企业的销售部门和库存部门的大多数员工有一定的计算机应用能力，能够对日常的工作业务进行简单的操作和管理，并能自行排除日常工作中随时可能遇到的计算机故障。

### 2. 经济可行性

公司的销售管理信息系统是比较简单的系统，开发和维护费用都不是很高，企业现有的设备已能满足系统的需要。企业所需投资较少，在公司可接受的范围。

系统投入运行后会给企业带来可观的经济效益：一方面解决了手工操作带来的工作效率低、容易出错等问题，为企业在业务上缩短了时间，增加了市场竞争力。另一方面，使得信息流动得更快，能为各层管理者提供高质量的信息，使得管理者有更多的时间和信息为企业未来的发展做准备。

### 3. 环境上的可行性

由于企业领导者已认识到企业存在的问题和对系统需求的迫切性,对系统的开发是大力支持的,领导认为企业走信息化的战略对企业的成长是有利的,并且有助于企业长期健康持续稳定的发展。

企业现有的管理方式和方法存在一定的缺陷,领导和职工都有改变相应管理制度的要求,企业现有的结构和业务流程都较简单,实行相应的改革是可行的。系统开发完成后,大部分原始数据都将由计算机进行存储和处理,数据的正确性和准确性都会提高。

近年来,软件产业以30%以上的年平均增长速度快速发展,软件和信息技术在国民经济和社会各领域得到广泛应用,成为推动产业结构调整、产业技术改造的重要基础与支撑,极大地推进了我国信息化建设进程,各个行业目前正在处于信息化处理的应用时期,有关的政策法规对企业信息化都给予了一个宽松的环境和平台。企业结合自身企业规模壮大的需要采用信息化的处理方式,来提高企业的工作效率,从而在市场竞争中处于有利的位置。信息化的处理使企业及时有效地获取信息,做出适合自身发展的决策。

### 4. 可行性结论

根据上述可行性分析,企业进行系统开发的条件已成熟,可以立即进行系统的开发。

## 9.1.7 人员分配和工作进度安排

销售管理信息系统开发过程中配备了以下人员:项目负责人1名,系统分析员3名,系统设计员2名,程序员2名,系统调试员1名。工作进度安排如表9.1所示。

表 9.1 系统开发的工作进度安排

| 阶 段 | 完成的目标 | 所 需 时 间 | 所做的主要工作 |
|---|---|---|---|
| 系统调查和可行性分析 | 项目确定与规划 | 1个月 | ①人员组织、确定项目规划性质;②收集相关资料信息;③确定系统目标;④提出系统未来略图;⑤可行性分析;⑥制订开发进度表;⑦提交规划报告 |
| 系统分析 | 企业现状分析 | 3个月 | ①详细调查;②企业管理业务调查(组织结构、管理功能、管理业务流程);③数据流程调查(DFD);④数据字典 |
| | 系统的逻辑设计 | | ①新系统分析;②新系统逻辑方案(业务流程、数据流程、逻辑结构等) |
| 系统设计 | 系统的物理设计 | 2个月 | ①总体设计(MIS流程图设计、功能结构图设计、功能模块图设计等);②代码设计(代码设计方案、编号代码等);③物理配置方案设计;④数据存储设计(数据库、数据安全等)⑤计算机处理设计(输入、输出、处理流程图、编程说明书) |
| 系统实施 | 实现系统 | 2个月 | ① 物理系统的实现<br>② 程序设计与调试<br>③ 项目人员培训<br>④ 测试数据的准备与录入<br>⑤ 系统的测试与评估 |

# 9.2　管理信息系统的分析

## 9.2.1　现行系统的调查

### 1. 组织结构调查

通过对企业现行系统的调查分析，了解到该企业的组织结构设置为：总经理下设票务部、结算部、分析部、仓库保管部 4 个部门。明确分工，各司其职，各用其权，各尽其责，把责、权、利相结合，4 个部门既相互独立又相互联系。总体目标分解到 4 个部门后，通过相互协调把各部门单个目标整合起来。图 9.1 是该企业的组织结构情况。

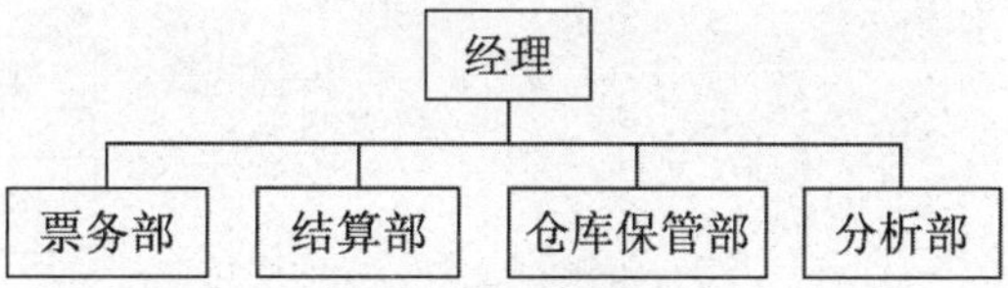

图 9.1　组织结构

各部门主要功能如下。

(1) 经理：主要负责销售计划的制订和计划的落实。他们需要经常了解和掌握销售情况，为他们指导销售工作和制订新的销售计划提供依据。

(2) 票务部：主要负责开发票。顾客购买产品首先到票务部去开票，开票人员根据顾客所有的购货单(包括商品名称、规格及数量等)开票。所开票据至少三联，即记账联、提货联、发票联等。发票分两种，即增值税专用发票和普通发票。根据业务的需要，票务部还要负责退货的处理，即开具相应的红字发票。

(3) 结算部：为了加强管理，保证开票、结算分开。开票之后，顾客持发票到结算部付款，办理结算手续。结算方式主要有：现金结算、汇票结算、托收及电信汇款结算等。顾客付款之后，结算人员在提货联上盖上"已结算"印章，说明结算手续已办。

(4) 分析部：分析部根据开票及结算情况制作各种销售分析报表，主要包括产品销售明细日报表、销售回款明细日报表、销售回款汇总日报表、顾客欠款表及销售计划完成情况分析表等。由于手工操作效率低，销售分析人员隔 3～4 天向销售企业及主管厂长报一次日报表。各种日报表都包含有月累计情况。因此月末的日报表就是该月的月报表。

(5) 仓库保管部：仓库保管部主要负责产品的入库、出库和退货处理。顾客办理完结算手续后，持提货联到仓库取货。此时，仓库管理人员检查提货联及发票无误后，便给予提货，即出库。出库之后登记入账。

### 2. 管理功能调查

企业现行系统各部门的管理功能，如图 9.2 所示。

### 3. 业务流程调查

公司是贸易型企业，主要业务就是围绕产品所进行的销售。企业的业务过程较简单，现行系统的业务处理过程

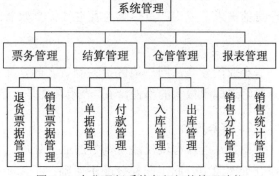

图 9.2　企业现行系统各部门的管理功能

是：顾客为购买产品先到开票部填写购货单(包括商品名称、种类、数量等)，开票人员根据购货单，首先查阅库存账，如有货，开出发票，如库存不足，发出补货通知给仓库。开票人员还要根据仓库的退货通知，开出红字发票。顾客持发票到结算部付款，并办理结算手续。付款后，结算人员盖上印章，表明已办理结算手续。仓库根据顾客的订货单和发票提货联进行出库处理，根据出货情况更新库存账，开出库单给顾客。结算人员将每天的结算单据交给分析部，分析部根据单据、发票和销售计划编制各种销售报表和销售分析。根据上述业务过程的描述，我们绘制出了该企业的业务流程图，图 9.3 是该企业的现有系统的业务流程图。

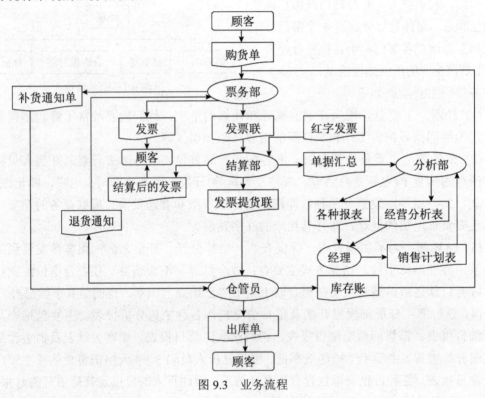

图 9.3　业务流程

## 9.2.2　现行系统分析

随着企业业务规模的扩大，其原有的手工操作系统和业务流程已经不能满足其业务流量的需求，成为严重影响企业继续提高效益的因素。其存在的问题主要有以下几点。

### 1. 服务方面

企业的顾客从同一地区扩大到省之间，原有的手工销售系统需要顾客较多的配合，给顾客造成了很大的不便。在 "顾客就是上帝" 的今天，这显然是不合时宜的。

### 2. 效率方面

原有系统流程仅仅注意销售的业务处理，对起辅助作用的库存处理的管理力度不够。在仓管部门中，职工职权分配不明确，工作效率不高，没有对仓库的存储空间进行有效利用。而且，缺货情况的处理不及时减少了企业的订单数量。仓管部门的低效率明显落后于整个销售系统，造成了人员及企业资源的浪费。

### 3. 决策方面

手工报表制作费时，降低了时效性，而且在繁多的登记账本和分析统计中，极容易出现人为的错误，在账本中查询企业所需要的信息的时间过长。人工对统计资料进行分析的难度较大，而且准确率不高。

### 4. 分工方面

各部门的分工不均衡，财务部要花很多时间在销售分析上，企业只有财务部和经理了解企业的销售情况，而与销售直接有关的部门对销售计划和销售分析并不是很了解。

### 5. 市场方面

面对越来越大的市场，过去在家等客户上门的销售模式受到了冲击，对于贸易型的企业，销售更是它的生命，企业在组织结构上要做相应的调整。

## 9.2.3　新系统的逻辑方案

### 1. 新系统的目标

销售管理信息系统的目标是提高系统自动化、标准化和系统化，为各部门快速提供高质量的信息，为决策提供信息支持，为客户提供更便利、更全面的服务。

### 2. 新系统的组织结构

根据系统的目标和对企业现有系统的分析，对企业的组织结构进行了重新的设计和定位，由于企业是个贸易公司，销售是企业的生命线，原系统虽然一直是围绕着销售进行工作的，但对销售的管理没有专业化和集中化。所以，在现有结构的基础上增加了业务部，使得销售工作更便于开展，也使得部门分工较为明确。原有系统的各部门工作量上存在着严重的不平衡，因此，对原有各部门的职能做一些调整，并加强了薄弱环节的管理，如加强了仓库管理的职能。图 9.4 是新系统的组织结构图。

图 9.4　新系统的组织结构

经过改变后的新系统各部门的主要职责如下。

(1) 业务部：主要负责销售报价和销售订单处理，以及顾客档案管理，通过良好的销售服务来赢得客户。

(2) 票务部：主要负责开销售发票和退货发票，并对订购单进行相应的管理。

(3) 结算部：负责销售制单和结算工作，并汇总各种结算单据，编写销售账表。

(4) 分析部：根据销售账表进行销售分析。

(5) 仓管部：严格进行仓库管理可以有效地控制产品成本、降低产品价格、提高利润。根据实际情况，加强仓库管理的职能，也可以使仓库各岗位人员职责明晰。

- 仓库管理员：负责入库管理，库存物资保管、养护，库存统计、分析，库存控制。
- 进货员：保证日常库存量满足顾客需求，以及应付某些意外情况，及时补货，进行货物入库时的一些处理。
- 发货员：根据发货单，进行货物出库管理。

### 3. 新系统的管理功能

由于组织结构的调整，相应的管理功能也发生了变化，根据新的组织结构图和实际的要求，我们对新系统的管理功能做了相应的改变，新系统各部门的管理功能新增和改变如下。

#### 1) 仓储管理

充分利用分布式的网络，实现对各子企业的货物的出库、入库的处理，提高库存的利用率。根据缺货情况联系供应商，及时补货，减少订货损失，在仓储部门初步形成供应商—企业的数据库，建立企业与供应商的信息联系和数据联系，从而了解企业的需求和市场的供求，及时地调整库存和库存的产品结构，增强市场的适应能力。

#### 2) 市场管理

通过业务部的销售活动，将原系统中顾客传递单据的活动置于企业的内部，实行"一票到底"的服务方式，提高顾客的满意度，树立良好的企业形象。通过销售部门的活动，初步建立企业—顾客的数据库，建立企业和顾客的信息联系和数据联系，充分了解市场的需求和消费者的爱好，为企业领导者做出长远决策提供依据。

#### 3) 报表分析管理

根据各个部门提供的报表和汇总表，将顾客、供应商、货物、订单等各种统计资料，及时准确地上报，以辅助决策。根据业务部、仓管部、结算部的单据，实现企业各类事务的核查，防止企业内部蛀虫的出现。

图 9.5 展示了新系统的管理功能。

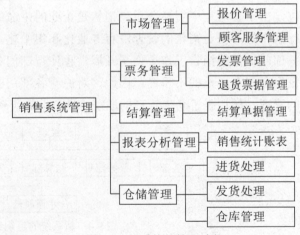

图 9.5　新系统的管理功能

### 4. 新系统的业务流程

由于组织结构的变化和管理功能的调整，企业以简化流程为指导思想，采用"先开票后发货"的模式，新系统的业务流程也发生了相应的变化。图 9.6 是新系统的业务流程图。新系统的业务流程为：顾客根据业务部提供的报价单确定是否购买产品，如有购买意向则与业务部签订订货单。业务员查阅库存账，如有货，发出销货通知给票务部；如库存不足，发出补货通知单给进货员。票务部根据销货通知开发票给结算部和发货员，还要根据仓库的退货通知，开出红字发票。结算部根据发票要求顾客付款，并办理结算手续。付款后，结算人员盖上印章，表明已办理结算手续。发货员根据发票开发货通知单给仓管员。进货员根据补货通知单填写采购单给供应商进行采购，当货到时，供应商给出提货单给进货员，进货员填写入库单办理入库手续。仓管员根据发货通知单办理出库手续，并填写出库单，一份登记入账，一份给顾客。仓管员根据出货情况和进货情况更新库存账。结算人员将每天的结算单据交给分析部，并编写销售账表。分析部根据单据、销售账表以及经理编制的销售计划进行销售分析，将分析结果上报经理。

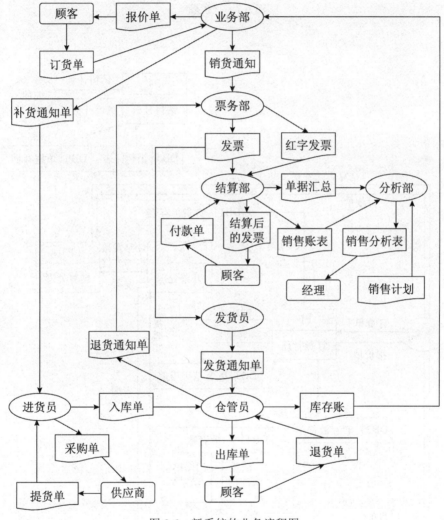

图 9.6　新系统的业务流程图

## 5. 新系统的数据流程图
根据分析得出的新系统的业务流程图分层绘制出新系统的数据流程图，如图 9.7～9.9 所示。

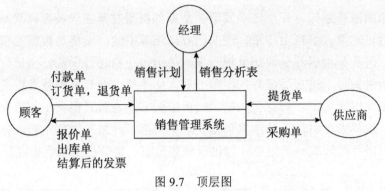

图 9.7　顶层图

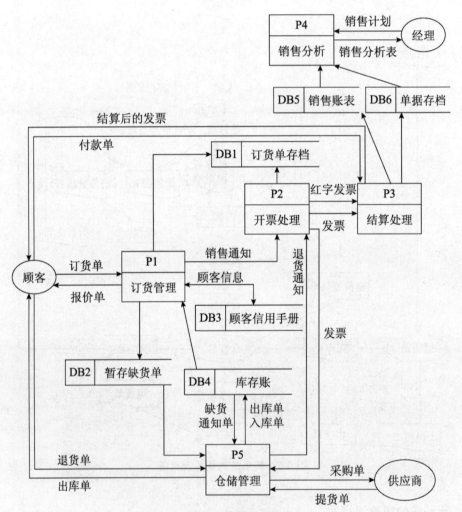

图 9.8　新系统的第一层数据流程

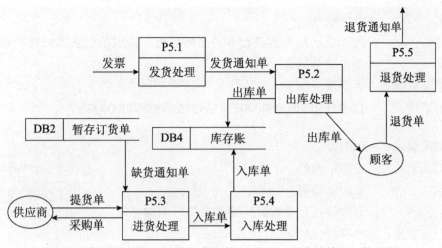

图 9.9　新系统的第二层数据流程图——加工 5 "仓储管理" 的子图

## 6. 数据字典

数据字典是数据流程图的补充，由于项目较多，这里举几个范例。

1) 数据项描述

| | |
|---|---|
| 数据项编号： | DI03-01 |
| 数据项名称： | 顾客号 |
| 别名： | 顾客代码 |
| 简述： | 某一顾客的代码 |
| 类型及宽度： | 字符型，9 位 |
| 取值范围： | 000000000～999999999 |

| | |
|---|---|
| 数据项编号： | DI03-02 |
| 数据项名称： | 商品代码 |
| 别名： | 商品编码 |
| 简述： | 某种商品的代码 |
| 类型及宽度： | 字符型，15 位 |
| 取值范围： | 000000000000000～999999999999999 |

| | |
|---|---|
| 数据项编号： | DI03-03 |
| 数据项名称： | 供应商 |
| 别名： | 供应商代号 |
| 简述： | 某供应商的代码 |
| 类型及宽度： | 字符型，9 位 |
| 取值范围： | 000000000～999999999 |

| | |
|---|---|
| 数据项编号： | DI03-04 |
| 数据项名称： | 银行账号 |

别名:　　　　　银行账号

简述:　　　　　用于公司与顾客进行非现金结算时，提供的代表本公司在银行收支
　　　　　　　　情况的号码

类型及宽度:　　字符型，18 位

取值范围:　　　454921500000000000～454921510000000000

数据项编号:　　DI03-05

数据项名称:　　采购单编号

别名:　　　　　采购单编码

简述:　　　　　采购员进行采购时为采购单进行的编号

类型及宽度:　　字符型，4 位

取值范围:　　　0001～9999

2) 数据结构定义

数据结构编号: DS03-01

数据结构名称: 报价单

简述:　　　　　用于向顾客提供产品的价格和相关信息

数据结构组成: 商品代码+商品名称+规格+单价+产地

数据结构编号: DS03-02

数据结构名称: 顾客订货单

简述:　　　　　顾客所填情况及订货要求等信息

数据结构组成: 订货单标志+用户情况+商品情况

数据结构编号: DS03-05

数据结构名称: 退款通知单

简述:　　　　　出库处理时由于某种意外情况不能给货，而填写的关于退款的信息

数据结构组成: 日期+用户情况+商品情况+销售情况+备注

数据结构编号: DS03-08

数据结构名称: 采购单

简述:　　　　　所需采购商品及相关信息

数据结构组成: 商品代码+商品名称+规格+单位+数量+单价+金额+备注

数据结构编号: DS03-10

数据结构名称: 提货单

简述:　　　　　供应商向采购员发出的货物到货信息

数据结构组成: 供货日期+供货地点+商品名称+商品规格+采购数量

3) 数据流定义

数据流编号：　　DF03-02

数据流名称：　　订货单

简述：　　　　　根据用户信用，要求先付款的订货单

数据流来源：　　订货处理

数据流去向：　　顾客

数据流组成：　　日期+商品代码+商品名称+商品单价+销售数量+顾客代码

数据流量：　　　约 10 次/日

高峰流量：　　　约 15 次/日

数据流编号：　　DF03-07

数据流名称：　　退货通知单

简述：　　　　　根据顾客的退货单，开出的退货通知

数据流来源：　　退货处理

数据流去向：　　开票处理

数据流组成：　　日期+商品代码+商品名称+退货数量+顾客代码

数据流量：　　　约 1 次/月

高峰流量：　　　约 5 次/月

数据流编号：　　DF03-03

数据流名称：　　入库单

简述：　　　　　进货员把购买来的商品入库时所填写的单据

数据流来源：　　进货处理

数据流去向：　　入库处理

数据流组成：　　入库单编号+商品代码+商品名称+商品单价+入库数量+入库日期

数据流量：　　　约 10 次/月

高峰流量：　　　约 15 次/月

数据流编号：　　DF03-04

数据流名称：　　出库单

简述：　　　　　发货员把商品交给顾客时所填写的单据，表示货物已从仓库发出

数据流来源：　　发货处理

数据流去向：　　出库处理

数据流组成：　　出库单编号+商品代码+商品名称+商品单价+销售数量+出库日期

数据流量：　　　约 10 次/日

高峰流量：　　　约 15 次/日

4) 处理逻辑定义

处理逻辑编号：P2.0

处理逻辑名称：开票处理

简述：　　　　开出各种销售票据

输入的数据流：销货通知、退货通知单

处理描述：　　根据销货通知开发票，根据退货通知单开具红字发票，并把订货单进行汇总，转给结算部做账款结算

输出的数据流：发票、红字发票、订单数据

处理频率：　　50 次/日


处理逻辑编号：P3.0

处理逻辑名称：结算处理

简述：　　　　结算销售金额，并编制销售账表

输入的数据流：发票、付款单

处理描述：　　根据发票和付款单，结算销售金额，进行制单处理，编制销售账表

输出的数据流：销售账表

处理频率：　　50 次/日


处理逻辑编号：P4.0

处理逻辑名称：销售分析

简述：　　　　根据销售计划和销售账表，分析销售情况

输入的数据流：销售计划、销售账表

处理描述：　　根据销售计划和销售账表，统计分析销售情况，做出销售分析表，上报经理

输出的数据流：销售分析表

处理频率：　　50 次/日


处理逻辑编号：P5.4

处理逻辑名称：入库处理

简述：　　　　将入库数据记入库存账

输入的数据流：入库单

处理描述：　　根据商品入库单，将入库数据记入库存台账，并更新相应商品的库存数量和金额

输出的数据流：入库单

处理频率：　　10 次/日

5) 数据存储定义

数据存储编号：DB4

数据存储名称：库存账

简述：　　　　记录商品出入库数据的明细账

数据存储组成：日期+商品代码+商品名称+入库数量+销售数量+库存数量

关键字：　　　日期+商品代码

相关联的处理：P1、P5.2、P5.4

数据存储编号：DB5

数据存储名称：销售账表

简述：　　　　根据每日的销售情况，编制销售账表

数据存储组成：日期+商品代码+商品名称+商品单价+销售数量+销售金额+销售对象

关键字：　　　日期+商品代码

相关联的处理：P3.0、P4.0

6) 外部实体定义

外部实体编号：E03-01

外部实体名称：顾客

简述：　　　　购买本企业商品的顾客

输入的数据流：订货单、退货单、付款单

输出的数据流：报价单、出库单、结算后的发票

外部实体编号：E03-02

外部实体名称：供应商

简述：　　　　企业所销售商品的供应者

输入的数据流：采购单

输出的数据流：提货单

外部实体编号：E03-03

外部实体名称：经理

简述：　　　　本企业主管人员

输入的数据流：销售分析表

输出的数据流：销售计划

## 7．系统的逻辑结构

根据业务流程图和数据流程图的分析，可以把相应的功能进行合并。为了实现系统的整体目标，我们把整个系统分为了 5 个模块。图 9.10 是新系统的逻辑结构。

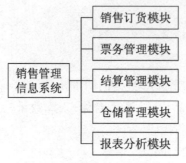

图 9.10 新系统的逻辑结构

### 8. 新系统的管理模型

在新系统中，所用到的管理模型主要是一些现在应用较为成熟的模型。有定价模型、库存管理模型、核算和分析模型等，这些具体的模型可参考相关书籍。

# 9.3　管理信息系统的设计

## 9.3.1　系统设计目标

根据分析得出的系统目标，进一步进行具体的设计，把目标分解为计算机可以实现的模块。具体目标主要包括：

(1) 建立供应商—企业—顾客的数据库系统，实现信息资源的共享，通过数据的共享，了解市场的供求情况，帮助高层领导者调整企业的产品结构，适应市场竞争的需要。

(2) 建立企业内部的数据库管理系统，生成销售—票务—结算—仓储的数据一体化，形成从业务处理—管理控制—战略管理的逐层数据的共享，主要支持企业的销售和仓储业务，实现各部门的信息传递和共享，支持各部门的结构化决策和非结构化决策。

(3) 实现计算机协同处理为基础的并行过程代替以前的反馈的管理控制，以及实现企业部数据的联机实时处理，充分利用计算机技术和信息技术对企业的决策的效用。

(4) 建立的信息系统具有以下特点。

- 准确性，具有 24 小时的系统服务能力，保持系统的稳定。
- 灵活性，保持系统软件平台和数据库有相当的开放性，可以方便地调整，以适应企业服务对象的需要、企业未来发展的需要和市场变化的需要，全面支持企业的业务。

## 9.3.2　新系统的功能结构设计(系统总体结构图)

该系统分为 5 个功能模块，具体功能如图 9.11 所示。对图中的每个功能模块要进行分解，在此仅对仓储管理下的销售订单处理模块进行分解，如图 9.12 所示。

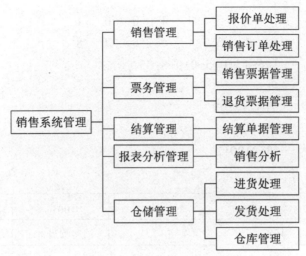

图 9.11 系统的功能结构设计

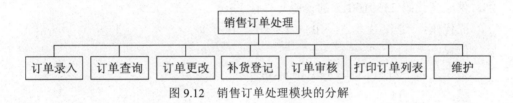

图 9.12 销售订单处理模块的分解

### 9.3.3 系统代码设计

**1. 代码设计目的**

在管理信息系统运行过程中，为了便于计算机的处理，对系统涉及的对象用英文字母、数字来代替，使系统对象简单化，也使系统的处理更简便。

**2. 代码设计说明**

(1) 设计代码是为了系统运行的简便。

(2) 代码的对象主要是企业的顾客、供应商、商品。

(3) 根据对象的性质，采用层次码。

(4) 为了保证代码输入的正确性，为代码设计了校验码。

在代码设计时一般会考虑校验位的设计，校验位是通过事先规定的数学运算计算出来的。代码一旦输入，计算机会用同样的数学运算方法按代码数字计算校验位，并将它与输入的校验位进行比较，以证实输入是否有错，从而可以保证输入的正确性。在本系统中对具有相同特性和属性的事物进行代码化，并为这些代码设计相应的检验位。系统中的代码种类采用层次码，检验位的确定采用算术级数法。

**3. 代码设计过程**

下面通过对系统中的部分数据进行代码化的过程，来说明代码设计的过程。

1) 顾客代码设计

**例**：某顾客代码 135010012 的说明

原代码：　　1　3　5　0　1　0　0　1

位权：　　　1　2　3　4　5　6　7　8

乘积之和：　1+6+15+0+5+0+0+8=35

模：　　　　11

　　　　　　35/11=3…2

校验码：　　2

因此代码为：135010012

顾客代码的含义如下表：

| 1 | 35 | 01 | 001 | 2 |
|---|---|---|---|---|
| 顾客 | 某省 | 某市 | 顾客编号 | 校验码 |

2) 供应商代码设计

**例**：供应商代码 235010013 的说明

原代码：　　2　3　5　0　1　0　0　1

位权：　　　1　2　3　4　5　6　7　8

乘积之和：2+6+15+0+5+0+0+8=36

模：　　　　11

　　　　　　36/11=3…3

校验码：　　3

因此代码为：235010013

供应商代码的含义如下表：

| 2 | 35 | 01 | 001 | 3 |
|---|---|---|---|---|
| 供应商 | 某省 | 某市 | 供应商编号 | 校验码 |

3) 商品代码设计

**例**：商品代码 235010010010018 的说明

原代码：　2　3　5　0　1　0　0　1　0　0　1　0　0　1

位权：　　1　2　3　4　5　6　7　8　9　10　12　13　14　15

乘积之和：2+6+15+0+0+5+0+0+8+0+0+12+0+0+15=63

模：　　　11

　　　　　63/11=5…8

校验码：　8

因此代码为：235010010010018

商品代码的含义如下表：

| 23501001 | 001 | 001 | 8 |
|---|---|---|---|
| 供应商代码 | 商品类别编号 | 商品品种编号 | 校验码 |

### 9.3.4 系统物理配置方案设计

(1) 硬件配置：8 台台式计算机。要求 CPU：英特尔奔腾双核，主频 2.5GHz；内存：2GB DDR2 内存；硬盘：500GB SATA 硬盘；网卡：100MB/s 网卡；显卡：独立或集成显卡；光驱：DVD 光驱。

另外，需配置打印机 4 台；条码阅读器 1 台。这些基本配置公司现已具有。

(2) 软件配置：采用 Microsoft Windows 2008 Server 和 Windows 7 操作系统；数据库管理系统采用 Microsoft SQL Server 2008；开发语言采用 C#。

(3) 网络配置：采用快速以太网技术。快速以太网技术采用载波多路访问和碰撞检测(CSMA/CD)机制，数据传输速率达到 100MB/s。采用星型网络拓扑结构。

(4) 系统模式：采用 C/S 模式与 B/S 模式相组合。

### 9.3.5 数据库结构设计

#### 1. E-R 模型

根据用户需求设计数据库概念模型。概念模型是各种数据模型的共同基础，一般使用 E-R 模型来表示。分析收集到的资料，绘制出企业现实中的事物及其相互联系，如图 9.13 所示。

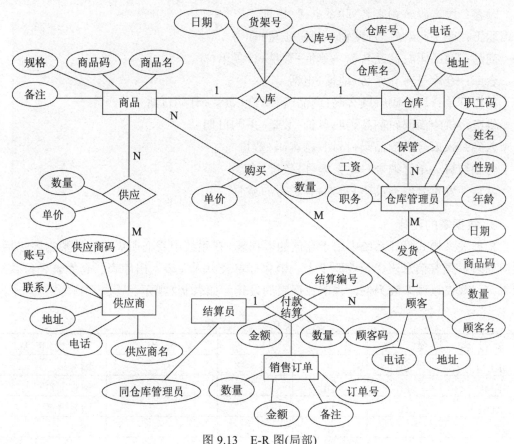

图 9.13　E-R 图(局部)

## 2. 逻辑结构设计

根据概念设计中的 E-R 图，把实体与实体之间的联系转换为关系模式。主要的关系模式如下。

**供应商**：供应商码+供应商名称+联系电话+地址+联系人+账号

**商品**：商品码+商品名称+规格+备注

**仓库**：仓库号+仓库名+地址+电话

**仓库管理员**：职工码+姓名+性别+年龄+工资+职务

**顾客**：顾客码+顾客名+联系电话+地址

**销售订单**：订单号+数量+金额+备注

**结算员**：职工码+姓名+性别+年龄+工资+职务

**供应**：商品码+供应商码+数量+单价

**入库**：商品码+日期+仓库号+货架号+入库号

**发货**：商品码+日期+数量

**购买**：商品码+顾客码+数量+单价

对上述关系进行规范化，归纳和合并成下列主要关系模式。

**供应商**：供应商码#+供应商名称+联系电话+地址+联系人+账号

**顾客**：顾客码#+顾客名+联系电话+地址

**职工**：职工码#+姓名+性别+年龄+工资+职务

**商品**：商品码#+商品名称 +单价+数量+计量单位

**仓库**：仓库号#+仓库名+地址+电话

**销售订单**：订单码#+顾客码+商品码+单价+数量+订购日期

**供应**：供应商码#+商品码#+单价+数量+采购日期

**入库**：入库号#+商品码+日期+顾客码+数量

**付款结算**：结算编号#+发票编号+数量+金额

**发货**：发货号#+商品码+日期+订单号#+数量

## 3. 数据表的设计

根据关系模式设计系统中用于存储的数据表。在系统中我们所需设计的数据表包括：供应商表、顾客信息表、企业职工表、销售订单表、入库表、出库表、仓库表、付款结算表等。现仅以顾客表为例，说明数据表的设计，如表 9.2 所示。

表9.2 顾 客 表

| 字 段 名 | 类 型 | 长 度 | 说 明 | 是 否 为 空 | 中 文 简 称 |
| --- | --- | --- | --- | --- | --- |
| GKDM | C | 9 | 关键字 | N | 顾客码 |
| GKMC | C | 10 | | | 顾客名称 |
| LXDH | C | 12 | | | 联系电话 |
| DZ | C | 10 | | | 地址 |
| LXR | C | 8 | | | 联系人 |
| ZH | C | 20 | | | 账号 |

## 9.3.6　输入设计

　　输入设计要遵循既满足用户需求又方便使用的原则，在进行设计时从正确、迅速、简单、经济、方便使用等方面进行考虑。系统中的输入有：订货单、客户基本信息、入库单等。图 9.14 是客户基本信息的输入设计界面。

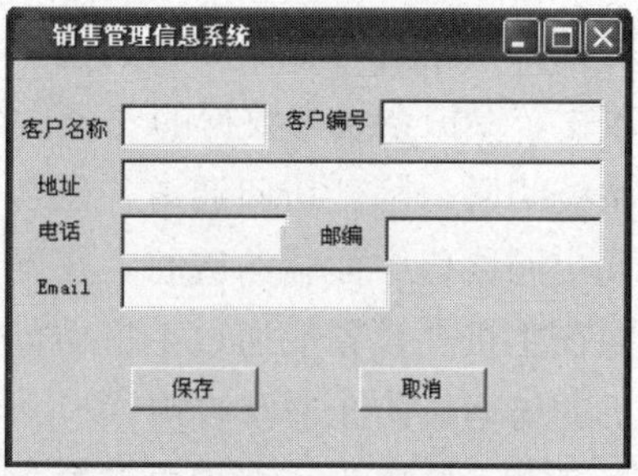

图 9.14　客户基本信息的输入设计界面

## 9.3.7　输出设计

　　对系统需要的输出结果进行设计，本系统中主要是一些表格的输出，如销售账表、销售分析表、发票、采购单、出库单等。销售月报表的输出格式如图 9.15 所示。

**销售月报表**

| | | | | 年　　　　月 | | | |
|---|---|---|---|---|---|---|---|
| 项目 | 代码 | 单价<br>(元) | 销售数量<br>本月总量 | 上月<br>库存量 | 本月<br>库存量 | 销售额<br>本月总额 |
| 巧克力 | | | | | | |
| 糖果 | | | | | | |
| 饮料 | | | | | | |
| 合计 | | | | | | |

图 9.15　销售月报表

## 9.3.8　程序模块设计说明

　　根据数据流程图和模块结构图，对其中的每一个模块，都要有一张模块设计说明书。下面以销售订单处理中的订单录入模块的设计说明为例，具体格式如表 9.3 所示。

表 9.3　模块设计说明书

| |
|---|
| 模块名称：订单录入 |
| 输入：数据流，购货订单 |
| 输出：销售信息，订货单存档 |
| 处理：按销售订单填写商品名和订单号，填写销售商品内容，写入数据文件"订货单存档"，并将销售信息传递到"补货登记"模块 |

## 9.3.9　安全保密设计

　　本系统主要是面向公司内部各部门之间信息交流的，采用的网络配置也是面向内部的局域网，但系统也需要和外部的网络进行必要的信息交流，在网络的配置上也应设置与外部网络进行数据交换的接口。企业的数据是企业的生命线，为了保证系统不受非法攻击，保护系统内数据的安全，在系统安全方面要采取一些措施。现在各类计算机病毒、系统陷阱、隐蔽访问通道、黑客攻击等都会造成敏感数据泄露、站点瘫痪等问题，都是现实网络化中面临的威胁。在网络系统中与外部网络连接的接口的主机应安装防火墙，并在主机上设置能通过主机访问外部网的各部门的主机站点，设置拒绝外部网的不明主机的访问，防止非法攻击。

在系统内为了保护内部数据的完整性和不让数据受到非法修改，应在用户权限上设置每个特权用户只拥有他工作范畴的权力，使其不能自由访问不该访问的数据区。设置带有访问控制列表的自主访问控制和强制访问控制，包括保密性访问控制和完整性访问控制，并进行安全审计和审计管理。在用户要进入系统之前，合法的用户在系统内要先输入密码，密码正确才能顺利进入，以防外部人员利用公司内部计算机进入系统，进行数据的修改和非法复制。系统为了保护数据，防止数据的丢失，在系统内设置了及时备份。对重要的数据进行加密处理，即使盗窃者进入系统，如没有密钥，也无法读懂数据，加密数据对数据传输也有安全保障作用。

# 9.4 管理信息系统的实施

系统实施是根据系统设计阶段的系统设计说明书和程序设计说明书，完成系统的计算机程序的编写设计和调试，对系统所需数据进行规范化整理，录入初始数据，并实现原系统向新的计算机系统的转换。以上各节叙述了系统开发前几个阶段的主要工作，系统的实施和系统调试工作请读者自己选择熟悉的编程语言完成。

## 思考题

选择与本专业相关的企业，与同学一起通过实地调查研究，为该企业开发一个管理信息系统，并编制相应的文档。

# 附录
# 班级管理信息系统开发实践

## A. 班级管理系统数据库设计

### 【准备】

随着信息技术的迅速发展，高校信息化已经十分普遍。基于校园网的教务管理系统、图书管理系统屡见不鲜，但作为高校基本单元的班级管理仍沿用较传统的方式。随着班级活动量、工作量、数据量的急剧增长，传统的班级管理模式难以满足需求，建立一个班级管理信息系统是非常必要的。

通过建立班级管理信息系统，可以将各种资料信息化、条理化，并第一时间发布在班级的管理信息系统中，使同学们能够便捷地获取信息、收集资料，提高效率。班级管理信息系统是为班级老师和同学服务的，为了保障系统安全，应对系统设置不同的访问权限。可以通过实地调研，对老师和学生的需求进行分析，在 E-R 图的基础上得出班级管理系统的基本数据表，如表 A.1～表 A.9 所示。

表 A.1　登录表

| 字段名称 | 数据类型 | 字段宽度 | 必填字段 | 允许空字符串 |
| --- | --- | --- | --- | --- |
| ID(主键) | 短文本 | 12 | 是 | 否 |
| 密码 | 短文本 | 10 | 是 | 否 |
| 权限 | 短文本 | 2 | 是 | 否 |

表 A.2　学生信息

| 字段名称 | 数据类型 | 字段宽度 | 必填字段 | 允许空字符串 |
| --- | --- | --- | --- | --- |
| 学号(主键) | 短文本 | 12 | 是 | 否 |
| 姓名 | 短文本 | 10 | 是 | 否 |
| 性别 | 短文本 | 2 | 是 | 否 |
| 出生日期 | 日期/时间 | | 否 | 是 |
| 籍贯 | 短文本 | 40 | 否 | 是 |
| 寝室 | 短文本 | 20 | 否 | 是 |
| 电话 | 短文本 | 11 | 否 | 是 |

表 A.3　教师信息

| 字段名称 | 数据类型 | 字段宽度 | 必填字段 | 允许空字符串 |
|---|---|---|---|---|
| 教师编号(主键) | 短文本 | 20 | 是 | 否 |
| 教师姓名 | 短文本 | 20 | 是 | 否 |
| 教师职称 | 短文本 | 8 | 是 | 否 |
| 联系电话 | 短文本 | 11 | 否 | 否 |
| E-mail | 短文本 | 40 | 是 | 否 |

表 A.4　教授信息

| 字段名称 | 数据类型 | 字段宽度 | 必填字段 | 允许空字符串 |
|---|---|---|---|---|
| 教师编号(主键) | 短文本 | 20 | 是 | 否 |
| 课程编号(主键) | 短文本 | 20 | 是 | 否 |

表 A.5　课程信息

| 字段名称 | 数据类型 | 字段宽度 | 必填字段 | 允许空字符串 |
|---|---|---|---|---|
| 课程编号(主键) | 短文本 | 8 | 是 | 否 |
| 课程名称 | 短文本 | 64 | 是 | 否 |
| 课程学时 | 数字 | | 是 | 否 |
| 课程学分 | 数字 | | 是 | 否 |
| 开课学期 | 短文本 | 20 | 是 | 否 |
| 上课时间 | 时间/日期 | | 是 | 否 |
| 教师编号 | 短文本 | 15 | 是 | |

表 A.6　学习表

| 字段名称 | 数据类型 | 字段宽度 | 必填字段 | 允许空字符串 |
|---|---|---|---|---|
| 课程编号(主键) | 短文本 | 20 | 是 | 否 |
| 学号(主键) | 短文本 | 20 | 是 | 否 |
| 成绩 | 数字 | | 是 | 否 |

表 A.7　班费管理表

| 字段名称 | 数据类型 | 字段宽度 | 必填字段 | 允许空字符串 |
|---|---|---|---|---|
| 收支编号(主键) | 短文本 | 12 | 是 | 否 |
| 班费收支金额 | 货币 | | 是 | 是 |
| 时间 | 时间/日期 | | 是 | 是 |
| 用途 | 短文本 | 64 | 是 | 是 |
| 余额 | 货币 | | 是 | 是 |

表 A.8　活动信息

| 字段名称 | 数据类型 | 字段宽度 | 必填字段 | 允许空字符串 |
|---|---|---|---|---|
| 活动编号 | 短文本 | 5 | 是 | 否 |
| 活动时间 | 日期/时间 | | 是 | 是 |
| 地点 | 短文本 | 64 | 是 | 是 |
| 活动目的 | 短文本 | 64 | 是 | 是 |
| 参与人员 | 短文本 | 64 | 是 | 是 |
| 过程记录 | 短文本 | 64 | 是 | 是 |

表 A.9 班委表

| 字段名称 | 数据类型 | 字段宽度 | 必填字段 | 允许空字符串 |
|---|---|---|---|---|
| 学号 | 短文本 | 12 | 是 | 否 |
| 职务 | 短文本 | 12 | 否 | 是 |
| 任期 | 短文本 | 20 | 否 | 是 |
| 状态 | 短文本 | 6 | 否 | 是 |

【步骤】

### 1. 启动 Access 2019

单击"开始"→"所有程序"→"Microsoft Office"→"Microsoft Office Access 2019"，启动 Access 2019。

### 2. 新建空白数据库

打开 Access 2019 后，单击"文件"→"新建"→"空白数据库"(可选择使用模板向导建立各类数据库)。数据库的扩展名为".accdb"。在打开窗口的右侧文件名文本框中，数据库默认的文件名为"Database1.accdb"，单击文件名，将其修改为"班级管理系统.accdb"，如图 A.1 所示。

图 A.1 新建 Access 数据库

单击📂按钮，在打开的"文件新建数据库"对话框中，为数据库选择保存位置("D:\班级管理系统"文件夹)，单击"确定"按钮，如图 A.2 所示。

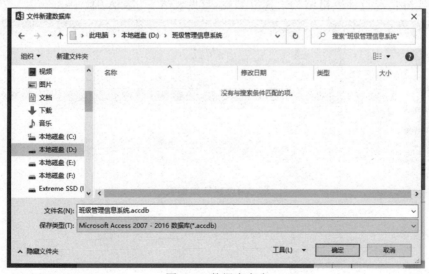

图 A.2 数据库存盘

单击启动界面上的"创建"按钮,即可进行数据库的创建。如图 A.3 所示,系统已自动创建一个名称为"表1"的数据表,我们以数据表视图方式打开"表1"。

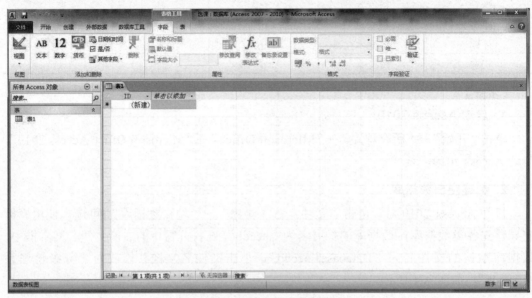

图 A.3　建立空白数据库

此时光标将位于"单击以添加"列中的第一个空单元格中,现在就可以输入添加数据,或者从另一数据源粘贴数据。

### 3. 建立数据表

建立数据表有以下步骤。

(1) 建立空表。如图 A.4 所示,单击菜单栏"开始"下的"视图",进入"设计视图",或在左边"表1"上单击右键,出现快捷菜单,选择"设计视图"命令,出现"另存为"对话框,可对"表1"进行重命名。

根据实际情况设计表格结构,建立数据表(见表 A.1~表 A.9)。

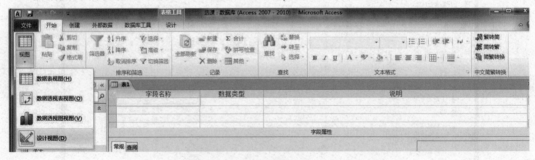

图 A.4　建立数据表

图 A.4 建立数据表(续)

(2) 建立表结构。单击菜单栏"创建"下的"表",建立新表。根据实际情况,设计表格结构,并分别建立、保存各个表。以教师表为例,在图 A.4 中输入"Teacher",出现教师表结构输入界面,如图 A.5 所示。

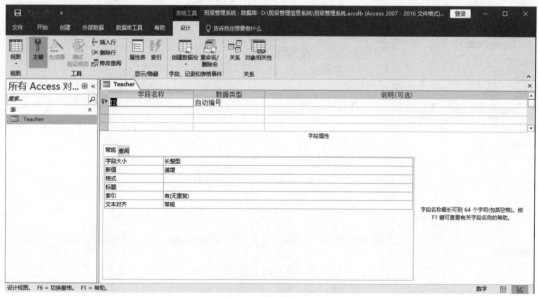

图 A.5 构建表结构

按照表 A.3 教师表结构内容,在"字段名称"列输入字段名称,在"数据类型"列中选择相应的数据类型,在"常规"属性窗格设置字段大小,如图 A.6 所示。

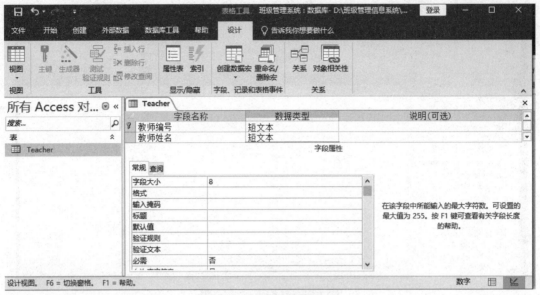

图 A.6　建立教师数据表

(3) 单击"保存"按钮，以"Teacher"为名称保存表。单击菜单栏"创建"下的"表"，建立新表，如图 A.7 所示。其他建立过程同上。

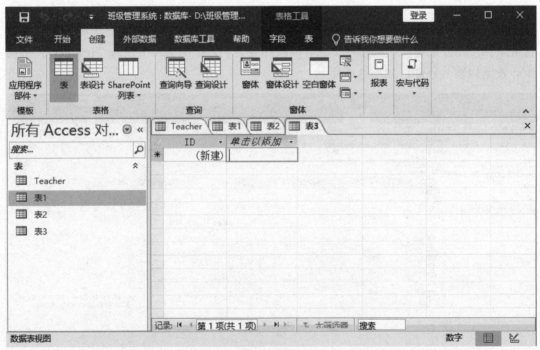

图 A.7　建立新表

(4) 定义表的主键。打开班级管理数据库，可看到建立的数据表，在所选要定义主键的表上单击右键，选择"设计视图"命令打开表，选中字段后单击工具栏"主键"按钮，设置主键，如图 A.8 所示。

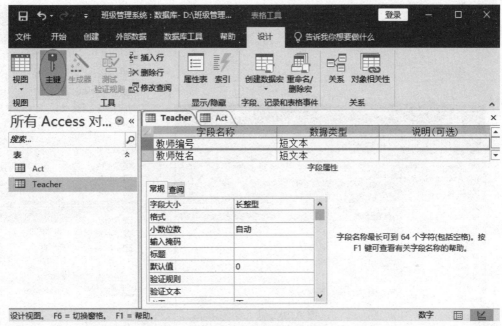

图 A.8 定义数据表主键

当主键为多字段时，可用 Ctrl 键来设置：在"Study"表上单击右键，选择"设计视图"命令打开表，选中"课程编号"字段行，按住 Ctrl 键，再选中"学号"字段行，单击工具栏"主键"按钮 ，如图 A.9 所示。参照此方法为每张数据表定义主键。

图 A.9 设置多个主键

(5) 输入数据。双击"Student"数据表，打开数据表视图窗口，依次输入各字段值，完成所有记录的录入，关闭窗口结束。或在"Student"数据表上单击右键，选择"打开"命令，移动光标在不同的字段名下输入字段值，如图 A.10 所示。

图 A.10　输入学生记录

保存后退出。用 Access 2019 建立的班级管理系统的数据库就完成了。

(6) 获取外部数据。Access 2019 可获取已有外部数据。外部数据可来源于 Excel、文本文件、XML 文件、Access 和 ODBC 数据库等。例如，对已有 Excel 数据课程进行导入。

打开"班级管理系统.accdb"，单击菜单栏"外部数据"下的"Excel"，如图 A.11 所示。

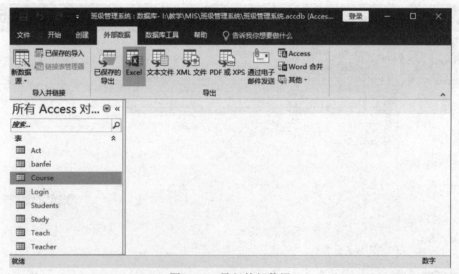

图 A.11　导入外部数据

单击菜单栏"外部数据"的"Excel"，获取外部数据。在浏览处选择数据源所在的文件，单击确定，根据数据导入向导导入数据。

例如，选择课程信息所在的文件的位置，C:\Users\Administrator\Desktop\课程.xlsx，如图 A.12 所示，单击"确定"后，如图 A.13 所示。根据提示选择，即可导入课程数据。导入后，如图 A.14 所示。其他外部数据源的导入，可根据相应的导入向导进行操作。

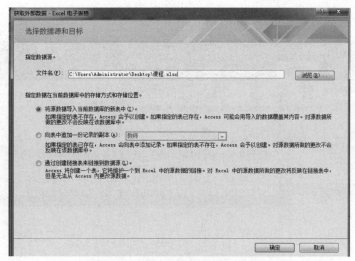

图 A.12 导入外部数据操作步骤一

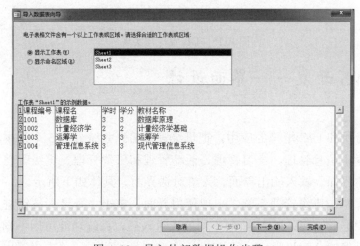

图 A.13 导入外部数据操作步骤二

图 A.14 导入外部数据操作步骤三

全部表建立完成后，如图 A.15 所示。

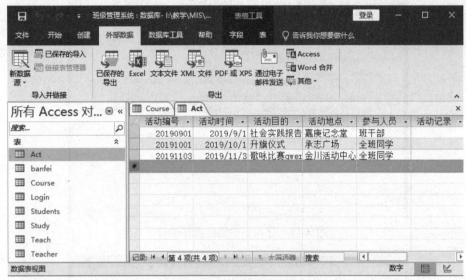

图 A.15　DB 设计与实现

# B. 班级 MIS 开发——界面设计

## 【准备】

通过需求分析和 U/C 矩阵的应用，把班级管理信息系统分为 5 个基本功能模块，包括系统管理、学生信息管理、学习管理、活动管理和班费管理。班级管理系统的界面包括登录界面、主界面、输入输出界面、人机对话界面，具体如下所示。

**登录界面：** 单击班级管理系统，出现使用界面，单击"登录"按钮进入登录界面，输入正确的用户名和密码，进入系统(不同的人进入后，系统功能可用不同，管理员拥有全部权限，并且能够分配权限)，如不正确，会有对话框提示。单击"退出"按钮退出系统。初始账号和密码都为学号或教工号。登录成功后，可进入班级管理系统主界面。

**主界面：** 采用菜单式设计，包括系统管理(权限管理、密码修改)，学生信息管理(查询、学生信息维护)，学习管理(课程信息、任课老师信息)，活动管理(活动查询、活动信息维护)，班费管理(班费查询、班级信息维护)等。

**输入界面：** 在班级管理系统中，主要的输入界面有权限分配界面、学生信息录入界面、课程信息录入界面、活动信息录入界面、班费录入界面、修改密码界面等。

**输出界面：** 在班级管理系统中，主要的输出界面为信息查询界面，包括学生基本信息查询结果显示、课程查询结果显示、活动查询结果显示等。

## 【步骤】

界面设计的基本步骤如下：

### 1. 启动 Visual Basic6.0

单击"开始"→"所有程序"→"Visual Basic 6.0"，启动 Visual Basic 6.0，或者双击桌面快捷方式，启动"Visual Basic 6.0"。选择"标准 EXE"图标，单击"打开"按钮，

新建一个"标准 EXE"工程，如图 B.1 所示。

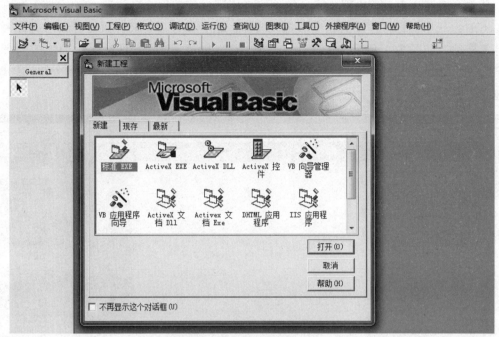

图 B.1　启动 Visual Basic 6.0

## 2. 登录界面设计

根据登录界面设计，从工具箱添加相应控件，如文本框、命令按钮、数据表等，在相应的属性窗口，修改和删除属性窗口的值，得到需要的值。

### 1）为 Form1 命名

在主窗口右面的"属性"窗口，可修改"Form1"的相关属性。在"属性"窗口把"Caption"属性的原值"Form1"改为"登录"，如图 B.2 所示。如果"属性"窗口被隐藏，单击工具栏中的"属性"窗口按钮，即可显示。

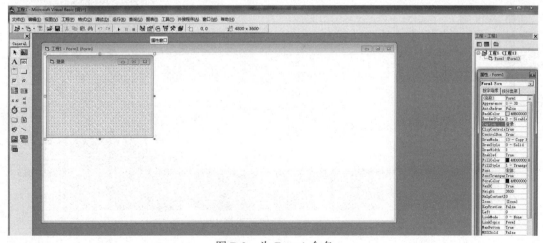

图 B.2　为 Form1 命名

2) 添加标签控件

从主窗口左边工具箱中双击**A**,窗体中央出现标签控件,名称为"Label1",框内显示 Label1;或用鼠标按住工具箱中**A**拖入窗体,松开鼠标后可在任意位置画出适合大小的标签控件,如图 B.3 所示,在属性窗口把"Caption"属性的原值"Label1"改为"用户名",把"BorderStyle"属性值选为"0-None"。在"Font"中可选择字体大小。同理,可建立"密码"标签。

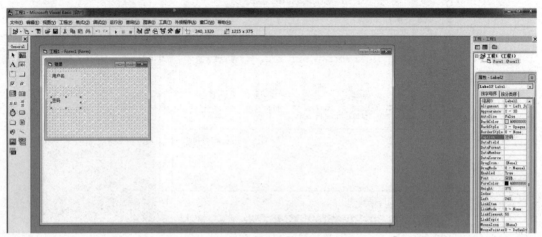

图 B.3　添加标签控件

3) 添加文本框

在左边的工具箱中双击文本框控件图标，窗体中央出现文本框控件,名称为"Text1";或用鼠标按住工具箱中拖入窗体,松开鼠标后可在任意位置画出适合大小的文本框控件,如图 B.4 所示。修改和删除属性窗口"Caption"的值"Text1",可得到需要的值。把"BorderStyle"属性值选为"1-Fixed Single"。在"Font"中可选择字体大小。同理,可建立第二个文本框标签。

图 B.4　添加文本框

4) 添加命令图标

在左边的工具箱中双击命令控件图标 ，窗体中央出现文本框控件，名称为 Command1；或用鼠标按住工具箱中 拖入窗体，松开鼠标后可在任意位置画出适合大小的命令控件图标。把属性窗口"Caption"的值"Command1"改为"确定"。同理，建立第二命令标签，命名为"取消"，如图 B.5 所示。

图 B.5 添加命令按钮

设计完成后，登录界面，如图 B.6 所示；登录信息错误，提示信息框如图 B.7 所示。

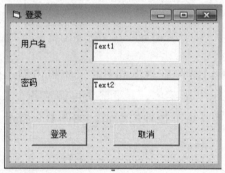

图 B.6 首页及登录界面

图 B.7 登录信息错误提示

## 3. 主界面

在登录界面单击"登录"后弹出主界面，主界面由功能菜单组成(在菜单编辑器中完成各级菜单设计，并在主界面窗体上添加图片)。

1) 菜单设计

(1) 启动菜单编辑器。启动菜单编辑器有三种方式：工具菜单、工具栏、右击窗体。如图 B.8 所示。

(2) 设计菜单栏。选课系统中的菜单栏中选课系统的主要功能，根据系统分析阶段的分析，包括：系统管理(子菜单：权限管理、修改密码)，学生信息管理(子菜单：查询、学生信息维护)，学习管理(子菜单：课程信息、任课老师信息)、活动管理(子菜单：活动查询、活动信息维护)、班费管理(子菜单：班费查询，班费信息维护)。

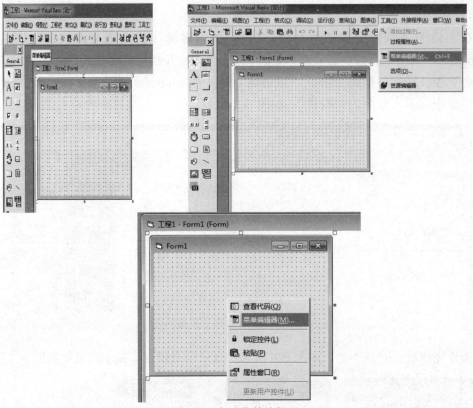

图 B.8　启动菜单编辑器

单击工具栏"菜单编辑器"，在标题和名称文本框内输入标题、名称，如"系统管理"。单击"下一个"，可输入下一个菜单。上下箭头可调整各个菜单项在窗口中的位置，左右箭头是子菜单等级的设置。菜单控件的编辑，如图 B.9 所示。

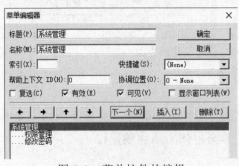

图 B.9　菜单控件的编辑

班级管理系统的菜单设计结果，如图 B.10 所示。

图 B.10　班级管理系统的菜单设计结果

2) 在主界面窗体上添加图片控件

在左边的工具箱中双击 Picturebox 图标 ▦，窗体中央出现图片控件；或用鼠标按住工具箱中 ▦ 拖入窗体，松开鼠标后可在任意位置画出适合大小的图片控件。在右边属性栏中单击"picture"右侧，弹出"加载图片"对话框，选择图片所在的位置，打开图片，即可载入所选图片，如图 B.11 所示。

图 B.11　班级系统主菜单界面

#### 4. 输入界面设计

根据需要在窗体中添加所需的控件，控件功能的实现通过代码设计完成。权限管理界面，如图 B.12 所示。

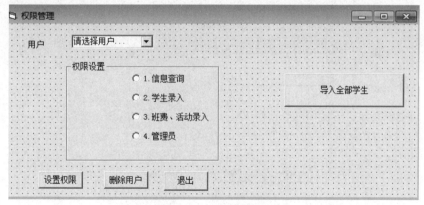

图 B.12　权限管理界面

管理员用户可进入"重新指定授课老师"界面来重新指定授课老师；列表中会显示所有老师，管理员录入哪些老师上哪些课程。授课老师指定界面，如图 B.13 所示。

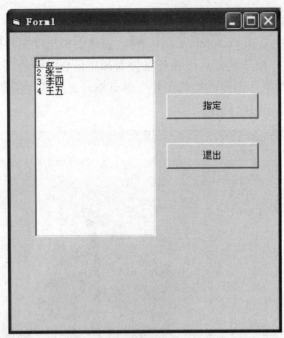

图 B.13　授课老师指定界面

学生信息录入界面，如图 B.14 所示。

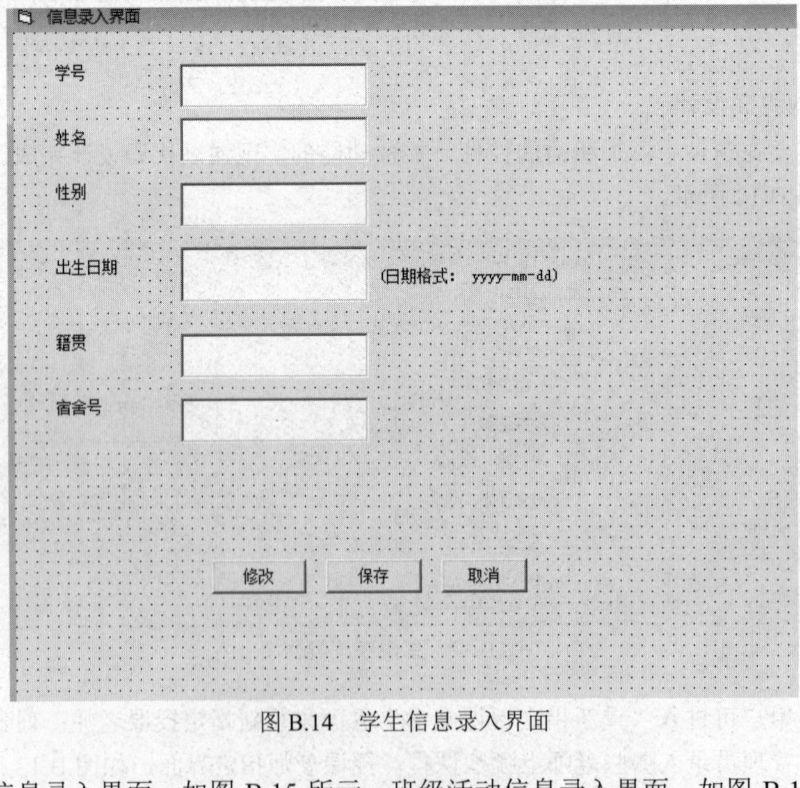

图 B.14　学生信息录入界面

　　课程信息录入界面，如图 B.15 所示；班级活动信息录入界面，如图 B.16 所示；班费录入界面，如图 B.17 所示。

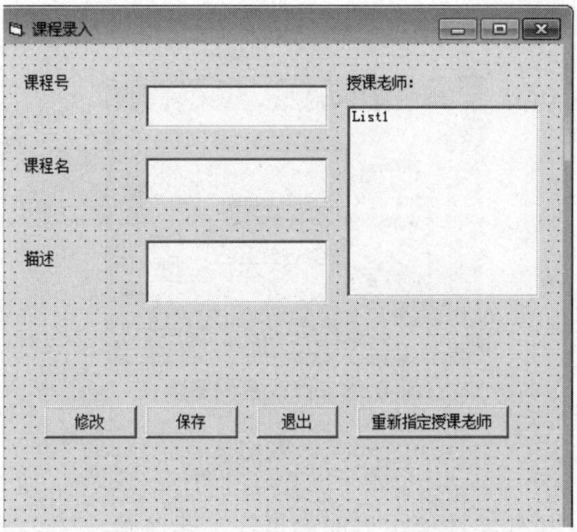

图 B.15 课程信息录入界面

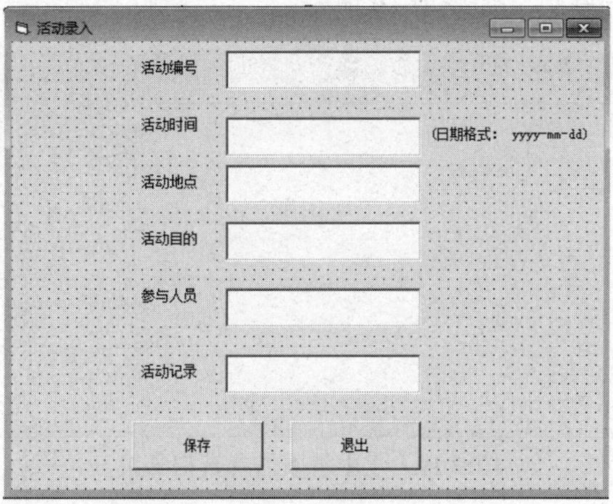

图 B.16 班级活动信息录入界面

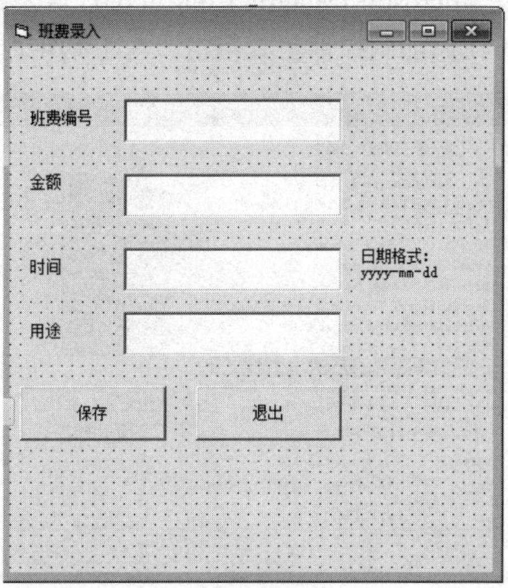

图 B.17 班费录入界面

修改密码界面，如图 B.18 所示。

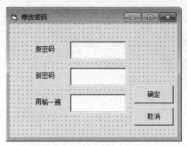

图 B.18　修改密码界面

## 5. 输出界面设计

主要利用 Datagrid 控件完成输出界面的设计。系统输出的主要数据有学生基本信息查询结果、班级活动查询，课程查询等。

学生基本信息查询结果，如图 B.19 所示。

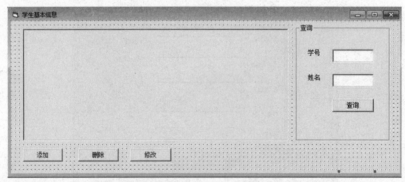

图 B.19　学生基本信息查询结果

由于是输出设计，需要与数据库进行连接，Datagrid 是 ActiveX 控件，要通过 Visual Basic 6.0 的"工程->部件-> Microsoft Datagrid Control 6.0"菜单添加到工具箱，如图 B.20 所示。单击"确定"，即可在添加到控件工具箱中。在工具箱内可见控件图标为  。

图 B.20　添加 Datagrid 到工具箱

双击工具箱中的图标 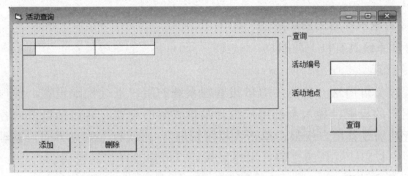，窗口出现 Datagrid。可根据设计要求设置它的属性。班级活动查询结果，如图 B.21 所示。课程查询结果，如图 B.22 所示。

图 B.21 班级活动查询结果

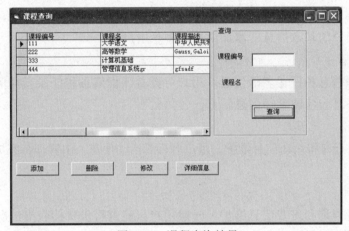

图 B.22 课程查询结果

在 Datagrid 的属性中根据与数据库连接的方式，在 DataSource 中输入适合的数据源连接方式，如图 B.23 所示。

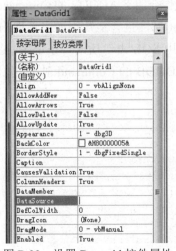

图 B.23 设置 Datagrid 控件属性

# C. 班级 MIS 开——模块设计与实现

## 【准备】

### 1. 班级管理系统的主要功能

班级管理系统具有以下功能。

#### 1) 系统管理

只有管理员可用这一功能。对班级管理系统的用户进行权限设置，管理员可以设置或删除用户的权限，导入全部用户进行批量权限的设置。其包括以下内容。①权限管理：为管理员设置用户权限，单击"权限管理"，出现权限管理界面，管理员可根据需要设置用户权限。②修改密码：用户登录后，可修改自己的密码。

#### 2) 学生信息管理

能对学生的基本信息进行维护和查询，其包括以下内容。①查询：用户可查看包括自己在内的全部学生的基本信息。②学生信息维护：以管理员身份登录，对用户信息进行管理，录入用户的基本信息、添加用户、删除用户等。

#### 3) 学习管理

其包括课程信息和任课老师信息。用户可查看课程信息和任课老师信息。管理员录入和修改课程信息和任课老师信息。

#### 4) 活动管理

其包括活动查询和活动信息维护。用户可查看活动信息，由管理员完成活动信息维护工作。

#### 5) 班费管理

其包括班费查询和班费信息维护。一般用户只能查看班费的收支情况，只有具有权限的用户才能发布和修改班费收支项目。

### 2. Access 2019 与 Visual Basic 6.0 的连接

利用 Adodc 控件进行数据库与界面的连接较为方便，但 Adodc 控件在对数据库进行有些操作时是不适合的，在这里我们介绍下 ADODB 的 Command 对象，以完善对数据库的操作。

Adodc 控件中的 Recordset 属性包含从数据库中选取出来的记录(读操作)，有时我们要对数据库进行写操作，比如用 SQL 语句插入一条记录、修改一条记录等，此时用 Adodc 不太适合，这时比较适合用 ADODB 的 Command 对象，比如在学生表 Students 中插入一条记录，代码如下：

```
strcon = "Provider=Microsoft.ACE.OLEDB.12.0;Data Source=.\banji.accdb;Persist
Security Info=False"
Set cmdupdate = New ADODB.Command
strsql = "insert into students(学号,姓名,性别,出生日期,籍贯,宿舍号) values ('" & Text1
& "','" & Text2 & "','" & Text3 & "',#" & Text4 & "#,'" & Text5 & "','" & Text6 & "')"
cmdupdate.ActiveConnection = strcon '
cmdupdate.CommandText = strsql
cmdupdate.CommandType = adCmdText
```

```
cmdupdate.Execute ', , adExecuteNoRecords
cmdupdate.ActiveConnection.Close
```

变量 strcon 中保存的就是同上面 Adodc 控件中一样的连接字符串，这里的数据库文件是"Source=.\banji.mdb"；cmdupdate 就是 ADODB Command 对象，这里我们用它来执行一条 SQL insert into 语句(此语句保存在 strSql 变量中)，然后设置 cmdupdate 对象的相关属性，如 ActiveConnection(活动连接)、CommandText(命令文本)、CommandType(命令类型)，调用 Execute 来执行指定的 SQL 插入语句；执行 Execute 时的参数 adExecuteNoRecords 可以省略，不省略的话是告诉 ADO 此次命令的执行不用接收和构建记录集(RecordSet)，从而有可能能够提高程序执行效率。

另外，注意 SQL 语句中字符串常量要用单引号(')括起来，而日期时间常量要用井号(#)括起来，输入日期时格式为"yyyy-mm-dd"，如 2014-9-4。

【步骤】

### 1．界面与数据库连接的准备

前面已经完成了数据库和界面的设计和构建，接下来要把这两部分连接起来，并在界面用到数据库的地方建立连接，这里我们用 adobc 控件进行连接。

运行班级管理系统时离不开数据的支持，若要实现上述简单的班级管理功能，必须在有关的界面上设置数据连接。例如，在登录过程中要用到数据库中的用户信息，因此需要与数据库进行连接。在登录界面上，添加 adobc 控件，对 adobc 控件的属性进行设置，如图 C.1 所示。

同理，在系统中还存在着其他一些界面需要与数据库进行连接，分别进行 adobc 控件添加和设置，如图 C.2～图 C.7 所示。

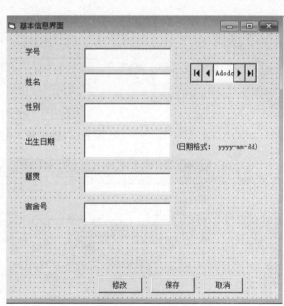

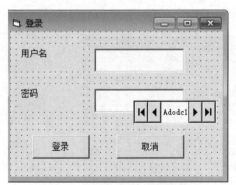

图 C.1 系统登录窗口数据连接　　　　图 C.2 基本信息界面的数据连接

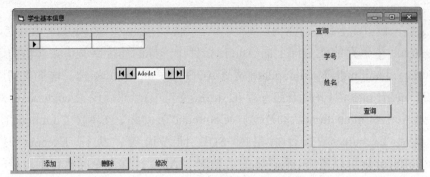

图 C.3　学生基本信息的数据连接

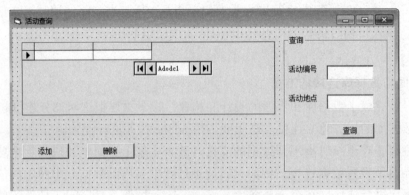

图 C.4　活动查询的数据连接

图 C.5　课程录入的数据连接

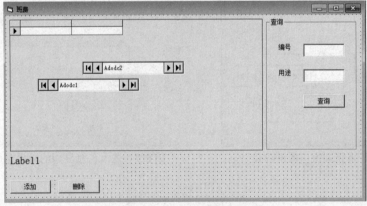

图 C.6　班费的数据连接

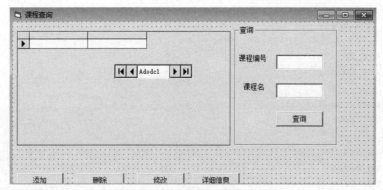

图 C.7　课程查询的数据连接

## 2. 公共模块的设计

在班级管理系统中，有些数据是共享数据或变量，在这里通过标准模块定义公用变量(全局变量)。单击"工程"→"添加模块"，出现"添加模块"界面，选择"模块"选项，单击"打开"按钮，如图 C.8 所示。

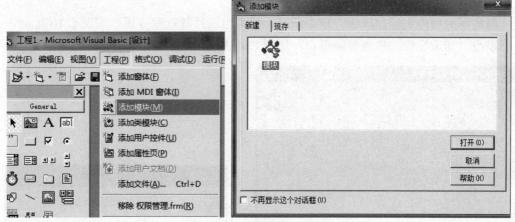

图 C.8　向工程中添加模块

在模块代码窗口"(通用)"下添加模块文件，如图 C.9 所示。

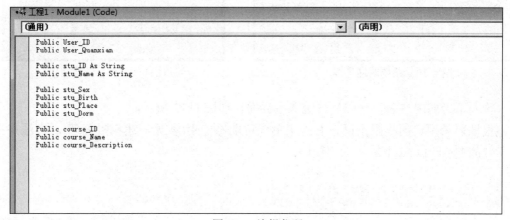

图 C.9　编辑代码

文件定义如下:

```
Public User_ID
Public User_Quanxian

Public stu_ID As String
Public stu_Name As String

Public stu_Sex
Public stu_Birth
Public stu_Place
Public stu_Dorm

Public course_ID
Public course_Name
Public course_Description
```

把公共模块命名并保存为:"Module(Public_var.bas)"。

### 3. 登录功能的实现

需实现的功能为运行班级管理系统时,首先出现系统欢迎界面,如图 C.10 所示。
单击"登录"后,弹出登录窗口,如图 C.11 所示。

图 C.10  系统欢迎界面

图 C.11  系统登录界面

输入正确的用户名、密码后,进入主界面,如图 C.12 所示。

根据登录用户的权限不同,有些菜单项可能不能用(参见下述权限管理),方法是在
主窗口的 Form_Load 中加入下列代码:

```
If User_Quanxian < 4 Then 权限管理.Enabled = False
If User_Quanxian < 2 Then 学生信息维护.Enabled = False
If User_Quanxian < 3 Then 活动信息维护.Enabled = False: 班费信息维护.Enabled = False
```

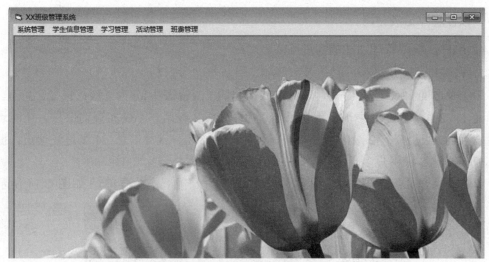

图 C.12 系统主界面

登录用户的用户名、密码、权限存储在表 login 中，如图 C.13 所示。

| ID | PWD | quanxian |
|---|---|---|
| 10010 | 10010 | 1 |
| 10011 | 10011 | 1 |
| cxg | cxg | 4 |

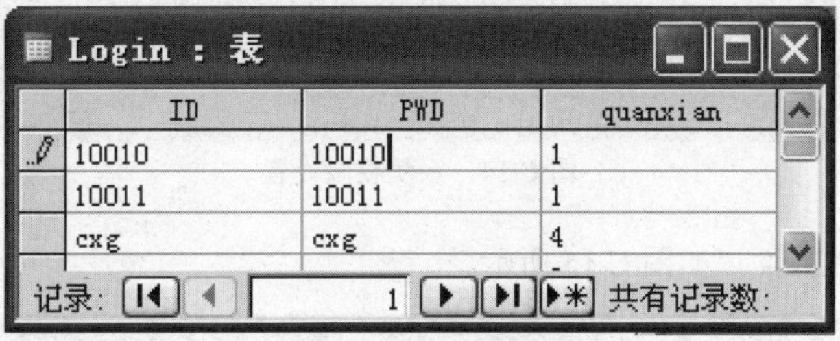

图 C.13 login：表

单击“登录”按钮时，通过下列语句检查用户是否合法：

```
Private Sub Command1_Click()

Adodc1.RecordSource = "select * from login where id ='" & Txt_User & "' and pwd='"
& Txt_Pwd & "'"
Adodc1.Refresh

If Adodc1.Recordset.RecordCount = 1 Then
 User_ID = Txt_User
 User_Quanxian = Adodc1.Recordset.Fields(2)
 Frm_Main.Show
 Unload Me

Else
 Frm_BadPwd.Show
End If

End Sub
```

对于合法的用户，可同时把其用户名、权限保存在全局变量 User_ID 和 User_Quanxian

之中，以便程序后续使用。

### 4. 用户、权限管理功能的实现

1) 权限管理

为简单起见，系统将用户权限(保存在上面的 Login 表中)分为 4 级：1、2、3、4，且关系是 1 < 2 < 3 < 4，其中 1 级用户只能查看信息；2 级用户不仅能查询信息，还能录入学生信息；3 级用户有 2 级的全部权限，且能录入活动、班费信息；4 级是管理员，拥有全部权限，比 3 级用户多了权限管理的功能。

单击菜单"系统管理"→"权限管理"(仅管理员能登录此菜单)，如图 C.14 所示。

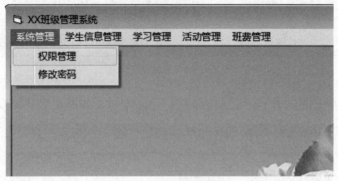

图 C.14　系统权限设置

弹出权限管理界面，如图 C.15 所示。

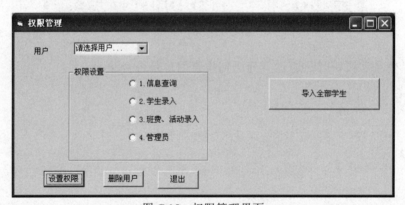

图 C.15　权限管理界面

通过用户下拉列表可选择用户并对其设置权限，也可删除某用户。通过"导入全部学生"按钮，可把全部学生导入成为用户，初始用户名、密码都是其学号，初始权限都是 1。

设置权限，主要代码如下：

```
Private Sub Cmd_Set_Click()

Frm_Main.Adodc1.RecordSource = "select * from login where id ='" & Combo1.Text & "'"
Frm_Main.Adodc1.Refresh
```

```
    If Frm_Main.Adodc1.Recordset.RecordCount > 0 Then

    strcon = "Provider=Microsoft.ACE.OLEDB.12.0;Data Source=.\banji.accdb;Persist
Security Info=False"
    Set cmdupdate = New ADODB.Command
    strsql = "update login set quanxian = '" & level_N & "' where id = '" & Combo1.Text & "'"
      cmdupdate.ActiveConnection = strcon
    cmdupdate.CommandText = strsql
    cmdupdate.CommandType = adCmdText

    cmdupdate.Execute , , adExecuteNoRecords
    cmdupdate.ActiveConnection.Close
    End If

    End Sub
```

　　主要就是利用 ADODB 的 Command 对象执行上面加粗的 SQL update 语句来更新用户的权限级别。注意连接字符串 strcon 中的"Source=.\banji.accdb"表示连接当前目录下(即当前的应用程序所在目录)的 banji.accdb 数据库文件(程序运行前要把此数据库文件拷贝到应用程序所在目录)。

　　导入全部学生，主要代码如下：

```
    Private Sub Command3_Click()

    Frm_Main.Adodc1.RecordSource = "select * from students"
    Frm_Main.Adodc1.Refresh
    Frm_Main.Adodc1.Recordset.MoveFirst

    While Not Frm_Main.Adodc1.Recordset.EOF

    Frm_Main.Adodc2.RecordSource = "select * from login where id ='" &
Frm_Main.Adodc1.Recordset.Fields(0) & "'"
    Frm_Main.Adodc2.Refresh

    If Frm_Main.Adodc2.Recordset.RecordCount = 0 Then

    strcon = "Provider=Microsoft.ACE.OLEDB.12.0;Data Source=.\banji.accdb;Persist
Security Info=False"
    Set cmdupdate = New ADODB.Command
    strsql = "insert into login(id,pwd,quanxian) values('" & Frm_Main.Adodc1.Recordset.
Fields(0) & "','" & Frm_Main.Adodc1.Recordset.Fields(0) & "','1')"
    cmdupdate.ActiveConnection = strcon
    cmdupdate.CommandText = strsql
    cmdupdate.CommandType = adCmdText

    cmdupdate.Execute ', , adExecuteNoRecords
    cmdupdate.ActiveConnection.Close
    End If

    Frm_Main.Adodc1.Recordset.MoveNext
```

```
Wend

Call Form_Load

End Sub
```

先从 students 表中选出所有学生信息(**select \* from students**)，然后利用 While 循环检查每个同学，看其学号是否已在 Login 表中(已存在就不必重复添加了)，只有不存在的，即 RecordCount = 0 的，才用 SQL insert 语句进行添加，注意添加时初始权限为 1。

2) 修改密码

单击"系统管理"→"修改密码"，修改密码界面如图 C.16 所示。

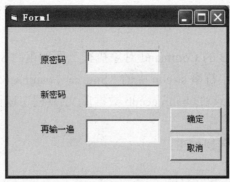

图 C.16    修改密码界面

代码中先通过"select \* from login where id ='" & User_ID & "' and pwd='" & Text1 & "'"看用户原密码对不对，即只有 RecordCount = 1，才说明原密码正确，然后检查新密码是不是正确，即有 Text2 <> "" And Text2 = Text3，通过后才能设置新密码，用 SQL update 语句进行更新，命令按钮"确定"的代码如下：

```
Private Sub Command1_Click()

Frm_Login.Adodc1.RecordSource = "select * from login where id ='" & User_ID & "'
and pwd='" & Text1 & "'"
Frm_Login.Adodc1.Refresh
If Frm_Login.Adodc1.Recordset.RecordCount = 1 Then
 If Text2 <> "" And Text2 = Text3 Then
 '设置新密码
 strcon = "Provider=Microsoft.ACE.OLEDB.12.0;Data Source=.\banji.accdb;Persist
Security Info=False"
 Set cmdupdate = New ADODB.Command
 strsql = "update login set pwd = '" & Text2 & "' where id = '" & User_ID & "'"
 cmdupdate.ActiveConnection = strcon
 cmdupdate.CommandText = strsql
 cmdupdate.CommandType = adCmdText

 cmdupdate.Execute ', , adExecuteNoRecords
 cmdupdate.ActiveConnection.Close
```

```
MsgBox "密码修改成功！"

Unload Me
  Else
  MsgBox "请正确输入新密码！"
 End If

Else
 Frm_BadPwd.Show
End If

End Sub
```

"取消"按钮代码为：
```
Private Sub Command2_Click()
Unload Me
End Sub
```

### 5. 学生基本信息功能的实现

学生基本信息功能包括查询功能和维护功能。学生基本信息查询界面，如图 C.17 所示。

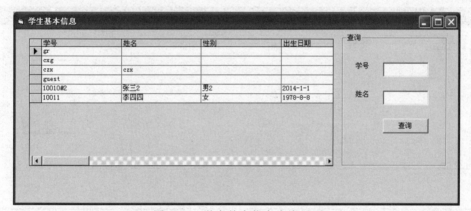

图 C.17　学生基本信息查询界面

学生基本信息维护界面，如图 C.18 所示。

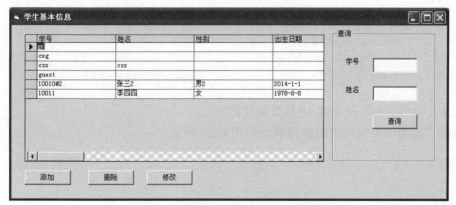

图 C.18　学生基本信息维护界面

上面两个界面其实是同一个窗体 Frm_Student，但查询时不显示添加、删除、修改按钮，且用来显示学生信息的 Datagrid 控件是只读的，即单击学生信息"查询"菜单时，弹出 Frm_Student 窗体，但用下列代码隐藏一些按钮并使 Datagrid 只读：

```
Private Sub 查询_Click()

Frm_Student.Show
Frm_Student.Cmd_Add.Visible = False
Frm_Student.Cmd_Change.Visible = False
Frm_Student.Cmd_Del.Visible = False
Frm_Student.DataGrid1.AllowUpdate = False
Frm_Student.DataGrid1.AllowAddNew = False
Frm_Student.DataGrid1.AllowArrows = False
Frm_Student.DataGrid1.EditActive = False

End Sub
```

可在"学号"和"姓名"文本框中输入关键字进行查询，如在"姓名"中输入"张"，单击查询，则显示所有姓名中有"张"字的同学，如图 C.19 所示。

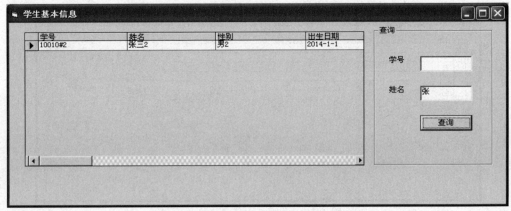

图 C.19　学生基本信息有条件查询界面

清空两个文本框，单击"查询"，则显示所有学生，查询代码如下：

```
 Adodc1.RecordSource = "select * from students where 学号 like '%" & Txt_ID & "%'
and 姓名 like '%" & Txt_Name & "%'"

 Adodc1.Refresh
```

注意百分号"%"在 SQL 中是通配符的意思。
单击"添加"按钮可增加新同学，如图 C.20 所示。

图 C.20 学生基本信息增加界面

输入信息，单击"保存"，则增加一位新同学，代码如下：

```
Private Sub Command1_Click()

On Error GoTo errhandler
If Text1.Text = "" Then GoTo errhandler
strcon = "Provider=Microsoft.ACE.OLEDB.12.0;Data  Source=.\banji.mdb;Persist
Security Info=False"
Set cmdupdate = New ADODB.Command
strsql = "insert into students(学号,姓名,性别,出生日期,籍贯,宿舍号) values ('" & Text1
& "','" & Text2 & "','" & Text3 & "',#" & Text4 & "#,'" & Text5 & "','" & Text6 & "')"
cmdupdate.ActiveConnection = strcon '
cmdupdate.CommandText = strsql
cmdupdate.CommandType = adCmdText
cmdupdate.Execute ', , adExecuteNoRecords
cmdupdate.ActiveConnection.Close
Unload Me
Frm_Student.Show
Exit Sub
errhandler:
 MsgBox "输入错误请重输"

End Sub
```

由此可见，可通过 insert 语句在数据库中进行插入操作，为应对可能的错误(如主关键字学号为空或有重复)，利用 VB 中的"On Error GoTo errhandler"来捕捉错误，进行错误处理，这里是用 Msgbox 弹出对话框提示用户重新输入。

选择某条学生信息，单击"删除"按钮，可删除此学生信息，代码如下：

```
Private Sub Cmd_Del_Click()
Adodc1.Recordset.Delete
```

```
End Sub
```

单击"修改"按钮，可修改某位同学的信息，窗口如图 C.21 所示。

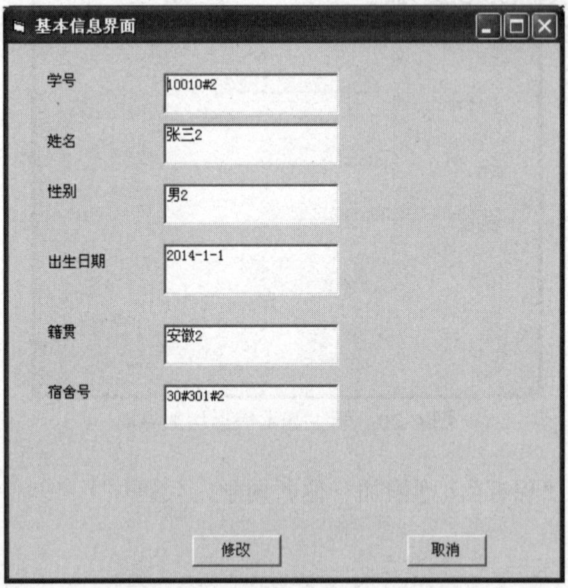

图 C.21    学生基本信息修改界面

上面的"添加"和"修改"其实是同一个窗体 Frm_Input，用作"添加"窗体时不显示"修改"按钮，而用作"修改"窗体时不显示"保存"按钮；另外，为在一开始显示"修改"窗体时就有某位同学的信息，在 Frm_Student 窗体中单击"修改"按钮时，要在全局变量中保存当前学生的信息，代码如下：

```
Private Sub Cmd_Change_Click()

 stu_ID = Adodc1.Recordset.Fields(0)
 stu_Name = Adodc1.Recordset.Fields(1)
 stu_Sex = Adodc1.Recordset.Fields(2)
 stu_Birth = Adodc1.Recordset.Fields(3)
 stu_Place = Adodc1.Recordset.Fields(4)
 stu_Dorm = Adodc1.Recordset.Fields(5)
 Frm_Input.Show

End Sub
```

然后在 Frm_Input 窗体的 Form_Load 中，根据要显示"添加"界面(stu_ID 为空字符串)，还是"修改"界面来显示不同的按钮和信息，代码如下：

```
Private Sub Form_Load()

Text1.Text = stu_ID
If Text1.Text = "" Then
 Cmd_Alter.Visible = False  '隐藏修改按钮
Else
```

```
Command1.Visible = False    '隐藏保存按钮
 Text2 = stu_Name
 Text3 = stu_Sex
 Text4 = stu_Birth
 Text5 = stu_Place
 Text6 = stu_Dorm
End If
End Sub
```

修改信息后，单击"修改"即可，代码如下：

```
Private Sub Cmd_Alter_Click()
Frm_Student.Adodc1.Recordset.Fields(0) = Text1
Frm_Student.Adodc1.Recordset.Fields(1) = Text2
Frm_Student.Adodc1.Recordset.Fields(2) = Text3
Frm_Student.Adodc1.Recordset.Fields(3) = Text4
Frm_Student.Adodc1.Recordset.Fields(4) = Text5
Frm_Student.Adodc1.Recordset.Fields(5) = Text6
Unload Me

End Sub
```

### 6. 课程信息、教师信息的实现

教师信息的维护如增加、删除、修改等，同学生信息的维护完全类似，只不过是从操作 Students 表，换成操作 Teacher 表，所以在程序中就省略了。

单击"学习管理"→"课程信息"，进入课程查询界面，如图 C.22 所示。

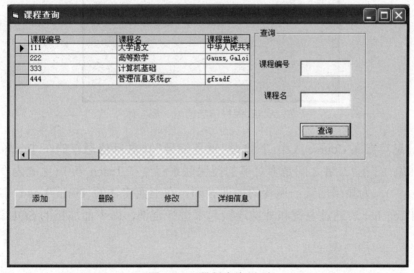

图 C.22　课程查询界面

注意：假如用户权限不足(即小于 4)，只能查看信息，那么相关按钮如"添加""删除"等是不可见的，且设置 Datagrid 控件是只读的，即在上面 Frm_Course 窗体的 Form_Load 事件中调用如下的权限管理子程序：

```
Sub qxgl()

 If User_Quanxian < 4 Then
  Frm_Course.Cmd_Add.Visible = False
  Frm_Course.Cmd_Change.Visible = False
  Frm_Course.Cmd_Del.Visible = False
  'datagrid 设置
  Frm_Course.DataGrid1.AllowAddNew = False
  Frm_Course.DataGrid1.AllowDelete = False
  Frm_Course.DataGrid1.AllowUpdate = False
  Frm_Course.DataGrid1.EditActive = False
 End If

End Sub
```

课程信息的查询、添加、删除、修改操作的实现同前面学生信息是类似的。

而单击"详细信息"按钮，还可查看某门课程的详细信息和授课的教师，如图C.23 所示。

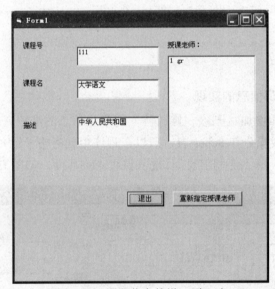

图 C.23　课程信息的增、删、改

课程信息存储在 Course 表中(主键为"课程编号")，教师信息存储在 Teacher 表中(主键为"教师编号")，二者之间是多对多的授课联系存储在 Teach 表中(主键为"课程编号 + 教师编号")；为显示出某门课程的授课教师，在上面窗体的 Form_Load 事件中要把 Teach 表和 Teacher 表通过主键和外键连接起来进行查询，即下面加粗的 SQL 语句：

```
Private Sub Form_Load()

Text1.Text = course_ID
Text2.Text = course_Name
'对于可能为空的数据库字段，先判断再使用，否则可能出错
If Not IsNull(course_Description) Then Text3.Text = course_Description
Frm_Main.Adodc1.RecordSource = "select teacher.教师编号,teacher.姓名 from
teach,teacher where teach.教师编号 = teacher.教师编号 and 课程编号= '" & course_ID & "'"
Frm_Main.Adodc1.Refresh
```

```
  If Frm_Main.Adodc1.Recordset.RecordCount > 0 Then
   Frm_Main.Adodc1.Recordset.MoveFirst
   While Not Frm_Main.Adodc1.Recordset.EOF
    List1.AddItem    Frm_Main.Adodc1.Recordset.Fields(0)    &    "    "    &
Frm_Main.Adodc1.Recordset.Fields(1)
    Frm_Main.Adodc1.Recordset.MoveNext
   Wend
  End If
  Call qxgl

End Sub
```

管理员用户(即权限为 4 的用户)还可进入"重新指定授课老师"界面来重新指定授
课老师,如图 C.24 所示。

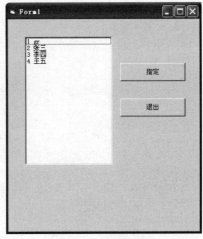

图 C.24    指定教师

列表中会显示所有老师,方法是初始化上面的 Frm_Assign 窗体时:

```
Private Sub Form_Load()

'先清空列表框
List1.Clear
'再在列表模框中显示每位教师的编号及姓名,两者间用空格分开
Frm_Main.Adodc1.RecordSource = "select * from teacher"
Frm_Main.Adodc1.Refresh
Frm_Main.Adodc1.Recordset.MoveFirst
While Not Frm_Main.Adodc1.Recordset.EOF
 List1.AddItem    Frm_Main.Adodc1.Recordset.Fields(0)    &    "    "    &
Frm_Main.Adodc1.Recordset.Fields(1)
 Frm_Main.Adodc1.Recordset.MoveNext
Wend

End Sub
```

列表框支持简单多选,即单击某老师一次可选定,再单击一次可取消选定,这样可
选择一位、多位老师或不选(表示没有授课教师),而后单击"指定"来设置此课程的教

师，代码如下(参见代码中的注释)：

```
Private Sub Command1_Click()
'指定授课老师，遍历 list1,找出被选定的老师的 ID 号，在同全局变量 course_ID 插入到 Teach 表中。
On Error GoTo errhandler
'设定前，先把以前授课教师信息删掉，根据 Course_ID 查记录，都删掉
Frm_Main.Adodc1.RecordSource = "select * from teach where Course_ID= '" & course_ID
& "'"
Frm_Main.Adodc1.Refresh
If Frm_Main.Adodc1.Recordset.RecordCount > 0 Then
Frm_Main.Adodc1.Recordset.MoveFirst
While Not Frm_Main.Adodc1.Recordset.EOF
 Frm_Main.Adodc1.Recordset.Delete
 Frm_Main.Adodc1.Recordset.MoveNext
Wend
End If
'把每个选定的教师 ID 及当前的课程 ID 插入到表 Teach 中去
For i = 0 To List1.ListCount - 1
 If List1.Selected(i) = True Then
 a = Split(List1.List(i), " ")
 strcon  = "Provider=Microsoft.ACE.OLEDB.12.0;Data  Source=.\banji.mdb;Persist
Security Info=False"
 Set cmdupdate = New ADODB.Command
 strsql = "insert into teach values ('" & course_ID & "','" & a(0) & "')"
 cmdupdate.ActiveConnection = strcon
 cmdupdate.CommandText = strsql
 cmdupdate.CommandType = adCmdText
 cmdupdate.Execute ', , adExecuteNoRecords
 cmdupdate.ActiveConnection.Close
End If
Next
Unload Me
frm_Course_Input.Show
Exit Sub
errhandler:
MsgBox "输入错误，请重输"

End Sub
```

代码中的 a = Split(List1.List(i), " ")是把用空格分开的教师编号和姓名分解为数组 a，a(0)中是教师编号，a(1)中是教师姓名。

### 7. 活动信息的实现

单击"活动管理"→"活动查询"，会显示出活动情况，也可用活动编号或活动地点进行查询，如图 C.25(实现方法同前面的类似)所示。

具有权限 3 及以上的用户，还可单击"活动管理"→"活动信息维护"，录入活动情况，即在上面界面的基础上多了"添加""删除"按钮，且 Datagrid 中的数据也可直接编辑，而上面查询界面中的 Datagrid 是不可编辑的，如图 C.26 所示。

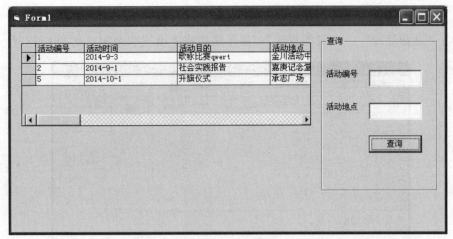

图 C.25 活动查询

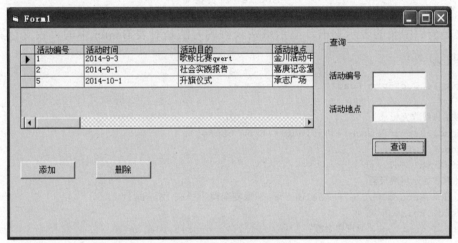

图 C.26 活动信息维护

单击"添加"可增加一条活动信息，如图 C.27 所示。

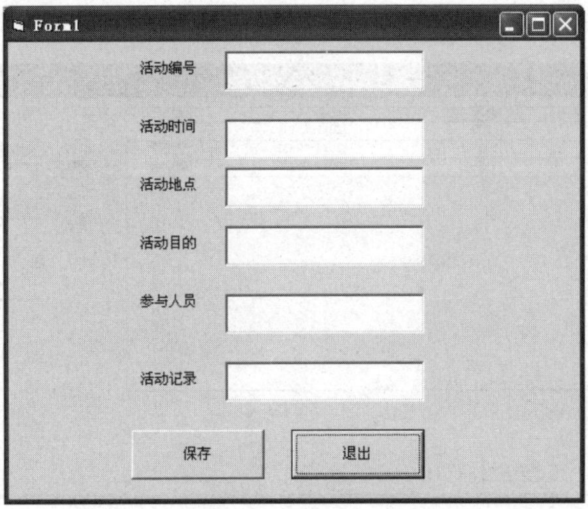

| 活动编号 | |
| 活动时间 | |
| 活动地点 | |
| 活动目的 | |
| 参与人员 | |
| 活动记录 | |

保存　　退出

图 C.27 活动添加

### 8. 班费信息的实现

单击"班费管理"→"班费查询",显示班费收支情况和余额,如图 C.28 所示。

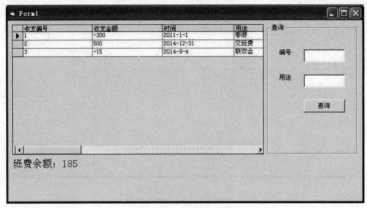

图 C.28　班费查询

收支金额中负的表示支出,显示班费余额的方法是对表 Banfei 中的"收支金额"列进行 sum 计算:

```
Private Sub Form_Load()

'显示班费收支记录
Adodc1.RecordSource = "select * from banfei"
Adodc1.Refresh
DataGrid1.Refresh
'计算和显示班费余额
Adodc2.RecordSource = "select sum(收支金额) from banfei"
Adodc2.Refresh
Label1.Caption = "班费余额: " & Adodc2.Recordset.Fields(0)

End Sub
```

查询等操作的实现同前面类似,具有权限 3 及以上的用户,还可单击"班费管理"→"班费信息维护",录入班费收支情况,如图 C.29 所示。

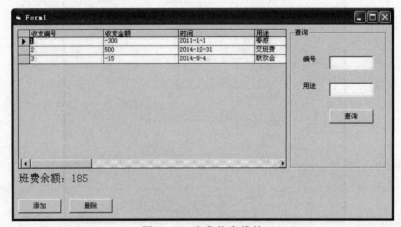

图 C.29　班费信息维护

单击"删除"可删除一条班费记录，单击"添加"则可添加一条，如图 C.30 所示。

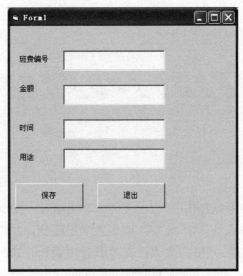

图 C.30　　班费添加

单击界面工具栏上的"运行"按钮，程序开始运行，设计的班级管理系统的功能得以实现。单击文件菜单下的生成工程 1.exe，即可生成运行文件，命名为 banji.exe。至此，完成了班级管理系统的开发。

# 参 考 文 献

1. 郭东强. 管理信息系统[M]. 厦门：厦门大学出版社，2000.

2. 薛华成. 管理信息系统[M]. 北京：清华大学出版社，2002.

3. 黄梯云. 管理信息系统[M]. 北京：高等教育出版社，2005.

4. Kenneth C. Laudon, Jane P. Laudon. Management Information Systems：Organization and Technology in the Networked Enterprise[M]. Upper Saddle River：Prentice Hall, 1998.

5. [美]小瑞芒德·麦克劳德，乔治·谢尔. 管理信息系统：管理导向的理论与实践[M].张成洪，等译. 北京：电子工业出版社，2003.

6. 朴顺玉等. 管理信息系统[M]. 北京：中国人民大学出版社，1997.

7. 赟志华.管理信息系统[M]. 广州：世界图书出版公司，1997.

8. 金朝崇等. 现代信息系统教程[M]. 天津：天津大学出版社，1996.

9. 张维明等. 信息系统建模技术与应用[M]. 北京：电子工业出版社，1997.

10. 汪星明. 管理系统中计算机应用[M]. 武汉：武汉大学出版社，1998.

11. 徐绪松. 管理信息系统[M]. 武汉：武汉大学出版社，1998.

12. 葛世伦等. 企业管理信息系统开发的理论和方法[M]. 北京：清华大学出版社，1998.

13. 姜旭平. 信息系统开发方法[M]. 北京：清华大学出版社，1999.

14. 赖茂生. 企业信息化知识手册[M]. 北京：北京出版社，1999.

15. 侯炳辉. 企业信息化领导手册[M]. 北京：北京出版社，1999.

16. R. M. Stair. Principles of Information Systems[M]. San Francisco: Boyd & Fraser Publishing Company，1992.

17. Perry Edwards. Systems Analysis & Design[M]. New York: McGRAW-HILL，1993.

18. Graham Curtis. Business Information Systems[M]. Upper Saddle River: Addison-Wesley Publishing Company, 1995.

19. 严建援. 管理信息系统[M]. 太原：山西经济出版社，1999.

20. 顾培亮. 系统分析与协调[M]. 天津：天津大学出版社，1998.

21. 陈禹. 信息系统分析与设计[M]. 北京：电子工业出版社，1986.

22. 王汝涌. 管理信息系统[M]. 北京：中国财政经济出版社，1993.

23. 王燮臣等. 管理信息系统[M]. 杭州：浙江大学出版社，1991.

24. 王勇领. 系统分析与设计[M]. 北京：清华大学出版社，1991.

25. 陈廷美等. 企业管理信息系统[M]. 长沙：中南工业大学出版社，1988.

26. 郭东强等. 会计电算化基础教程[M]. 北京：经济科学出版社，1997.

27. [美]罗伯特·斯库塞斯，玛丽·萨姆纳. 管理信息系统[M]. 李一军，等译. 大连：东北财经大学出版社，2001.

28. [美]斯蒂芬·哈格，梅芙·卡明斯，詹姆斯·道金斯. 信息时代的管理信息系统[M]. 严建援，等译. 北京：机械工业出版社，2005.

29. 王要武. 管理信息系统[M]. 北京：电子工业出版社，2003.

30. 张志清. 管理信息系统实用教程[M]. 北京：电子工业出版社，2005.

31. 彭澎等. 管理信息系统[M]. 北京：机械工业出版社，2003.

32. 梅姝娥，陈伟达. 管理信息系统[M]. 北京：石油工业出版社，2003.

33. 苏选良. 管理信息系统[M]. 北京：电子工业出版社，2003.

34. 赵苹. 管理信息系统案例教程[M]. 北京：北京大学出版社，2003.

35. [美]迈克尔·波特. 竞争优势[M]. 陈小悦，译. 北京：华夏出版社，1997.

36. [美]卡利斯 Y. 鲍德温，金·B. 克拉克等. 价值链管理[M]. 新华信商业风险管理有限责任公司，译. 北京：中国人民大学出版社，2002.

37. J. 佩帕德，P. 罗兰. 业务流程再造精要[M]. 高俊山，译. 北京：中信出版社，2003.

38. 马建，黄丽华. 企业过程创新——概念与应用[M]. 上海：三联书店有限公司，1998.

39. 仲秋雁，刘友德. 管理信息系统[M]. 大连：大连理工大学出版社，2002.

40. 何有世，刘秋生. 管理信息系统[M]. 南京：东南大学出版社，2003.

41. 王欣. 管理信息系统[M]. 北京：中国水利水电出版社，2004.

42. 甘仞初. 信息系统分析与设计[M]. 北京：高等教育出版社，2004.

43. 邝孔武. 管理信息系统分析与设计[M]. 西安：西安电子科技大学出版社，2001.

44. 戴伟辉，孙海，黄丽华. 信息系统分析与设计[M]. 北京：高等教育出版社，2004.

45. John W. Satzinger, Robert B. Jackson, Stephen D. Burd. 系统分析与设计[M]. 朱群雄，等译. 北京：机械工业出版社，2004.

46. 王治宇. 信息系统分析与设计[M]. 北京：航空工业出版社，1997.

47. 袁红清，韩明华. 管理信息系统：电子商务视角[M]. 上海：立信会计出版社，2003.

48. 邵峰晶，于忠清. 数据挖掘——原理与算法[M]. 北京：中国水利水电出版社，2003.

49. 王诚君. 微机操作培训教程[M]. 第三版. 北京：清华大学出版社，2002.

50. Raymodn Mcleod, Jr. 管理信息系统——管理导向的理论与实践[M]. 北京：电子工业出版社，2002.

51. 骆耀祖. 计算机网络实用教程[M]. 北京：机械工业出版社，2005.

52. 王行言，俞盘祥等. 计算机信息管理基础[M]. 北京：高等教育出版社，2001.

53. 黄敬仁. 系统分析[M]. 北京：清华大学出版社，2002.

54. 高洪深. 决策支持系统(DSS)理论·方法·案例[M]. 北京：清华大学出版社，2001.

55. 罗超理，李万红. 管理信息系统原理与应用[M]. 北京：清华大学出版社，2002.

56. [美]森尼尔·乔普瑞，彼得·梅因德尔. 供应链管理——战略、规划与运营[M]. 北京：社会科学文献出版社，2003.

57. 孟凡强，王玉荣. CRM 行动手册[M]. 北京：机械工业出版社，2002.

58. 何荣勤. CRM 原理·设计·实践[M]. 北京：电子工业出版社，2003.

59. 张润彤. 电子商务概论[M]. 北京：电子工业出版社，2003.

60. 杨善林. 电子商务概论[M]. 北京：机械工业出版社，2002.

61. 王润理. 电子商务与企业信息化[M]. 郑州：郑州大学出版社，2003.

62. 程控，革扬. MRPⅡ/ERP 原理与应用[M]. 北京：清华大学出版社，2002.

63. 王欣. 管理信息系统[M]. 北京：中国水利水电出版社，2004.

64. 蔡淑琴. 管理信息系统[M]. 北京：科学出版社，2004.

65. 易荣华. 管理信息系统[M]. 北京：高等教育出版社，2000.

66. 许晶华. 管理信息系统[M]. 广州：华南理工大学出版社，2003.

67. 姜同强. 信息系统分析与设计教程[M]. 北京：科学出版社，2004.

68. 李海华，吴中元. 我国企业信息化的问题与对策研究[J]. 商场现代化，2006(1).

69. 欧阳峰. 我国企业信息化演进的内外影响因素[J]. 科学学与科学技术管理，2006(1).

70. 李进霞. 我国企业信息化现状与对策研究[J]. 科技与社会，2008(4).

71. 曹汉平. 信息系统开发与 IT 项目管理[M]. 北京：清华大学出版社，2006.